数量经济学系列丛书

Economic and Financial Data Analysis
and Its Application in Python

经济金融数据分析及其Python应用

（第2版）

朱顺泉　吴云华　编著

清华大学出版社
北京

内 容 简 介

本书内容包括：(1)经济金融数据分析及其环境；(2)Python 数据分析程序包应用基础；(3)Python 数据分析的存取；(4)Python 图形的绘制和可视化；(5)概率统计分布的 Python 应用；(6)描述性统计的 Python 应用；(7)参数估计的 Python 应用；(8)假设检验的 Python 应用；(9)一元回归数据分析的 Python 应用；(10)多元回归数据分析的 Python 应用；(11)机器学习数据分析的 Python 应用；(12)时间序列数据分析的 Python 应用；(13)量化金融投资数据分析的 Python 应用；(14)期货及其交易策略的 Python 应用；(15)期权及其交易策略的 Python 应用。

本书紧跟大数据与人工智能时代，内容新颖、全面、实用性强，融理论、方法、应用于一体，是一部供金融科技、数字金融、金融工程、大数据管理与应用、数据科学与大数据技术、统计学、数量经济学、管理科学与工程、应用数学、投资学、金融学、经济学、财务管理、工商管理等专业的本科高年级学生与研究生学习相关课程使用的教材或参考书。

本书封面贴有清华大学出版社防伪标签，无标签者不得销售。
版权所有，侵权必究。举报：010-62782989，beiqinquan@tup.tsinghua.edu.cn。

图书在版编目(CIP)数据

经济金融数据分析及其 Python 应用/朱顺泉,吴云华编著．—2 版．—北京：清华大学出版社,2024.1
(数量经济学系列丛书)
ISBN 978-7-302-65096-6

Ⅰ.①经… Ⅱ.①朱… ②吴… Ⅲ.①金融—数据处理软件 Ⅳ.①F830.49

中国国家版本馆 CIP 数据核字(2024)第 006375 号

责任编辑：高晓蔚
封面设计：何凤霞
责任校对：王凤芝
责任印制：刘海龙

出版发行：清华大学出版社
  网　　址：https://www.tup.com.cn, https://www.wqxuetang.com
  地　　址：北京清华大学学研大厦 A 座　　　邮　　编：100084
  社　总　机：010-83470000　　　　　　　　　邮　　购：010-62786544
  投稿与读者服务：010-62776969, c-service@tup.tsinghua.edu.cn
  质量反馈：010-62772015, zhiliang@tup.tsinghua.edu.cn
印　装　者：涿州汇美亿浓印刷有限公司
经　　销：全国新华书店
开　　本：185mm×260mm　　　印　张：17　　　字　数：413 千字
版　　次：2018 年 11 月第 1 版　2024 年 1 月第 2 版　印　次：2024 年 1 月第 1 次印刷
定　　价：58.00 元

产品编号：098999-01

前言

当前,数据已成为与土地、资本、劳动力同等重要的生产要素。发展好大数据产业,是发挥我国海量数据规模和丰富应用场景优势,激活数据要素潜能的时代要求,是加快经济发展变革,构建现代化产业体系的必然选择。据测算,2022年我国大数据产业规模达1.57万亿元,同比增长18%,成为推动数字经济发展的重要力量。2023年3月国家发改委成立了国家数据局。党的二十大报告总结了过去五年的历史成就,擘画了未来中国经济和社会发展前进的方向,凸显了中国高质量发展的要求和趋势,为中国数字经济发展指明了方向。数字经济是构建现代化经济体系的重要引擎,未来数字经济的重要发展方向是实现数字经济助力实体经济发展。经济高质量发展的一个重要方面是建立现代化经济体系,现代化经济体系建立离不开实体经济发展。党的二十大报告提出,坚持把发展经济的着力点放在实体经济上。数字经济主要包括数字产业化和产业数字化。发展数字经济,能够推动5G网络、工业互联网、大数据、人工智能、基础软件等数字产业发展。数字技术发展又能进一步推动数实融合,通过运用数字技术对传统产业进行全方位、全链条改造,可以有效提高全要素生产率,促进传统产业数字化、网络化、智能化发展。发展数字经济,促进数字经济和实体经济深度融合,打造具有国际竞争力的数字产业集群,将是未来数字经济发展的着力点。

数字经济与数据科学的高速发展,推动数据分析教育教学改革进入了一个全新的阶段。《经济金融数据分析及其Python应用》(第2版)重点介绍Python3.X的数据存取、数据的可视化、数据统计分析、机器学习、时间序列分析和金融量化分析的Python3.X应用,同时结合大量的实例,对Python3.X的重要程序包进行科学、准确和全面的介绍,以便使读者能深刻理解Python3.X的精髓和灵活、高效的使用技巧。

本书之所以采用Python3.X软件,是因为它具有强大的图形展示、统计分析、机器学习功能,拥有可免费使用及功能强大的Pandas(基本数据分析工具)、NumPy(数值计算工具)、SciPy(科学计算工具)、Matplotlib(基础绘图工具)、Seaborn(扩展绘图工具)、Sklearn(机器学习工具)等众多程序包,而Matlab、SAS、SPSS、Eviews、Stata、S-plus等都是收费软件。因此,Python越来越受到广大用户的欢迎和喜爱。

本书的内容是这样安排的:第1章介绍经济金融数据分析及其环境;第2章介绍Python数据分析包应用基础;第3章介绍Python数据分析的存取;第4章介绍Python图形的绘制和可视化;第5章介绍概率统计分布的Python应用;第6章介绍描述性统计的Python应用;第7章介绍参数估计的Python应用;第8章介绍假设检验的Python应用;第9章介绍一元回归数据分析的Python应用;第10章介绍多元回归数据分析的Python应用;第11章介绍机器学习数据分析的Python应用;第12章介绍时间序列数据分析的Python应用;第13章介绍量化金融投资数据分析的Python应用;

I

第14章介绍期货及其交易策略的Python应用；第15章介绍期权及其交易策略的Python应用。

本书实例和内容丰富，针对性强，书中各章结合实例详细地介绍Python3.X的具体操作过程，读者只需按照书中介绍的步骤一步一步地实际操作，就能掌握全书的内容。为了帮助读者更加直观地学习本书，我们将书中实例的全部数据文件作为附加的数据资源提供给读者。读者在自己的电脑中建立一个data目录（其他目录名也可以），将所有数据文件复制到此目录，即可进行操作。

本书的特点是：以问题为导向，通过问题来介绍Python3.X的使用方法。因此，读者通过本书不仅能掌握Python3.X及相关的程序包的使用方法，而且能学会如何从实际问题分析入手，应用Python3.X来解决经济金融领域中的各种数据分析问题。

本书适合作为统计学、金融学、经济学、管理学、大数据管理与应用等相关专业的本科生或研究生学习经济金融数据分析、统计学、时间序列分析、量化金融等课程的教材或实验参考用书，同时对从事数据分析的实际工作者也大有裨益。

本书由朱顺泉和吴云华编著。朱顺泉撰写本书的第1章到第13章，吴云华撰写本书的第14章和第15章以及各章的练习题。本书是2020年投资学专业国家级一流本科专业建设项目、2022年投资学广东省一流本科课程建设项目、2022年广东省研究生教育创新计划项目-(金融专硕量化金融投资案例库建设)、2021年广州华商学院一流专业金融工程建设项目、2022年广东财经大学本科生教材建设项目、2022年广东财经大学研究生教材建设项目等阶段性成果。

本书的出版，得到清华大学出版社编辑的大力支持、帮助。由于时间和水平的限制，书中难免存在一些纰漏，恳请读者谅解并提出宝贵意见。

编著者
2023年10月于广州

第1章 经济金融数据分析及其环境 ················ 1

1.1 经济金融数据类型 ················ 1
1.2 经济金融数据来源 ················ 2
1.3 经济金融数据分析工具简介 ················ 2
1.4 Python 数据分析工具的下载 ················ 5
1.5 Python 数据分析工具的安装 ················ 7
1.6 Python 的启动和退出 ················ 10
1.7 Python 数据分析相关的程序包 ················ 10
1.8 Python 数据分析快速入门 ················ 12
练习题 ················ 16

第2章 Python 数据分析程序包应用基础 ················ 17

2.1 Python 数据分析的 NumPy 应用基础 ················ 17
2.2 Python 数据分析的 SciPy 应用基础 ················ 19
2.3 Python 数据分析的 Pandas 应用基础 ················ 24
练习题 ················ 34

第3章 Python 数据分析的数据存取 ················ 36

3.1 Python-NumPy 数据存取 ················ 36
3.2 Python-SciPy 数据存取 ················ 37
3.3 Python-Pandas 的 csv 格式数据文件存取 ················ 37
3.4 Python-Pandas 的 Excel 格式数据文件存取 ················ 38
3.5 读取并查看数据表列 ················ 39
3.6 读取挖地兔财经网站数据 ················ 39
3.7 挖地兔 Tushare 财经网站数据保存与读取 ················ 41
3.8 数据获取的 Baostock 模块 ················ 43
3.9 数据获取的 Akshare 模块 ················ 44
3.10 pandas_datareader 获取数据 ················ 44
3.11 quandl 财经数据接口 ················ 46
练习题 ················ 47

第 4 章　Python 图形的绘制和可视化 …… 49

4.1　Matplotlib 绘图应用基础 …… 49
4.2　直方图的绘制 …… 49
4.3　散点图的绘制 …… 52
4.4　气泡图的绘制 …… 53
4.5　箱图的绘制 …… 53
4.6　饼图的绘制 …… 55
4.7　条形图的绘制 …… 56
4.8　折线图的绘制 …… 58
4.9　曲线标绘图的绘制 …… 59
4.10　连线标绘图的绘制 …… 61
4.11　复杂图形的绘制 …… 63
4.12　关于绘图中显示中文的问题处理 …… 65
练习题 …… 66

第 5 章　概率统计分布的 Python 应用 …… 68

5.1　二项分布 …… 68
5.2　泊松分布 …… 70
5.3　正态分布 …… 72
5.4　β 分布 …… 73
5.5　均匀分布 …… 74
5.6　指数分布 …… 75
5.7　t 分布 …… 77
5.8　卡方分布 …… 78
5.9　F 分布 …… 78
练习题 …… 79

第 6 章　描述性统计的 Python 应用 …… 81

6.1　描述性统计的 Python 工具 …… 81
6.2　数据集中趋势度量的 Python 应用 …… 82
6.3　数据离散状况度量的 Python 应用 …… 87
6.4　峰度、偏度与正态性检验的 Python 应用 …… 90
6.5　异常数据处理的 Python 应用 …… 94
练习题 …… 99

第 7 章　参数估计的 Python 应用 …… 102

7.1　参数估计与置信区间的含义 …… 102
7.2　点估计的 Python 应用 …… 103

  7.3 单正态总体均值区间估计的 Python 应用 ································ 104
  7.4 单正态总体方差区间估计的 Python 应用 ································ 106
  7.5 双正态总体均值差区间估计的 Python 应用 ···························· 107
  7.6 双正态总体方差比区间估计的 Python 应用 ···························· 110
  练习题 ·· 110

第 8 章 参数假设检验的 Python 应用 ·· 112

  8.1 参数假设检验的基本理论 ·· 112
  8.2 单个样本 t 检验的 Python 应用 ·· 121
  8.3 两个独立样本 t 检验的 Python 应用 ··· 122
  8.4 配对样本 t 检验的 Python 应用 ·· 123
  8.5 单样本方差假设检验的 Python 应用 ··· 125
  8.6 双样本方差假设检验的 Python 应用 ··· 126
  练习题 ·· 127

第 9 章 相关分析与一元回归数据分析的 Python 应用 ························· 129

  9.1 相关分析基本理论 ··· 129
  9.2 相关分析的 Python 应用 ··· 130
  9.3 一元线性回归分析基本理论 ··· 131
  9.4 一元线性回归数据分析的 Python 应用 ··· 134
  9.5 自相关性诊断的 Python 应用 ··· 138
  练习题 ·· 140

第 10 章 多元回归数据分析的 Python 应用 ······································· 142

  10.1 多元线性回归分析基本理论 ··· 142
  10.2 多元线性回归数据分析的 Python 应用 ··· 145
  10.3 多元回归分析的 Scikit-learn 工具应用 ·· 150
  10.4 稳健线性回归分析 Python 应用 ·· 155
  10.5 逻辑 Logistic 回归分析 Python 应用 ··· 156
  10.6 广义线性回归分析 Python 应用 ·· 157
  练习题 ·· 159

第 11 章 机器学习数据分析的 Python 应用 ······································· 161

  11.1 机器学习算法分类 ··· 161
  11.2 常见的机器学习算法 ·· 161
  11.3 线性回归及其 Python 应用 ··· 162
  11.4 逻辑回归及其 Python 应用 ··· 163
  11.5 决策树及其 Python 应用 ··· 164
  11.6 支持向量机分类及其 Python 应用 ·· 166

11.7 朴素贝叶斯分类及其 Python 应用 ……………………………………………… 167
  11.8 KNN 分类(K-最近邻算法)及其 Python 应用 …………………………………… 169
  11.9 K-均值算法及其 Python 应用 …………………………………………………… 170
  11.10 随机森林算法及其 Python 应用 ………………………………………………… 173
  11.11 降维算法代码及其 Python 应用 ………………………………………………… 174
  11.12 Gradient Boosting 和 AdaBoost 算法及其 Python 应用 ……………………… 177
  练习题 ………………………………………………………………………………………… 178

第 12 章 时间序列数据分析的 Python 应用 ……………………………………………… 179

  12.1 时间序列分析相关基本概念 ……………………………………………………… 179
  12.2 时间序列分析数据的可视化图形 ………………………………………………… 179
  12.3 时间序列分析的平稳性检验原理 ………………………………………………… 183
  12.4 沪深 300 时间序列分析的平稳性检验实例 ……………………………………… 184
  12.5 时间序列分析的波动率模型 GARCH 原理 ……………………………………… 186
  12.6 时间序列分析的波动率模型 GARCH 应用 ……………………………………… 189
  练习题 ………………………………………………………………………………………… 192

第 13 章 量化金融投资数据分析的 Python 应用 …………………………………………… 194

  13.1 资产组合标准均值方差模型及其 Python 应用 ………………………………… 194
  13.2 资产组合有效边界的 Python 绘制 ……………………………………………… 198
  13.3 Markowitz 投资组合优化的 Python 应用 ……………………………………… 200
  13.4 蒙特卡洛模拟股票期权定价的 Python 应用 …………………………………… 213
  13.5 蒙特卡洛模拟期权价格稳定性的 Python 应用 ………………………………… 214
  13.6 期望损失 ES 的 Python 应用 …………………………………………………… 218
  练习题 ………………………………………………………………………………………… 223

第 14 章 期货及其交易策略的 Python 应用 ………………………………………………… 224

  14.1 期货基本概念和理论 ……………………………………………………………… 224
  14.2 远期和期货 ………………………………………………………………………… 227
  14.3 远期和期货定价 …………………………………………………………………… 227
  14.4 CTA 及其 Python 实现 …………………………………………………………… 232
  练习题 ………………………………………………………………………………………… 237

第 15 章 期权及其交易策略的 Python 应用 ………………………………………………… 239

  15.1 期权市场 …………………………………………………………………………… 239
  15.2 期权价格分析 ……………………………………………………………………… 243
  15.3 期权定价模型 ……………………………………………………………………… 249
  15.4 期权交易策略及其 Python 应用 ………………………………………………… 256
  练习题 ………………………………………………………………………………………… 261

附录 数据资源 …………………………………………………………………………………… 263

经济金融数据分析及其环境

数据分析是指用适当的统计与计量分析方法对收集来的大量数据进行分析,提取有用信息和形成结论,从而对数据加以详细研究和概括总结的过程。这一过程也是质量管理体系的支持过程。在实用中,数据分析可帮助人们作出判断,以便采取适当行动。

大数据分析是指对规模巨大的数据进行分析。大数据可以概括为 5 个 V,数据量大(volume)、速度快(velocity)、类型多(variety)、价值(value)、真实性(veracity)。大数据作为时下最火热的 IT 行业的词汇,随之而来的数据仓库、数据安全、数据分析、数据挖掘等围绕大数据的商业价值的利用逐渐成为行业人士争相追捧的利润焦点。随着大数据时代的来临,大数据分析也应运而生。

本章简要介绍经济金融数据的类型、来源,简要评述主要的数据分析软件包,掌握目前流行的经济金融数据分析 Python 语言及其环境。

1.1 经济金融数据类型

经济金融中需要处理的数据类型主要有三类:时间序列数据、横截面数据和面板数据。

1. 横截面数据

它是同一时间(时期或时点)某一指标在不同空间的观测数据。如某一时点中国 A 股市场的平均收益率、2022 年所有 A 股上市公司的净资产收益率。在利用横截面数据作分析时,由于单个或多个解释变量观测值起伏变化会对被解释产生不同的影响,因而导致异方差问题。因此在数据整理时必须消除异方差。

2. 时间序列数据

即按时间序列排列的数据,也称为动态序列数据。时间序列数据是按照一定时间间隔对某一变量或不同时间的取值进行观测所得到的一组数据,例如每一季度的 GDP 数据、每一天的股票交易数据或债券收益率数据等。在经济金融数据分析中,时间序列数据是常见的一类数据类型。

3. 面板数据

即时间序列数据和横截面数据相结合的数据。

金融领域以时间序列数据分析(如金融市场)与面板数据分析(如公司金融)为主。

1.2 经济金融数据来源

1. 专业性网站

如国家统计局网站、中国人民银行网站、中国证监会网站、世界银行网站、国际货币基金组织网站等。

2. 专业数据公司和信息公司

国外数据库主要有芝加哥大学商学院的证券价格研究中心(CRSP)、路透(Reuters)终端、彭博(Bloomberg)终端、雅虎财经等。国内提供经济金融数据库主要有：万德(Wind)数据库、CCER中国经济金融数据库、国泰安(GTA)数据库、锐思数据库、挖地兔数据库等。如表1-1所示。

表 1-1 经济金融数据库

数据来源名称	网 址
CRSP	www.chicagobooth.edu
路透	www.reuters.com
彭博	www.bloomberg.com
雅虎财经	www.finance.yahoo.com
万得(Wind)经济金融数据库	www.wind.com.cn
国泰安 GTA 经济金融数据库	www.gtadata.com
CCER 中国经济金融数据库	www.ccer.edu.cn
锐思经济金融数据库	www.resset.cn
天相经济金融数据库	www.txsec.com/zqsc/tx_data.asp
挖地兔财经数据库	www.waditu.cn
证券之宝财经数据库	www.baostock.com
Akshare 财经数据库	www.akshare.xyz

3. 抽样调查

抽样调查是针对某些专门的研究开展的一类获取数据的方式。比如，要对中国的投资者信心进行建模，就必须通过设计调查问卷，对不同的投资群体进行数据采集。

1.3 经济金融数据分析工具简介

1.3.1 Python数据分析工具简介

Python(英语发音：/ˈpaɪθən/)，是一种面向对象、解释型计算机程序设计语言，由Guido van Rossum 于1989年底发明，第一个公开发行版发行于1991年，Python源代码同样遵循GPL(GNU General Public License)协议。Python语法简洁而清晰，具有丰富和强大的类库。它常被昵称为胶水语言,能够把用其他语言制作的各种模块(尤其是 C/C++)很轻松地联结在一起。常见的一种应用情形是,使用 Python 快速生成程序的原型(有时甚至是程序的最终界面),然后对其中有特别要求的部分,用更合适的语言改写,比如 3D 游戏中的图形渲染模块,性能要求特别高,就可以用 C/C++ 重写,而后封装为 Python 可以调用的扩展类库。需要注意的是在您使用扩展类库时可能需要考虑平台问题,某些可能不提供跨平台的实现。

Python 需要安装 Pandas、NumPy、SciPy、Statsmodels、Matplotlib 等一系列的程序包,还需要安装 iPython 交互环境,目前有包括这些程序包的套装软件可供下载。

详细内容请登录:https://www.python.org/查询。

1.3.2 R 数据分析工具简介

R 是统计领域广泛使用的诞生于 1980 年左右的 S 语言的一个分支。可以认为 R 是 S 语言的一种实现。而 S 语言是由 AT&T 贝尔实验室开发的一种用来进行数据探索、统计分析和作图的解释型语言。最初 S 语言的实现版本主要是 S-PLUS。S-PLUS 是一个商业软件,它基于 S 语言,并由 MathSoft 公司的统计科学部进一步完善。后来奥克兰(Auckland)大学的 Robert Gentleman 和 Ross Ihaka 及其他志愿人员开发了一个 R 系统。由"R 开发核心团队"负责开发。R 是基于 S 语言的一个 GNU 项目,所以也可以当作 S 语言的一种实现,通常用 S 语言编写的代码都可以不加修改地在 R 环境下运行。R 的语法来自 Scheme。R 的使用与 S-PLUS 有很多类似之处,这两种语言有一定的兼容性。S-PLUS 的使用手册,只要稍加修改就可作为 R 的使用手册。所以有人说:R,是 S-PLUS 的一个"克隆"。

详细内容请登录:http://cran.r-project.org 查询。

1.3.3 Stata 数据分析工具简介

Stata 由美国计算机资源中心(Computer Resource Center)1985 年研制。其特点是采用命令行/程序操作方式,程序短小精悍,功能强大。Stata 是一套提供其使用者数据分析、数据管理以及绘制专业图表的完整及整合性统计软件。它提供许许多多功能,包含线性混合模型、均衡重复反复及多项式普罗比模式。新版本的 Stata 采用最具亲和力的窗口接口,使用者自行建立程序时,软件能提供具有直接命令式的语法。Stata 提供完整的使用手册,包含统计样本建立、解释、模型与语法、文献等出版品。

除此之外,Stata 工具可以通过网络实时更新每天的最新功能。使用者还可以得知世界各地的使用者对 Stata 公司提出的问题与解决之道,也可以通过 Stata Journal 获得许许多多的相关信息以及书籍介绍等。另外一个获取庞大资源的渠道就是 Statalist,它是一个独立的 listserver,每月交替提供使用者 1000 多个信息以及 50 多个程序。

详细内容请登录:http://www.stata.com 查询。

1.3.4 Matlab 数据分析工具简介

Matlab 是由美国 Mathworks 公司推出的用于数值计算和图形处理的科学计算系统。在 Matlab 工具环境下,用户可以集成地进行程序设计、数值计算、图形绘制、输入输出、文件管理等各项操作。它提供的是一个人机交互的数学系统环境,与利用C语言做数值计算的程序设计相比,利用Matlab可以节省大量的编程时间,且程序设计自由度大。最大的特点是给用户带来的是最直观、最简洁的程序开发环境,语言简洁紧凑,使用方便灵活,库函数与运算符极其丰富,另外具有强大的图形功能。

在国际学术界,Matlab已经被确认为准确、可靠的科学计算标准软件,许多国际一流学术刊物上,都可以看到Matlab的应用。

详细内容请登录:http://www.mathworks.com 查询。

1.3.5　EViews数据分析工具简介

EViews是美国GMS公司1981年发行第1版的Micro TSP的Windows版本,通常称为计量经济学软件包。EViews是Econometrics Views的缩写,它的本意是对社会经济关系与经济活动的数量规律,采用计量经济学方法与技术进行"观察"。计量经济学研究的核心是设计模型、收集资料、估计模型、检验模型、运用模型进行预测、求解模型和运用模型。EViews是完成上述任务必不可少的得力工具。正是由于EViews等计量经济学软件包的出现,使计量经济学取得了长足的进步,发展成为实用与严谨的经济学科。使用EViews软件包可以对时间序列和非时间序列的数据进行分析,建立序列(变量)间的统计关系式,并用该关系式进行预测、模拟等。虽然EViews是由经济学家开发的,并且大多数被用于经济学领域,但并不意味着必须限制该软件包只用于处理经济方面的时间序列。EViews处理非时间序列数据照样得心应手。实际上,相当大型的非时间序列(截面数据)的项目也能在EViews中进行处理。

详细内容请登录:http://www.eviews.com 查询。

1.3.6　SAS数据分析工具简介

SAS是美国SAS研究所研制的一套大型集成应用软件系统,具有完备的数据存取、数据管理、数据分析和数据展现功能。尤其是创业产品统计分析系统部分,由于其具有强大的数据分析能力,一直为业界著名软件,在数据处理和统计分析领域,被誉为国际上的标准软件和最权威的优秀统计软件包,广泛应用于政府行政管理、科研、教育、生产和金融等不同领域,发挥着重要的作用。SAS系统中提供的主要分析功能包括统计分析、经济计量分析、时间序列分析、决策分析、财务分析和全面质量管理工具等。

详细内容请登录:http://www.sas.com 查询。

1.3.7　SPSS数据分析工具简介

SPSS(statistical package for the social science)——社会科学统计软件包是世界上著名的统计分析软件之一。20世纪60年代末,美国斯坦福大学的三位研究生研制开发了最早的统计分析软件SPSS,同时成立了SPSS公司,并于1975年在芝加哥组建了SPSS总部。20世纪80年代以前,SPSS统计软件主要应用于企事业单位。1984年SPSS总部首先推出了世界第一个统计分析软件微机版本SPSS/PC+,开创了SPSS微机系列产品的开发方向,从而确立了个人用户市场第一的地位。2009年IBM收购SPSS公司后,现在在中国国内市场上推出的最新产品,是IBM SPSS Statistics 21.0多国语言版。SPSS/PC+的推出,极大地扩充了它的应用范围,使其能很快地应用于自然科学、技术科学、社会科学的各个领域,世界上许多有影响的报纸杂志纷纷就 SPSS 的自动统计绘图、数据的深入分析、使用方便、功能齐全等方面给予了高度的评价与称赞。目前 SPSS 已经在我国逐渐流行起来。它使用 Windows 的窗口方式展示各种管理和分析数据方法的功能,使用对话框展示出各种功能选择项,只要掌握一定的 Windows 操作技能,粗通统计分析原理,就可以使用该软件为特定的科研工作服务。

详细内容请登录:http://www.spss.com 查询。

还有一些统计和计量经济学软件,如 Statistica、S-PLUS 等,但相对来说没有上面 6 种软件流行。各软件网站列表如表 1-2 所示。

表 1-2 常见的经济金融数据分析工具网站

工具名称	网址
Python	www.python.org
R	www.cran.r-project.org
Stata	www.stata.com
Matlab	www.mathworks.com
EViews	www.eviews.com
SAS	www.sas.com
SPSS	www.spss.com

1.4 Python 数据分析工具的下载

1. 下载安装 Python 执行文件

可以在网站 https://www.python.org/downloads/下载 Python 执行文件。如图 1-1 所示,目前最新版是 Python3.10.0。

图 1-1 网站 https://www.python.org/downloads/下载 Python3.10.0

在图 1-1 中点击 Download Python3.10.0,即可下载相应的 Python 执行文件,可选择你所需要的下载目录。如图 1-2 所示。

图 1-2　下载的 python-3.10.0-amd64.exe 执行文件

双击已下载目录中的 python-3.10.0-amd64.exe 执行文件,按照相应提示操作即可安装 Python。

Python 自身环境内置很多函数和模块,不过这些函数和模块功能有限,Python 的强大功能更多的是通过第三方库或者其他模块来实现。如果函数库或者模块没有内置于 Python 环境中,则需要先下载安装该函数库或模块,然后才能使用。一般通过 pip 指令来安装包,安装指令为:pip install name(如 NumPy)。

2. Python 工具 Anaconda 的下载

Python 执行文件,需要安装许多库,安装起来比较复杂,容易出现版本不兼容的问题。如果专注于科学计算功能,可直接安装 Anaconda。Anaconda 是 Python 的科学计算环境,内置 Python 安装程序,其主要功能如下:

(1) 安装简单,下载 Anaconda 的 .exe 执行文件,双击执行文件,即可。

(2) 配置众多科学计算包,Anaconda 集合了 400 个以上的科学计算与数据分析功能的包,如 NumPy、Pandas、SciPy、Matplotlib 和 iPython,安装 Anaconda,这些包都被成功安装。

支持多种操作系统,兼容 Python 多种版本(2.X 和 3.X 版本可相互切换)。

在如下网站可下载 Anaconda:https://www.anaconda.com/download/(下载速度慢);https://mirrors.tuna.tsinghua.edu.cn/anaconda/archive/? C=M&O=D(下载速度快);https://repo.anaconda.com/archive/(下载速度快)。

Anaconda 是一个用于科学计算的 Python 发行版的套装软件,支持 Unix、Linux、Mac、Windows 等操作系统,包含了众多流行的科学计算、数据分析的 Python 包。其中包括 Pandas、NumPy、SciPy、Statsmodels、Matplotlib 等一系列的程序包以及 iPython 交互环境。界面如图 1-3 所示。

在图 1-3 中点击 Download,即可下载 Anaconda,出现图 1-4 所示的界面。

图 1-3　Anaconda 安装包界面

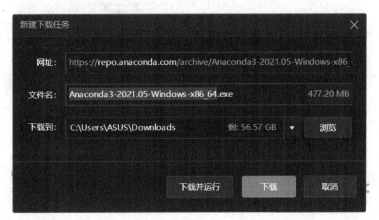

图 1-4　Anaconda 安装包下载界面

在图 1-4 所示界面中点击下载 Anaconda3-2021.05-Windows-x86_64.exe，即可得到用 Python 做量化投资的套装软件工具。

Anaconda3-2021.05-Windows-x86_64.exe 工具中提供了 Python 做量化投资的丰富资源：包括 Pandas、NumPy、SciPy、Statsmodels、Matplotlib 等一系列的程序包以及 Python 用户开发工作环境。要了解 Python 的其他程序包，可到 https://anaconda.org 网站上去搜索你所需要的程序包进行安装。

1.5　Python 数据分析工具的安装

Python 在 Windows 环境中安装有很多版本。如：(1) Anaconda2-2.4.1-Windows-x86.exe(32 位)版本；(2) 最新的 Anaconda3-2021.05-Windows-x86_64.exe。本书使用的 Anaconda3-2021.05-Windows-x86_64.exe 版本。

双击已下载的 Anaconda3-2021.05-Windows-x86_64.exe 应用程序，即可得到如图 1-5 所示界面。

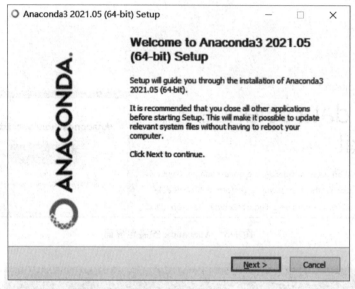

图 1-5　安装界面

在图 1-5 中点击 Next 按钮，得到如图 1-6 所示的界面。

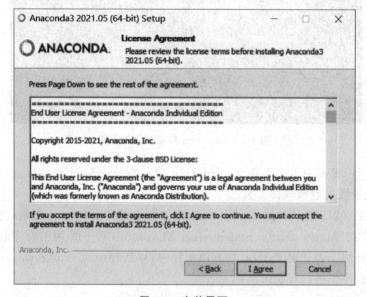

图 1-6　安装界面

在图 1-6 中点击 I Agree 按钮，得到如图 1-7 所示界面。

点击图 1-7 中 Next 按钮，得到如图 1-8 所示界面。

点击图 1-8 中 Next 按钮，即可完成 Python 套装软件的安装，得到如图 1-9 所示的界面。

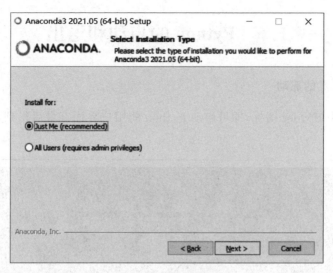

图 1-7　安装向导

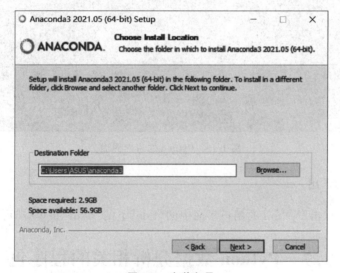

图 1-8　安装向导

图 1-9　安装完后界面

1.6　Python 的启动和退出

1. Python 工具的启动

点击图 1-9 中 Spyder 图标,即可启动 Python 的用户界面。最后得到如图 1-10 所示的界面。

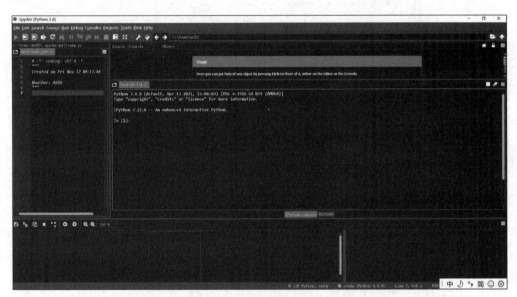

图 1-10　Python 的用户界面

2. Python 的退出

在图 1-10 中点击 Python 的用户界面中的"File"下的"Quit"菜单,即可退出 Python。

1.7　Python 数据分析相关的程序包

Python 进行数据分析时,具有获取数据、整理数据、模型计算、数据图形化等功能,相关的 Python 数据分析程序包如表 1-3 所示。

表 1-3　Python 数据分析程序包

程序包	简介
NumPy	提供数组支持
SciPy	提供矩阵支持,以及矩阵相关的数值计算、优化和统计模块
Pandas	强大、灵活的数据分析和探索工具
Matplotlib	强大的数据可视化工具、作图库
StatsModels	统计建模和计量经济学,包括描述统计、统计模型估计和推断
Scikit-learn	支持回归、分类、聚类等的强大机器学习库
Keras	深度学习库,用于建立神经网络以及深度学习模型

续表

程 序 包	简 介
Gensim	用来做文本主题模型的库,文本挖掘可能用到
Pillow	涉及图片处理
OpenCV	涉及视频处理
GMPY2	涉及高精度运算

1.7.1 Statsmodels 程序包

表 1-3 的 Statsmodels 程序包是 Python 进行统计建模和计量经济学工具,提供一些互补 SciPy 统计计算的功能,包括描述性统计、统计模型估计和推断等。主要如下。

(1) 线性回归模型:广义最小二乘法(generalized least squares),普通最小二乘法(ordinary least squares)。

(2) glm:广义线性模型。

(3) discrete:离散变量的回归,基于最大似然估计。

(4) rlm:稳健线性模型。

(5) tsa:时间序列分析模型

(6) nonparametric:非参数估计。

(7) datasets:数据集合。

(5) stats:常用统计检验。

(6) iolib:读 Stata 的 .dta 格式,输出 ascii、latex 和 html。

Statsmodels 程序包详细内容参见 https://github.com/statsmodels/statsmodels 主页。

1.7.2 Scikit-learn 程序包

表 1-3 的 Scikit-Learn 程序包的功能如下。

(1) 所有模型提供的接口有:model.fit():训练模型,对于监督模型来说是 fit(X,y),对于非监督模型是 fit(X)。

(2) 监督模型提供的接口有:①model.predict(X_new):预测新样本;②model.predict_proba(X_new):预测概率,仅对某些监督模型有用(比如 LR);③model.score():得分越高,fit 越好。

(3) 非监督模型提供的接口有:①model.transform():从数据中学到新的"基空间";②model.fit_transform():从数据中学到新的基并将这个数据按照这组"基"进行转换。

1.7.3 Keras 程序包

虽然 Scikit-learn 足够强大,但是它并没有包含一种强大的模型——人工神经网络。在语言处理、图像识别等领域有着重要的作用。

但要注意的是 Windows 环境下 Keras 的速度会大打折扣,因此,要研究神经网络和深度学习方面的内容,需要在 Linux 下搭建环境。

1.8 Python 数据分析快速入门

1.8.1 数据导入

这是很关键的一步,为了后续的分析,首先需要导入数据。通常来说,数据一般是 CSV 格式,就算不是,至少也可以转换成 CSV 格式。

为了读取本地 CSV 文件,我们需要 pandas 这个数据分析库中的相应模块。其中的 read_csv 函数能够读取本地和 web 数据。

在 Python 中,操作如下:

```
import pandas as pd
# 读取本地数据
df = pd.read_csv('F:/2glkx/data/Advertising.csv')
```

df 中的变量:

TV——指把产品推向市场在电视上的广告费用(以万元为单位);

radio——在广播媒体上的广告费用(单位同上);

newspaper——用于报纸媒体的广告费用(单位同上);

sales——对应产品的销售金额(单位同上)。

1.8.2 数据变换

有了数据,接下来就是数据变换。统计学家和科学家们通常会在这一步移除分析中的非必要数据。先看看网上读取数据的前 5 行和最后 5 行。操作如下:

```
# df 数据的前 5 行
print (df.head())
      TV    radio  newspaper  sales
0  230.1   37.8     69.2     22.1
1   44.5   39.3     45.1     10.4
2   17.2   45.9     69.3      9.3
3  151.5   41.3     58.5     18.5
4  180.8   10.8     58.4     12.9
# df 数据的后 5 行
print (df.tail())
       TV    radio  newspaper  sales
195   38.2    3.7    13.8      7.6
196   94.2    4.9     8.1      9.7
197  177.0    9.3     6.4     12.8
198  283.6   42.0    66.2     25.5
199  232.1    8.6     8.7     13.4
```

对 R 语言程序员来说,上述操作等价于通过 print(head(df))来打印数据的前 6 行,以及通过 print(tail(df))来打印数据的后 6 行。当然 Python 中,默认打印是 5 行,而 R 则是 6 行。因此 R 的代码 head(df, n=10),在 Python 中就是 df.head(n=10),打印数据尾部也是同样道理。

在 R 语言中,数据列和行的名字通过 colnames 和 rownames 来分别进行提取。在

Python 中,则使用 columns 和 index 属性来提取,操作如下:

```
# 提取列名
print (df.columns)
Index(['TV', 'radio', 'newspaper', 'sales'], dtype = 'object')
# 提取行名或索引 Extracting row names or the index
print (df.index)
RangeIndex(start = 0, stop = 200, step = 1)
```

数据转置使用 T 方法,操作如下:

```
print (df.T)
              0      1      2      3      4      5      6      7      8      9     \
TV         230.1   44.5   17.2  151.5  180.8    8.7   57.5  120.2    8.6  199.8
radio       37.8   39.3   45.9   41.3   10.8   48.9   32.8   19.6    2.1    2.6
newspaper   69.2   45.1   69.3   58.5   58.4   75.0   23.5   11.6    1.0   21.2
sales       22.1   10.4    9.3   18.5   12.9    7.2   11.8   13.2    4.8   10.6
            190    191    192    193    194    195    196    197    198     \
TV          39.5   75.5   17.2  166.8  149.7   38.2   94.2  177.0  283.6
radio       41.1   10.8    4.1   42.0   35.6    3.7    4.9    9.3   42.0
newspaper   ..5.8   6.0   31.6    3.6    6.0   13.8    8.1    6.4   66.2
sales       10.8    9.9    5.9   19.6   17.3    7.6    9.7   12.8   25.5
            199
TV         232.1
radio        8.6
newspaper    8.7
sales       13.4

[4 rows x 200 columns]
```

其他变换,例如排序就是用 sort 属性。现在我们提取特定的某列数据。Python 中,可以使用 iloc。例如需数据第一列的前 5 行,操作如下:

```
print (df.iloc[:, 0].head())
0    230.1
1     44.5
2     17.2
3    151.5
4    180.8
Name: TV, dtype: float64
```

要注意的是,Python 的索引是从 0 开始而非 1。为了取出从 11 到 20 行的前 3 列数据,我们有:

```
print (df.iloc[10:20, 0:3])
        TV   radio  newspaper
10    66.1     5.8       24.2
11   214.7    24.0        4.0
12    23.8    35.1       65.9
13    97.5     7.6        7.2
14   204.1    32.9       46.0
15   195.4    47.7       52.9
16    67.8    36.6      114.0
17   281.4    39.6       55.8
18    69.2    20.5       18.3
19   147.3    23.9       19.1
```

为了舍弃数据中的列，如列 1（TV）和列 2（radio），可使用 drop 属性，操作如下：

```
print (df.drop(df.columns[[2, 3]], axis = 1).head())
      TV   radio
0  230.1    37.8
1   44.5    39.3
2   17.2    45.9
3  151.5    41.3
4  180.8    10.8
```

axis 参数告诉函数到底舍弃列还是行。如果 axis 等于 0，那么就舍弃行。

1.8.3 统计描述

下一步就是通过 describe 属性，对数据的统计特性进行描述：

```
print (df.describe())
               TV       radio   newspaper       sales
count  200.000000  200.000000  200.000000  200.000000
mean   147.042500   23.264000   30.554000   14.022500
std     85.854236   14.846809   21.778621    5.217457
min      0.700000    0.000000    0.300000    1.600000
25%     74.375000    9.975000   12.750000   10.375000
50%    149.750000   22.900000   25.750000   12.900000
75%    218.825000   36.525000   45.100000   17.400000
max    296.400000   49.600000  114.000000   27.000000
```

1.8.4 假设检验

在 Python 中，有一个很好的统计推断包，就是 Scipy 里面的 stats。ttest_1samp 实现了单样本 t 检验。因此，如果想检验数据 TV 列的均值，通过零假设，这里我们假定总体 TV 均值为 25，我们有：

```
from scipy import stats as ss
# Perform one sample t - test using 25 as the true mean
print (ss.ttest_1samp(a = df['TV'], popmean = 25))
Ttest_1sampResult(statistic = 20.103161602049973, pvalue = 8.362542573291619e-50)
```

返回下述值组成的元组：

t：浮点或数组类型，为 t 统计量；

prob：浮点或数组类型，为 two-tailed p-value 双侧概率值。

通过上面的输出，可以看到 p 值是 8.362542573291619e-50，远小于 $\alpha=0.05$，因此有充分的证据说 TV 平均值不是 25。将这个检验应用到所有的变量，同样假设均值为 25，我们有：

```
print (ss.ttest_1samp(a = df, popmean = 25))
Ttest_1sampResult(statistic = array([ 20.1031616 , - 1.6536043 , 3.60653789, - 29.75497579]),
pvalue = array([8.36254257e-50, 9.97845324e-02, 3.92358536e-04, 3.40162038e-75]))
```

上述输出结果的第一个数组是 t 统计量，第二个数组则是相应的 p 值。

1.8.5 可视化

Python 中有许多可视化模块，最流行的是 Matpalotlib 库。我们可选择功能更强的

seaborn 模块。

```
# Import the module for plotting
import matplotlib.pyplot as plt
plt.show(df.plot(kind = 'box'))
```

得到如图 1-11 所示的图形。

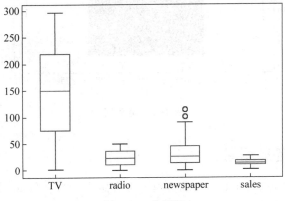

图 1-11　盒型图

有选择性的数据图输入：

```
import matplotlib.pyplot as plt
df['TV'].plot(kind = 'box')
```

这样我们就得到如图 1-12 所示的图形。

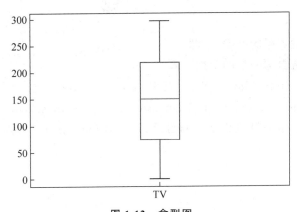

图 1-12　盒型图

可见比 matplotlib.pyplot 主题简洁太多。下面再引入功能更强大 seaborn 模块，该模块是一个统计数据可视化库。因此我们有：

```
# Import the seaborn library
import seaborn as sns
# Do the boxplot
sns.boxplot(df['TV'])
```

可得到如图 1-13 所示的图形。

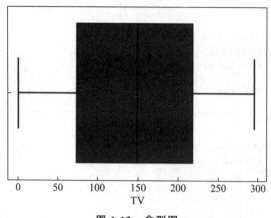

图 1-13　盒型图

1.8.6　创建自定义函数

在 Python 中,我们使用 def 函数来实现一个自定义函数。例如,如果我们要定义一个两数相加的函数,如下即可:

```
def add_2int(x, y):
    return x + y
print (add_2int(2, 2))
4
```

练　习　题

1. 简述经济金融数据的类型、来源。
2. 简述经济金融数据分析的常用工具。
3. Python 与 R、Stata、Matlab、SAS、SPSS、Eviews 等数据分析工具有何区别?
4. 在网址:https://mirrors.tuna.tsinghua.edu.cn/help/anaconda/下载最新 Python 工具到你指定的目录,并安装到你指定的目录,并启动 Python 软件和退出。

第2章 Python 数据分析程序包应用基础

Python 发展至今,已经有越来越多的人使用 Python 进行科技研究,NumPy、SciPy 和 Pandas 程序包是 Python 三个最重要的高性能数据分析和科学计算的基础包。因此,本章对这三个包应用基础先做简单介绍。

2.1 Python 数据分析的 NumPy 应用基础

1. 数组(ndarray)

数组(ndarray)是 NumPy 的数组对象,需要注意的是,它是同构的,也就是说,其中的所有元素必须是相同的类型。其中,每个数组都有一个 shape 和 dtype。

shape 是数组的形状,例如:

```
import numpy as np
from numpy.random import randn
arr = randn(12).reshape(3, 4)
arr
array([[ 0.34640208, -0.99242853, -0.56409477,  0.93549739],
       [-0.58249952, -0.70841307,  0.56573421, -0.09397698],
       [-0.17211688, -0.99705251,  0.22227907,  1.41410709]])
arr.shape
(3, 4)
```

其中(3,4)即代表 arr 是 3 行 4 列的数组,其中 dtype 为 float64。

表 2-1 中的函数可以用来创建数组。

表 2-1 创建数组的函数

函 数 名 称	作 用
array	将输入数据转换为 ndarray,类型可制定也可默认
asarray	将输入转换为 ndarray
arange	类似内置 range
ones、ones_like	根据形状创建一个全 1 的数组、后者可以复制其他数组的形状
zeros、zeros_like	类似上面,全 0
empty、empty_like	创建新数组、只分配空间
eye、identity	创建对角线为 1 的对角矩阵

2. 数组的转置和轴对称

转置是多维数组的基本运算之一。可以使用.T属性或者transpose()来实现。.T就是进行轴对换而transpose则可以接收参数进行更丰富的变换。

```
arr = np.arange(6).reshape((2,3))
print (arr)
[[0 1 2]
 [3 4 5]]

print (arr.T)
[[0 3]
 [1 4]
 [2 5]]
arr = np.arange(24).reshape((2,3,4))
print (arr)
[[[ 0  1  2  3]
  [ 4  5  6  7]
  [ 8  9 10 11]]

 [[12 13 14 15]
  [16 17 18 19]
  [20 21 22 23]]]
print (arr.transpose((0,1,2)))
[[[ 0  1  2  3]
  [ 4  5  6  7]
  [ 8  9 10 11]]

 [[12 13 14 15]
  [16 17 18 19]
  [20 21 22 23]]]
```

3. 数组的运算

大小相等的数组之间做任何算术运算都会将运算应用到元素级别。

```
arr = np.arange(9).reshape(3, 3)
print (arr)
[[0 1 2]
 [3 4 5]
 [6 7 8]]

print (arr * arr)
[[ 0  1  4]
 [ 9 16 25]
 [36 49 64]]

print (arr + arr)
[[ 0  2  4]
 [ 6  8 10]
 [12 14 16]]

print (arr * 4)
[[ 0  4  8]
 [12 16 20]
 [24 28 32]]
```

在 NumPy 的简单计算中，ufunc 通用函数是对数组中的数据执行元素级运算的函数。例如：

```
arr = np.arange(6).reshape((2,3))
print (arr)
[[0 1 2]
 [3 4 5]]
print (np.square(arr))
[[ 0  1  4]
 [ 9 16 25]]
```

类似的函数还有：

abs，fabs，sqrt，square，exp，log，sign，ceil，floor，rint，modf，isnan，isfinite，isinf，cos，cosh，sin，sinh，tan，tanh，add，subtract，multiply，power，mod，equal，等等。

2.2 Python 数据分析的 SciPy 应用基础

SciPy 以 NumPy 为基础，提供了应用更加广泛的科学计算工具。它有着优秀的函数库，主要包括：

(1) 线性代数；

(2) 数值积分；

(3) 插值；

(4) 优化；

(5) 随机数生成；

(6) 信号处理；

(7) 图像处理；

(8) 其他。

与 NumPy 一样，SciPy 有着稳定，成熟，且应用广泛的数值运算库。许多 SciPy 函数仅仅是给诸如 LAPACK，BLAS 这样的 Fortran 数值计算工业标准库提供了接口。在本书中，仅仅讨论一些常用基础的函数和特性，不做深入讨论。

2.2.1 SciPy 与 NumPy

由于 SciPy 以 NumPy 为基础，那么 import SciPy 的同时便 import 了 NumPy 库。所以，我们经常在 SciPy 函数的初始化文件中看到如下代码：

```
from numpy import *
from numpy.random import rand, randn
from numpy.fft import fft, ifft
from numpy.lib.scimath import *
del linalg
```

SciPy 的函数主要位于以下子库中：

```
scipy.optimize  scipy.integrate  scipy.stats
```

所以这些子库需要分别 import，比如：

```
import scipy.optimize
from scipy.integrate import quad
```

尽管 SciPy 已经 import 了 NumPy, 但是标准的数值计算程序经常这样引用 NumPy：

import numpy as np

2.2.2 统计子库 scipy.stats

scipy.stats 的主要功能如下：
(1) 数值随机变量对象(包括密度分布函数,累积分布函数,样本函数等)；
(2) 一些估计方法；
(3) 一些测试方法。

1. 随机变量与分布

考虑 beta 函数。NumPy 中提供了获取随机变量的样本的方法：

```
import numpy as np
np.random.beta(5, 5, size = 3)
array([ 0.40989776,   0.55822037,   0.33350581])
```

只不过 np.random.beta(a,b) 是根据下面函数得到的：

$$f(x,a,b) = \frac{x^{a-1}(1-x)^{b-1}}{\int_0^1 u^{a-1}(1-u)^{b-1} du}, \quad 0 \leqslant x \leqslant 1$$

为了获取更多 beta 分布的特性,我们经常需要使用 scipy.stats。

```
import numpy as np
from scipy.stats import beta
from matplotlib.pyplot import hist, plot, show
q = beta(5, 5)              # Beta(a, b), with a = b = 5 q是一个对象
obs = q.rvs(2000)           # 2000 observations 获得2000个样本
hist(obs, bins = 40)
grid = np.linspace(0.01, 0.99, 100)
plot(grid, q.pdf(grid), 'k-', linewidth = 2)
show()
```

执行上面命令后,可以得到如图 2-1 所示的图形。

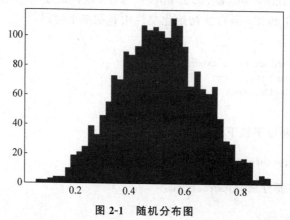

图 2-1　随机分布图

继续输入如下命令：

```
q.cdf(0.4)                  # Cumulative distribution function   累积密度函数
0.26656768000000003

q.pdf(0.4)                  # Density function   密度函数
2.0901888000000013

q.ppf(0.8)                  # Quantile (inverse cdf) function
0.63391348346427079
q.mean()
0.5
```

通用的用于创建随机变量对象的语法为：

identifier = scipy.stats.distribution_name(shape_parameters)

distributon_name 可以在 http://docs.scipy.org/doc/scipy/reference/stats.html 中找到。

distributon_name 有两个关键参数 loc 和 scale。

identifier = scipy.stats.distribution_name(shape_parameters, loc = c, scale = d)

这是用来做线性变换，产生的 Y，$Y = c + d * X$。

这里还有另一种方法生成与上一中方法一样的随机变量，命令如下：

```
import numpy as np
from scipy.stats import beta
from matplotlib.pyplot import hist, plot, show
obs = beta.rvs(5, 5, size = 2000)          # 2000 observations
hist(obs, bins = 40)
grid = np.linspace(0.01, 0.99, 100)
plot(grid, beta.pdf(grid, 5, 5), 'k-', linewidth = 2)
show()
```

执行上面命令后，可以得到如图 2-2 所示的图形。

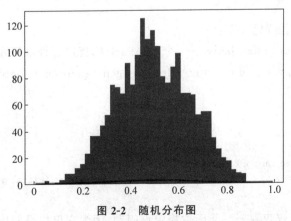

图 2-2　随机分布图

2. 线性回归

```
from scipy.stats import linregress
x = np.random.randn(200)
y = 2 * x + 0.1 * np.random.randn(200)
gradient, intercept, r_value, p_value, std_err = linregress(x, y)
gradient, intercept
(2.006158433294492, 0.002730685933466065)
```

3. 求根与稳定点

（1）稳定点

已知连续函数 $f(x)$，则函数 $f(x)$ 的稳定点为 x_0，使得条件 $f(x_0) = x_0$ 成立。例如以下函数 $f(x)$：

$$f(x) = \sin\left(4x - \frac{1}{4}\right) + x + x^{20} - 1$$

（2）一元函数求根

如果我们要求使方程 $f(x) = 0$ 的根的话，可以利用 scipy.optimize 的二分法 bisect。命令如下：

```
from scipy.optimize import bisect
f = lambda x: np.sin(4 * (x - 0.25)) + x + x**20 - 1
bisect(f, 0, 1)
0.4082935042806639
```

当然，在数值分析中还有一种常用方法 Newton-Raphson 算法。这一方法利用函数曲线的切线逐渐逼近零点。如果函数的形态很好，那么此方法比 bisect 更快。如果函数的形态不好，那么它比 bisect 慢。这主要是由于此方法依赖于求导运算。

在实际求根过程中，常采用混合方法，先用一种方法求解，如果速度不快，则寻找另外更好的方法，加速求解。

在 SciPy 中，混合方法是 brentq：

```
from scipy.optimize import brentq
brentq(f, 0, 1)
0.40829350427936706
```

（3）多元函数求根问题

常常采用 scipy.optimize.fsolve：一个 MinPack 库接口。详细可参见：
http://docs.scipy.org/doc/scipy/reference/generated/scipy.optimize.fsolve.html 网站上的内容。

（4）稳定点求解

输入如下命令：

```
from scipy.optimize import fixed_point
fixed_point(lambda x: x**2, 10.0)       # 10.0 is an initial guess
array(1.0)
```

fixed_point 函数仅仅限于一元函数稳定点问题，因为它仅仅是调用了 brentq 函数。

4. 优化问题

（1）一元函数最小与最大值

一元函数最小与最大值实例可以通过如下命令来说明：

```
from scipy.optimize import fminbound
fminbound(lambda x: x**2, -1, 2)          # Search in [-1, 2]
0.0
```

（2）多元函数最小与最大值

多元函数局部优化有以下几个函数：

minimize，fmin，fmin_powell，fmin_cg，fmin_bfgs，and fmin_ncg。

多元函数受限局部优化：fmin_l_bfgs_b，fmin_tnc，fmin_cobyla

由于涉及更加多的搜索算法等数学知识就不详细介绍了。具体问题请到官网：http://docs.scipy.org/doc/scipy/reference/optimize.html 查询。

5. 积分

单变量积分可以利用 quad 方法实现，实例的命令如下：

```
from scipy.integrate import quad
integral, error = quad(lambda x: x**2, 0, 1)
integral
0.33333333333333337
```

quad 方法是依靠 gauss-chebyshev 求积公式，切比雪夫多项式参见：http://en.wikipedia.org/wiki/Clenshaw%E2%80%93Curtis_quadrature。

多元函数积分、固定误差积分等可以参见：http://docs.scipy.org/doc/scipy/reference/integrate.html。

6. 计算两点间距离

先创建三个点：

```
x = np.array([[0, 1], [1, 0], [2, 0]])
```

[0,1]，[1,0]，[2,0]分别代表三个点。

这里的两点间距离用欧几里得空间的距离表示。命令如下：

```
from scipy.spatial.distance import pdist, squareform
d = squareform(pdist(x, 'euclidean'))
d
```

得到实对称矩阵如下：

```
array([[ 0.        ,  1.41421356,  2.23606798],
       [ 1.41421356,  0.        ,  1.        ],
       [ 2.23606798,  1.        ,  0.        ]])
```

而 scipy.spatial.distance.cdist(A,B,'euclidean')计算的是两个 array 间各个点的欧几

里得距离。

7. 线性规划

考虑如下的线性规划问题：

```
Minimize: f = -1 * x[0] + 4 * x[1]
Subject to: -3 * x[0] + 1 * x[1] <= 6
1 * x[0] + 2 * x[1] <= 4
x[1] >= -3
-∞ <= x[0] <= ∞
```

对于上述线性规划问题，输入如下 Python 代码：

```python
c = [-1, 4]
A = [[-3, 1], [1, 2]]
b = [6, 4]
x0_bounds = (None, None)
x1_bounds = (-3, None)
from scipy.optimize import linprog
res = linprog(c, A_ub=A, b_ub=b, bounds=(x0_bounds, x1_bounds),
              options={"disp": True})
print(res)
```

得到如下结果：

```
Optimization terminated successfully.
         Current function value: -22.000000
         Iterations: 1
     fun: -22.0
 message: 'Optimization terminated successfully.'
     nit: 1
   slack: array([ 39.,   0.])
  status: 0
 success: True
       x: array([ 10.,  -3.])
```

2.3　Python 数据分析的 Pandas 应用基础

　　Pandas（或 Python Data Analysis Library）是 Python 的一个数据分析包，最初由 AQR Capital Management 于 2008 年 4 月开发，并于 2009 年底开源出来，目前由专注于 Python 数据包开发的 PyData 开发团队继续开发和维护，属于 PyData 项目的一部分。

　　Pandas 最初被作为金融数据分析工具而开发出来，因此，Pandas 为时间序列分析提供了很好的支持。Pandas 的名称来自于面板数据（panel data）和 Python 数据分析（data analysis）。panel data 是经济学中关于多维数据集的一个术语，在 Pandas 中也提供了 panel 的数据类型。

　　Pandas 是基于 NumPy 的一种工具，该工具是为解决数据分析任务而创建的。Pandas 纳入了大量库和一些标准的数据模型，提供了高效地操作大型数据集所需的工具。Pandas 提供了大量能使我们快速便捷地处理数据的函数和方法，从而使 Python 成为强大而高效的数据分析环境的重要因素之一。

2.3.1 Pandas 中的数据结构

Pandas 是基于 NumPy 构建的含有更高级数据结构和工具的数据分析包,Pandas 围绕 Series 和 DataFrame 两个核心数据结构展开。Series 和 DataFrame 分别对应于一维的序列和二维的表结构。

(1) Series:一维数组,与 NumPy 中的一维数组 Array 类似。二者与 Python 基本的数据结构 List 也很相近,其区别是:List 中的元素可以是不同的数据类型,而 Array 和 Series 中则只允许存储相同的数据类型,这样可以更有效的使用内存,提高运算效率。

(2) Time-Series:以时间为索引的 Series。

(3) DataFrame:二维的表格型数据结构。很多功能与 R 中的 data.frame 类似。可以将 DataFrame 理解为 Series 的容器。下面的内容主要以 DataFrame 为主。

(4) Panel:三维的数组,可以理解为 DataFrame 的容器。

Pandas 约定俗成的导入方法如下:

```
from pandas import Series,DataFrame
import pandas as pd
```

1. 一维数组 Series 对象

Series 可以看作一个定长的有序字典。基本任意的一维数据都可以用来构造 Series 对象:

```
s = pd.Series([1,2,3.0,'abc'])
s
0    1
1    2
2    3
3    abc
dtype: object
```

虽然 dtype:object 可以包含多种基本数据类型,但总感觉会影响性能的样子,最好还是保持单纯的 dtype。

Series 对象包含两个主要的属性:index 和 values,分别为上例中左右两列。因为传给构造器的是一个列表,所以 index 的值是从 0 起递增的整数,如果传入的是一个类字典的键值对结构,就会生成 index-value 对应的 Series;或者在初始化的时候以关键字参数显式指定一个 index 对象:

```
s = pd.Series(data=[1,3,5,7],index = ['a','b','x','y'])
s
a    1
b    3
x    5
y    7
dtype: int64
s.index
Index(['a', 'b', 'x', 'y'], dtype = 'object')
s.values
array([1, 3, 5, 7], dtype = int64)
```

Series 对象的元素会严格依照给出的 index 构建，这意味着：如果 data 参数是有键值对的，那么只有 index 中含有的键会被使用；以及如果 data 中缺少响应的键，即使给出 NaN 值，这个键也会被添加。

注意 Series 的 index 和 values 的元素之间虽然存在对应关系，但这与字典的映射不同。index 和 values 实际仍为互相独立的 ndarray 数组，Series 这种使用键值对的数据结构最大的好处在于 Series 间进行算术运算时，index 会自动对齐。另外，Series 对象和它的 index 都含有一个 name 属性：

```
s.name = 'a_series'
s.index.name = 'the_index'
s
the_index
a    1
b    3
x    5
y    7
Name: a_series, dtype: int64
```

2. 二维表 DataFrame 对象

DataFrame 是一个表格型的数据结构，它含有一组有序的列（类似于 index），每列可以是不同的值类型（在 NumPy 的数组中 ndarray 只能有一个数据类型 dtype）。基本上可以把 DataFrame 看成是共享同一个 index 的 Series 的集合。

DataFrame 的构造方法与 Series 类似，只不过可以同时接受多条一维数据源，每一条都会成为单独的一列：

```
data = {'state':['GZ','GZ','GZ','CS','CS'],
        'year':[2014,2015,2016,2015,2016],
        'pop':[1.5,1.7,3.6,2.4,2.9]}
df = DataFrame(data)
df
   state  year  pop
0  GZ     2014  1.5
1  GZ     2015  1.7
2  GZ     2016  3.6
3  CS     2015  2.4
4  CS     2016  2.9
```

虽然参数 data 看起来是个字典，但字典的键并非充当 DataFrame 的 index 的角色，而是 Series 的 "name" 属性。这里生成的 index 仍是 "01234"。较完整的 DataFrame 构造器参数为：DataFrame(data=None, index=None, columns=None)，columns 即 "name"。

```
df = DataFrame(data,index=['one','two','three','four','five'],
               columns=['year','state','pop','debt'])
df
       year  state  pop  debt
one    2014  GZ     1.5  NaN
two    2015  GZ     1.7  NaN
three  2016  GZ     3.6  NaN
four   2015  CS     2.4  NaN
five   2016  CS     2.9  NaN
```

从上可以看出,缺失值由 NaN 补上。

下面看一下 index、columns 和索引的类型:

```
df.index
Index(['one', 'two', 'three', 'four', 'five'], dtype = 'object')
df.columns
Index(['year', 'state', 'pop', 'debt'], dtype = 'object')
type(df['debt'])
pandas.core.series.Series
```

DataFrame 面向行和面向列的操作基本是平衡的,任意抽出一列都是 Series。

2.3.2 对象的重新索引

1. Series 对象的重新索引

Series 对象的重新索引通过其 .reindex(index = None, ** kwargs) 方法实现。** kwargs 中常用的参数有二个:method = None, fill_value = np.NaN:

```
ser = Series([4.5,7.2, - 5.3,3.6],index = ['d','b','a','c'])
a = ['a','b','c','d','e']
ser.reindex(a)
a    - 5.3
b     7.2
c     3.6
d     4.5
e     NaN
dtype: float64
ser.reindex(a,fill_value = 0)
a    - 5.3
b     7.2
c     3.6
d     4.5
e     0.0
dtype: float64
```

.reindex() 方法会返回一个新对象,其 index 严格遵循给出的参数,method:{'backfill', 'bfill', 'pad', 'ffill', None} 参数用于指定插值(填充)方式,当没有给出时,自动用 fill_value 填充,默认为 NaN(ffill = pad, bfill = back fill, 分别指插值时向前还是向后取值)

2. DataFrame 对象的重新索引方法

DataFrame 对象的重新索引方法:.reindex(index = None, columns = None, ** kwargs)。仅比 Series 多了一个可选的 columns 参数,用于给列索引。用法与上例类似,只不过插值方法 method 参数只能应用于行,即轴 0。

```
data = {'T':[1,4,7],
        'U':[0,0,0],
        'C':[2,5,8]}
df = DataFrame(data,index = ['a','c','d'])
df
   C  T  U
```

```
a  2  1  0
c  5  4  0
d  8  7  0
state = ['T','U','C']
df.reindex(index = ['a','b','c','d'],columns = state,method = 'ffill')
   T  U  C
a  1  0  2
b  1  0  2
c  4  0  5
d  7  0  8
```

2.3.3 删除指定轴上的项

即删除 Series 的元素或 DataFrame 的某一行(列)的意思,通过对象的 .drop(labels, axis=0) 方法。

Series 的数据对象如下:

```
ser
d   4.5
b   7.2
a  -5.3
c   3.6
dtype: float64
```

DataFrame 的数据对象如下:

```
df
   C  T  U
a  2  1  0
c  5  4  0
d  8  7  0
```

删除 ser 对象的 c 行:

```
ser.drop('c')
d   4.5
b   7.2
a  -5.3
dtype: float64
df
```

删除 df 对象的 a 行:

```
df.drop('a')
   C  T  U
c  5  4  0
d  8  7  0
```

删除 df 对象的 T 列和 U 列:

```
df.drop(['T','U'],axis = 1)
   C
a  2
c  5
d  8
```

.drop()返回的是一个新对象,原对象不会被改变。

2.3.4 索引和切片

Pandas 支持通过 obj[::] 的方式进行索引和切片,以及通过布尔型数组进行过滤。不过须要注意,因为 Pandas 对象的 index 不限于整数,所以当使用非整数作为切片索引时,它是末端包含的。

```
foo = pd.Series([4.5,7.2,-5.3,3.6],index=['a','b','c','d'])
foo
a    4.5
b    7.2
c   -5.3
d    3.6
dtype: float64
bar = pd.Series([4.5,7.2,-5.3,3.6])
bar
0    4.5
1    7.2
2   -5.3
3    3.6
dtype: float64
```

删除 foo 第 3,4 行:

```
foo[:2]
a    4.5
b    7.2
dtype: float64
```

删除 bar 第 3,4 行:

```
bar[:2]
0    4.5
1    7.2
dtype: float64
foo[:'c']
a    4.5
b    7.2
c   -5.3
dtype: float64
```

这里 foo 和 bar 只有 index 不同,bar 的 index 是整数序列。可见当使用整数索引切片时,结果与 Python 列表或 NumPy 的默认状况相同;换成 'c' 这样的字符串索引时,结果就包含了这个边界元素。

另外一个特别之处在于 DataFrame 对象的索引方式,因为他有两个轴向(双重索引)。

可以这么理解:DataFrame 对象的标准切片语法为:.iloc[::,::]。iloc 对象可以接受两套切片,分别为行(axis=0)和列(axis=1)的方向。

```
df
   T  U  C
a  1  0  2
c  4  0  5
```

```
d  7  0  8
df.iloc[:2,:2]
   T  U
a  1  0
c  4  0
df.iloc['a','U']
0
```

而不使用 iloc,直接切的情况就特殊了：(1)索引时,选取的是列；(2)切片时,选取的是行。

```
df['U']
a    0
c    0
d    0
Name: U, dtype: int64
df[:'c']
   T  U  C
a  1  0  2
c  4  0  5
df[:2]
   T  U  C
a  1  0  2
c  4  0  5
```

使用布尔型数组的情况,注意行与列的不同切法(列切法的":"不能省)。

```
df['T']>=4
a    False
c    True
d    True
Name: T, dtype: bool
df[df['T']>=4]
   T  U  C
c  4  0  5
d  7  0  8
```

2.3.5 算术运算和数据对齐

Pandas 最重要的一个功能是,它可以对不同索引的对象进行算术运算。在将对象相加时,结果的索引取索引对的并集。自动的数据对齐在不重叠的索引处引入空值,默认为 NaN。

```
foo = Series({'a':1,'b':2})
foo
a    1
b    2
dtype: int64
bar = Series({'b':3,'d':4})
bar
b    3
d    4
dtype: int64
foo + bar
a    NaN
```

```
b    5.0
d    NaN
dtype: float64
```

DataFrame 的对齐操作会同时发生在行和列上。当不希望在运算结果中出现 NA 值时，可以使用前面 reindex 中提到过 fill_value 参数，不过为了传递这个参数，就需要使用对象的方法，而不是操作符：df1.add(df2,fill_value=0)。其他算术方法还有：sub()、div()、mul()。

Series 和 DataFrame 之间的算术运算涉及广播，这里不讲。

2.3.6 函数应用和映射

NumPy 的 ufuncs(元素级数组方法)可用于操作 Pandas 对象。当希望将函数应用到 DataFrame 对象的某一行或列时，可以使用 .apply(func, axis=0, args=(), ** kwds) 方法。

```
f = lambda x:x.max() - x.min()
df
   T  U  C
a  1  0  2
c  4  0  5
d  7  0  8
df.apply(f)
T    6
U    0
C    6
dtype: int64
df.apply(f,axis = 1)
a    2
c    5
d    8
dtype: int64
```

2.3.7 排序和排名

Series 的 sort_index(ascending=True) 方法可以对 index 进行排序操作，ascending 参数用于控制升序或降序，默认为升序。

若要按值对 Series 进行排序，当使用 .order() 方法，任何缺失值默认都会被放到 Series 的末尾。

在 DataFrame 上，.sort_index(axis=0, by=None, ascending=True) 方法多了一个轴向的选择参数与一个 by 参数，by 参数的作用是针对某一(些)列进行排序(不能对行使用 by 参数)。

```
df.sort_index(by = 'U')
   C  T  U
a  2  1  0
c  5  4  0
d  8  7  0
df.sort_index(by = ['C','T'])
   C  T  U
```

```
a  2  1  0
c  5  4  0
d  8  7  0
df.sort_index(axis = 1)
   C  T  U
a  2  1  0
c  5  4  0
d  8  7  0
```

排名(Series.rank(method='average',ascending=True))的作用与排序的不同之处在于,排名会把对象的values替换成名次(从1到n)。这时唯一的问题在于如何处理平级项,方法里的method参数就是起这个作用的,他有四个值可选:average,min,max,first。

```
ser = Series([3,2,0,3],index = list('abcd'))
ser
a    3
b    2
c    0
d    3
dtype: int64
ser.rank()
a    3.5
b    2.0
c    1.0
d    3.5
dtype: float64
ser.rank(method = 'min')
a    3.0
b    2.0
c    1.0
d    3.0
dtype: float64
ser.rank(method = 'max')
a    4.0
b    2.0
c    1.0
d    4.0
dtype: float64
ser.rank(method = 'first')
a    3.0
b    2.0
c    1.0
d    4.0
dtype: float64
```

注意在 ser[0]=ser[3] 这对平级项上,不同 method 参数表现出的不同名次。

DataFrame 的 .rank(axis=0,method='average',ascending=True) 方法多了个 axis 参数,可选按行或列分别进行排名,暂时好像没有针对全部元素的排名方法。

2.3.8 常用的统计方法

Pandas 对象有一些统计方法。它们大部分都属于约简和汇总统计,用于从 Series 中提取单个值,或从 DataFrame 的行或列中提取一个 Series。比如 DataFrame.mean(axis=0, skipna=True) 方法,当数据集中存在 NA 值时,这些值会被简单跳过,除非整个切片(行或

列)全是 NA,如果不想这样,则可以通过 skipna=False 来禁用此功能:

设置数据如下:

```
data = {'one':[2012,2013,2014,2015,2016],'two':[1.5,1.7,3.6,2.4,2.9]}
df = DataFrame(data)
df
  one   two
0 2012  1.5
1 2013  1.7
2 2014  3.6
3 2015  2.4
4 2016  2.9
df.mean()
one    3.083333
two    -2.900000
dtype: float64
df.mean(axis = 1)
one    2014.00
two    2.42
dtype: float64
df.mean(axis = 1,skipna = False)
0    1006.75
1    1007.35
2    1008.80
3    1008.70
4    1009.45
dtype: float64
```

常用的统计方法如表 2-2 所示。

表 2-2 常用的统计方法

名称	功能
count	非 NA 值的数量
describe	针对 Series 或 DF 的列计算汇总统计
min,max	最小值和最大值
argmin,argmax	最小值和最大值的索引位置(整数)
idxmin,idxmax	最小值和最大值的索引值
quantile	样本分位数(0 到 1)
sum	求和
mean	均值
median	中位数
mode	众数
mad	根据均值计算平均绝对离差
var	方差
std	标准差
skew	样本值的偏度(三阶矩)
kurt	样本值的峰度(四阶矩)
cumsum	样本值的累计和
cummin,cummax	样本值的累计最大值和累计最小值

续表

名称	功能
cumprod	样本值的累计积
diff	计算一阶差分(对时间序列很有用)
pct_change	计算百分数变化

2.3.9 处理缺失数据

Pandas 中 NA 的主要表现为 np.nan，另外 Python 内建的 None 也会被当作 NA 处理。处理 NA 的方法有三种：is(not)null、dropna 和 fillna。

1. is(not)null

这一方法针对对象做元素级应用，然后返回一个布尔型数组，一般可用于布尔型索引。

2. dropna

对于一个 Series，dropna 返回一个仅含非空数据和索引值的 Series。

问题在于对 DataFrame 的处理方式，因为一旦 drop 的话，至少要丢掉一行(列)。这里的解决方式与前面类似，还是通过一个额外的参数：dropna(axis=0, how='any', thresh=None)，how 参数可选的值为 any 或者 all。all 仅在切片元素全为 NA 时才抛弃该行(列)。另外一个有趣的参数是 thresh，该参数的类型为整数，它的作用是，比如 thresh=3，会在一行中至少有 3 个非 NA 值时将其保留。

3. fillna

fillna(value=None, method=None, axis=0) 中的 value 参数除了基本类型外，还可以使用字典，这样可以实现对不同的列填充不同的值。method 的用法与前面 .reindex() 方法相同，这里不再赘述。

要注意的是：在 Series 和 DataFrame 对象的方法中，凡是会对数组做出修改并返回一个新数组的，往往都有一个 replace=False 的可选参数。如果手动设定为 True，那么原数组就可以被替换。

练 习 题

1. 考察 SciPy 统计模块的应用
1) 生成正态随机变量 $X \sim N(0,1)$，并对其采样 1000 个样本；
2) 将该样本生成一个 (20, 5, 10) 的三维数组；
3) 将上述生成的 (20, 5, 10) 三维数组"展平"成一维数组，并求该数组的均值和标准差。

2. 考察 SciPy 优化器模块的应用。已知目标函数如下，求其在约束条件下的最优解及其对应变量 x_1 和 x_2 的取值

$$\min(x_1^2 + x_1 x_2)$$

其约束条件如下：

$$x_1^3 + x_1 x_2 = 100$$
$$x_1^2 + x_2 \geqslant 50$$
$$-100 \leqslant x_1, x_2 \leqslant 100$$

3. 考察 Pandas 模块的应用

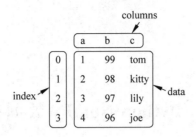

1) 请生成如上图所示的 dataframe。

2) 获取 b 这一列对应的统计量（即获取它的均值，标准差，最小值，最大值，25 分位数，中位数和 75 分位数）。

3) 将元素 97 置为 None。

4) 使用 b 这一列的均值填充对应的 None 元素。

第3章 Python 数据分析的数据存取

3.1 Python-NumPy 数据存取

在科学计算与数据分析的过程中，往往需要保存一些数据，也经常需要把保存的这些数据加载到程序中，在 Matlab 中我们可以用 save 和 load 函数很方便地实现。类似地，在 Python 中，我们可以用 numpy.save() 和 numpy.load() 函数达到类似的效果，并且还可以用 scipy.io.savemat() 将数据保存为 .mat 格式，用 scipy.io.loadmat() 读取 .mat 格式的数据，达到可以和 Matlab 进行数据互动的效果。

下面对上述函数分别介绍。

1. Python-NumPy 数据保存 numpy.save()

numpy.save(arg_1,arg_2) 需要两个参数，arg_1 是文件名，arg_2 是要保存的数组。例如：

```
import numpy as np
a = np.mat('1,2,3;4,5,6')
b = np.array([[1,2,3],[4,5,6]])
np.save('F:/2glkx/data/a.npy',a)
np.save('F:/2glkx/data/b.npy',b)
```

这个时候就把数据保存在 F:/2glkx/data 的目录中。

2. Python-NumPy 数据读取 numpy.load()

下面把保存的这两个数据文件导入 Python：

```
data_a = np.load('F:/2glkx/data/a.npy')
data_b = np.load('F:/2glkx/data/b.npy')
print ('data_a \n',data_a,'\n the type is',type(data_a))
print ('data_b \n',data_a,'\n the type is',type(data_b))
data_a
 [[1 2 3]
 [4 5 6]]
the type is <class 'numpy.ndarray'>
data_b
 [[1 2 3]
 [4 5 6]]
```

```
the type is < class 'numpy.ndarray'>
```

我们可以看到这一过程把原本为矩阵的 a 变为数组型了。

如果想同时保存 a、b 到同一个文件,我们可以用 np.savez() 函数,具体用法如下:

```
np.savez('F:/2glkx/data/ab.npz',k_a = a,k_b = b)
c = np.load('F:/2glkx/data/ab.npz')
print (c['k_a'])
print (c['k_b'])
```

得到如下的输出结果:

```
[[1 2 3]
 [4 5 6]]
[[1 2 3]
 [4 5 6]]
```

这时的 c 是一个字典,需要通过关键字取出我们需要的数据。

3.2　Python-SciPy 数据存取

Python-SciPy 数据存取的方法如下:

scipy.io.savemat() 和 scipy.io.loadmat()。

首先我们用 scipy.io.savemat() 创建 .mat 文件,该函数有两个参数:一个文件名及一个包含变量名和取值的字典。

```
import numpy as np
from scipy import io
a = np.mat('1,2,3;4,5,6')
b = np.array([[1,1,1],[2,2,2]])
io.savemat('F:/2glkx/data/a.mat', {'matrix': a})
io.savemat('F:/2glkx/data/b.mat', {'array': b})
```

至此 Python 的工作路径 F:/2glkx/data/ 下就多了 a.mat 和 b.mat 这两个文件。

3.3　Python-Pandas 的 csv 格式数据文件存取

Python-Pandas 的 csv 格式数据文件的存取,可以通过如下的 p.to_csv() 和 pd.read_csv() 函数来解决,实例如下:

```
import pandas as pd
import numpy as np
a = ['apple','pear','watch','money']
b = [[1,2,3,4,5],[5,7,8,9,0],[1,3,5,7,9],[2,4,6,8,0]]
d = dict(zip(a,b))
d
p = pd.DataFrame(d)
p
p.to_csv('F:\\2glkx\\data\\IBM.csv')
```

在 Excel 中打开 IBM.csv 数据文件,得到如图 3-1 所示的数据。

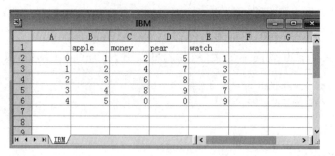

图 3-1　IBM.csv 中的数据

pd.read_csv('F:\\2glkx\\data\\IBM.csv')

得到如下数据：

```
   Unnamed: 0  apple  money  pear  watch
0           0      1      2     5      1
1           1      2      4     7      3
2           2      3      6     8      5
3           3      4      8     9      7
4           4      5      0     0      9
```

3.4　Python-Pandas 的 Excel 格式数据文件存取

Python-Pandas 的 Excel 格式数据文件的存取，可以通过如下的 pd.read_excel() 和 pd.read_csv() 函数来解决。实例如下：

先在目录 F:\2glkx\data 下建立一个名为 al3-1.xls 的 Excel 文件，如图 3-2 所示。

	A	B	C	D	E	F
1	BH	Z1	Z2	Z3	Z4	K
2	1	7	26	6	60	78.5
3	2	1	29	15	52	74.3
4	3	11	56	8	20	104.3
5	4	11	31	8	47	87.6
6	5	7	52	6	33	95.9
7	6	11	55	9	22	109.2
8	7	3	71	17	6	102.7
9	8	1	31	22	44	72.5
10	9	2	54	18	22	93.1
11	10	21	47	4	18	115.9
12	11	1	40	23	34	83.8
13	12	11	66	9	12	113.3
14	13	10	68	8	12	109.4

图 3-2　Excel 文件

然后通过如下命令来读取 Excel 文件中的数据。

```
import pandas as pd
import numpy as np
df = pd.read_excel('F:\\2glkx\\data\\al3-1.xls')
df.head()
```

得到如下数据：

```
   BH  Z1  Z2  Z3  Z4    K
0   1   7  26   6  60  78.5
1   2   1  29  15  52  74.3
2   3  11  56   8  20 104.3
3   4  11  31   8  47  87.6
4   5   7  52   6  33  95.9
```

3.5 读取并查看数据表列

准备工作完成后，开始读取数据，这里我们使用了一组 Z1 和 Z2 的数据。将这组数据读取到 Python 中并取名为 data。通过 head 函数查看数据表中前 5 行的内容。以下是数据读取和查看的代码和结果。

```python
import pandas as pd
import numpy as np
#读取数据并创建数据表,名称为 data。
data = pd.read_excel('F:\\2glkx\\data\\al3-1.xls')
#查看数据表前 5 行的内容
data.head()
```

在 data 数据表中，我们将 Z1 设置为自变量 X，将 Z2 设置为因变量 Y，并通过 shape 函数查看两个变量的行数，每个变量 13 行，这是完整数据表的行数。

```python
#将 Z1 设为自变量 X
X = np.array(data[['Z1']])
#将 Z2 设为因变量 Y
Y = np.array(data[['Z2']])
#查看自变量和因变量的行数
X.shape, Y.shape
((13, 1), (13, 1))
```

3.6 读取挖地兔财经网站数据

我们可以使用 Python 的 Pandas 读取挖地兔财经网站数据，代码如下：

```python
import tushare as ts
import pandas as pd
import numpy as np                          # 数值计算
import statsmodels.api as sm                # 统计运算
import scipy.stats as scs                   # 科学计算
import matplotlib.pyplot as plt             # 绘图
# 把相对应股票的收盘价按照时间的顺序存入 DataFrame 对象中
data = pd.DataFrame()
data1 = ts.get_k_data('600900', '2019-01-01', '2022-05-01')
data1 = data1['close']                      # 长江电力收盘价数据
data['600900'] = data1
data2 = ts.get_k_data('000001', '2019-01-01', '2022-05-01')
data2 = data2['close']                      # 平安银行收盘价数据
data['000001'] = data2
data3 = ts.get_k_data('600030','2019-01-01', '2022-05-01')
```

```python
data3 = data3['close']                      # 中信证券收盘价数据
data['600030'] = data3
data4 = ts.get_k_data('002352','2019-01-01','2022-05-01')
date_column = data4['date']                 # 获取时间列
data4 = data4['close']                      # 顺丰控股收盘价数据
data['002352'] = data4
# 数据清理
data['date'] = date_column
data.set_index(["date"], inplace=True)
data.to_excel('F:/2glkx/data/sg.xls')
data = pd.DataFrame()
data = pd.read_excel('F:/2glkx/data/sg.xls')
data.info()                                 # 查看数据情况
```

```
<class 'pandas.core.frame.DataFrame'>
RangeIndex: 797 entries, 0 to 796
Data columns (total 5 columns):
 #   Column   Non-Null Count   Dtype
---  ------   --------------   -----
 0   date     797 non-null     object
 1   600900   797 non-null     float64
 2   000001   797 non-null     float64
 3   600030   794 non-null     float64
 4   002352   797 non-null     float64
dtypes: float64(4), object(1)
memory usage: 31.3+ KB
```

从上可见，三个股票数据的记录不一致，有些股票有 null 值。

```python
# 清理数据
data = data.dropna()
data.info()
```

```
<class 'pandas.core.frame.DataFrame'>
Int64Index: 794 entries, 0 to 793
Data columns (total 5 columns):
 #   Column   Non-Null Count   Dtype
---  ------   --------------   -----
 0   date     794 non-null     object
 1   600900   794 non-null     float64
 2   000001   794 non-null     float64
 3   600030   794 non-null     float64
 4   002352   794 non-null     float64
dtypes: float64(4), object(1)
memory usage: 37.2+ KB
```

从上可见，三个股票数据的记录一致，null 值消除。

```python
# 显示前 5 条
data.head()
```

```
   date        600900  000001  600030   002352
0  2019-01-02  13.36   8.647   15.408   31.902
1  2019-01-03  13.51   8.737   15.556   31.922
2  2019-01-04  13.26   9.207   15.582   32.142
3  2019-01-07  13.18   9.197   16.106   31.992
4  2019-01-08  13.50   9.117   16.141   31.902
```

```python
# 显示最后 5 条
data.tail()
```

```
date  600900  000001  600030  002352
```

```
789  2022-04-11  23.35  16.39  19.23  49.50
790  2022-04-12  23.54  16.28  18.33  52.30
791  2022-04-13  23.69  16.40  18.81  52.50
792  2022-04-14  22.92  16.05  18.77  51.85
793  2022-04-15  23.19  15.92  19.69  50.11
#取列数据
data = data[['600900','600030']]
data.head()
   600900   600030
0  13.36    15.408
1  13.51    15.556
2  13.26    15.582
3  13.18    16.106
4  13.50    16.141
#取2行到4行的数据
data.iloc[1:4]
   600900   600030
1  13.51    15.556
2  13.26    15.582
3  13.18    16.106
#取第1行到第2行及第1列到第3列的数据
data.iloc[:2, :3]
   600900   600030
0  13.36    15.408
1  13.51    15.556
```

3.7 挖地兔 Tushare 财经网站数据保存与读取

Tushare 提供的数据存储模块主要是引导用户将数据保存在本地磁盘或数据库服务器上,便于后期的量化分析和回测使用,在以文件格式保存在电脑磁盘的方式上,调用的是 Pandas 本身自带的方法,此处会罗列常用的参数和说明,另外,也会通过实例,展示操作的方法。Tushare 下载财经数据帮助文件网站：https://tushare.pro/。

（1）保存为 csv 格式；

（2）保存为 Excel 格式。

1. 保存为 csv 数据文件

Pandas 的 DataFrame 和 Series 对象提供了直接保存 csv 文件格式的方法,通过参数设定,轻松将数据内容保存在本地磁盘。

常用参数说明：

* path_or_buf：csv 文件存放路径或者 StringIO 对象

* sep：文件内容分隔符,默认为,(逗号)

* na_rep：在遇到 NaN 值时保存为某字符,默认为' '(空字符)

* float_format：float 类型的格式

* columns：需要保存的列,默认为 None

* header：是否保存 columns 名,默认为 True

* index：是否保存 index,默认为 True

* mode：创建新文件还是追加到现有文件，默认为新建
* encoding：文件编码格式
* date_format：日期格式

注：在设定 path 时，如果目录不存在，程序会提示 IOError，请先确保目录已经存在于磁盘中。

调用方法：

```
import tushare as ts
df = ts.get_hist_data('000875')  # 从网上取数据
# 直接保存
df.to_csv('F:/2glkx/data/000875.csv')
# 选择数据保存
df.to_csv('F:/2glkx/data/000875.csv',columns = ['open','high','low','close'])
```

2. 读取 csv 数据文件

```
import pandas as pd
import numpy as np
df = pd.read_csv('F:/2glkx/data/000875.csv')
df.head()
date         open   high   low    close
0  2022-05-19  6.59   6.94   6.55   6.90
1  2022-05-18  6.68   6.87   6.62   6.73
2  2022-05-17  6.65   6.72   6.52   6.69
3  2022-05-16  6.75   6.78   6.60   6.64
4  2022-05-13  6.70   6.85   6.60   6.71
```

追加数据的方式：

某些时候，可能需要将一些同类数据保存在一个大文件中，这时候就需要将数据追加在同一个文件里，简单举例如下。

```
import tushare as ts
import os
filename = 'F:/2glkx/data/bigfile.csv'
for code in ['000875', '600848', '000981']:
    df = ts.get_hist_data(code)
    if os.path.exists(filename):
        df.to_csv(filename, mode='a', header=None)
    else:
        df.to_csv(filename)
```

注：如果不考虑 header，直接 df.to_csv(filename, mode='a') 即可，否则，每次循环都会把 columns 名称也 append 进去。

3. 保存为 Excel 文件

Pandas 将数据保存为 Microsoft Excel 文件格式。

常用参数说明：

* excel_writer：文件路径或者 ExcelWriter 对象
* sheet_name：sheet 名称，默认为 Sheet1

* sep：文件内容分隔符，默认为，（逗号）
* na_rep：在遇到 NaN 值时保存为某字符，默认为' '（空字符）
* float_format：float 类型的格式
* columns：需要保存的列，默认为 None
* header：是否保存 columns 名，默认为 True
* index：是否保存 index，默认为 True
* encoding：文件编码格式
* startrow：在数据的头部留出 startrow 行空行
* startcol：在数据的左边留出 startcol 列空列

调用方法：

```
import tushare as ts
df = ts.get_k_data('000875')  # 直接保存
df.to_excel('F:/2glkx/data/000875.xls')

# 设定数据位置(从第 3 行,第 6 列开始插入数据)
df.to_excel('F:/2glkx/data/000875.xls', startrow = 2, startcol = 5)
```

4. 读取 Excel 数据文件

```
import pandas as pd
import numpy as np
df = pd.read_excel('F:/2glkx/data/000875.xls')
df.head()
   Unnamed: 0        date  open  close  high   low  volume  code
0           0  2019-09-09  2.94   2.94  2.95  2.91  133005   875
1           1  2019-09-10  2.94   2.93  2.94  2.91  128745   875
2           2  2019-09-11  2.94   2.99  3.05  2.93  343003   875
3           3  2019-09-12  2.99   3.02  3.02  2.97  165660   875
4           4  2019-09-16  3.02   3.02  3.07  3.01  196230   875
```

3.8 数据获取的 Baostock 模块

证券宝（http://www.baostock.com）是一个免费、开源的证券数据平台（无须注册），提供大量准确、完整的证券历史行情数据、上市公司财务数据等。通过 Python API 获取证券数据信息，满足量化交易投资者、数量金融爱好者、计量经济从业者数据需求。

首先使用 pip 安装第三方依赖库 Baostock 下载股市数据（国内）：

```
pip install baostock
```

然后使用 query_history_k_data_plus 函数获取日线数据：

```
import baostock as bs
import pandas as pd
# 登录系统
lg = bs.login()
# 获取沪深 A 股历史 K 线数据
rs_result = bs.query_history_k_data_plus("sh.600000",
                       fields = "date,open,high, low, close,preclose,
```

```
volume,amount,adjustflag",
start_date = '2020-07-01',
end_date = '2020-12-31',                    frequency = "d",
adjustflag = "3")
df_result = rs_result.get_data()
bs.logout()
# 登出系统
df_result.head()
        date       open    high    ...    volume          amount  adjustflag
0  2020-07-01    10.5900  10.7600  ...   36690710    390832225.0000       3
1  2020-07-02    10.7300  11.0500  ...   60951268    663308323.0000       3
2  2020-07-03    11.0800  11.2600  ...   82238477    916157920.0000       3
3  2020-07-06    11.3000  12.3100  ...  149558001   1776417981.0000       3
4  2020-07-07    12.4500  12.6900  ...  131469759   1621839646.0000       3
```

证券宝获取数据的存取方法与 tushare 类似。具体数据使用方法参考相关帮助文件。

3.9　数据获取的 Akshare 模块

Akshare 是基于 Python 的财经数据接口库，下载网站：https://www.akshare.xyz。
＃＃安装 akshare 用 pip install akshare 命令
＃＃东方财富网—沪深京 A 股-实时行情数据
接口：stock_zh_a_spot_em
目标地址 http://quote.eastmoney.com/center/gridlist.html#hs_a_board
＃获取数据如下：

```
import akshare as ak
stock_zh_a_spot_em_df = ak.stock_zh_a_spot_em()
print(stock_zh_a_spot_em_df)
```

3.10　pandas_datareader 获取数据

1. pandas_datareader 支持的数据源

pandas-datareader 是基于 Python 专门用于从一系列公开在线数据库获取数据集的工具库，可以实时从网络中提取我们需要的数据，并将其组装成一个 DataFrame。pandas_datareader 在 urllib3 库基础上实现了以客户端身份访问在线数据库的各类金融财经股票数据，这让我们免去了下载本地数据集的痛苦。目前 pandas_datareader 支持在线获取的数据集大多与金融和经济时间序列相关，支持的数据源包括：

（1）AlphaVantage

（2）Federal Reserve Economic Data(FRED)

（3）Fama-French Data

（4）Bank of Canada

（5）Econdb

（6）World Bank

(7) Enigma

(8) The Investors Exchange(IEX)

(9) Moscow Exchange(MOEX)

(10) Naver Finance

(11) Tiingo

(12) Stooq

(13) Kenneth French's Data Library

(14) Thrift Saving Plan

(15) Nasdaq Trader Symbol Definations

(16) Organisation for Economic Co-operation and Development

这里面不仅有常见的股票和基金等常见金融资产的交易数据来源,也有货币交易数据(FRED),以及常见的宏观经济数据(OECD 和 World Bank),以及下面我们要演示的股指数据读取(Stooq)。

2. pandas_datareader 数据获取的应用

pandas-datareader 库可以直接通过 pip 命令完成安装。

```
pip install pandas_datareader requests
```

考虑到使用的便捷性(不需要申请 TOKEN),下面我们以 Stooq 为例,读取金融历史数据。不过这个 Stooq,提供的都是指数 index 的历史数据。指数数据长得和金融资产的数据也很像,适合我们用来实践各种金融策略和模型,或者用来替代《Python 金融大数据分析》书中汤普森路透社 FXCM 数据源。这里我们尝试导入道琼斯工业股指的最近 5 年数据。

下面以 stooq 数据源为例来说明。

```
import pandas_datareader.data as web
dji = web.DataReader('^DJI', 'stooq')  # 默认就是导入的是最近 5 年的数据
print(dji)
```

得到如下结果:

```
                Open      High       Low     Close      Volume
Date
2023-08-04  35230.13  35506.88  35033.76  35065.62  257620187.0
2023-08-03  35194.56  35348.20  35122.32  35215.89  268072077.0
2023-08-02  35551.92  35551.92  35226.26  35282.52  301995275.0
2023-08-01  35585.99  35679.13  35526.61  35630.68  261775187.0
2023-07-31  35465.97  35566.95  35430.22  35559.53  335123934.0
    ...          ...       ...       ...       ...          ...
2018-08-10  25401.19  25401.19  25222.88  25313.14  234472337.0
2018-08-09  25589.79  25613.31  25492.69  25509.23  215021509.0
2018-08-08  25615.72  25634.11  25557.48  25583.75  217807142.0
2018-08-07  25551.65  25692.72  25551.65  25628.91  239838994.0
2018-08-06  25437.43  25540.02  25381.58  25502.18  238945679.0
[1258 rows x 5 columns]
```

获取数据集后,我们还可以进行简单的数据可视化,例如我们可视化最近 5 年道琼斯指

数的历史波动。

```
import pandas_datareader.data as web
import matplotlib.pyplot as plt
dji = web.DataReader('^DJI', 'stooq')
print(dji)
dji.plot(figsize = (12, 8), subplots = True)
plt.show()
```

得到如图 3-3 所示的结果。

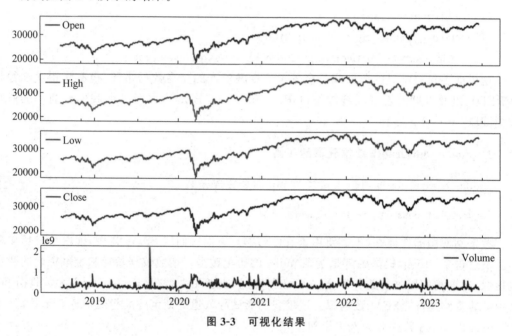

图 3-3　可视化结果

3.11　quandl 财经数据接口

1. quandl 包的安装

可以从 PyPI 或 GitHub 下载 quandl 包。注意：quandl 包的安装因系统而异。有些 quandl 数据是收费的。

在大多数系统中，启动安装的命令如下：

```
pip install quandl
import quandl
```

在某些系统上，可能需要以下命令：

```
pip3 install quandl
import quandl
```

此外，还可以在 Python3.X 网站上找到 Python 模块的详细安装说明。quandl 模块是免费的，但是必须拥有 quandl API 密钥才能下载数据。要获得自己的 API 密钥，需要创建一个免费的 quandl 账户并设置 API 密钥。

导入 quandl 模块后,可以使用以下命令设置 API 密钥:

```
quandl.ApiConfig.api_key = "YOURAPIKEY"
```

2. quandl 的使用

quandl 上的大多数数据集都可以在 Python 中直接使用 quandl 模块。

使用 quandl 模块获取财经数据是非常容易的。例如,要想从 FRED 得到美国 GDP,只需如下命令:

```
import quandl
mydata = quandl.get("FRED/GDP")
mydata.tail()
```

得到如下结果:

```
                Value
Date
2020 - 04 - 01  19477.444
2020 - 07 - 01  21138.574
2020 - 10 - 01  21477.597
2021 - 01 - 01  22038.226
2021 - 04 - 01  22722.581
```

quandl 包可以免费使用,并授予对所有免费数据集的访问权限。用户只需为访问 quandl 的优质数据产品付费。

练 习 题

1. 考察 ndarray 对象的存取机制之 npy。生成正态分布随机变量 $X \sim N(0,1)$,并从中采样,生成 shape 为 (10000, 20) 的 ndarray。

1) 求该变量的大小(以 MB 表示);

2) 将该变量保存为 my.npy 格式的数据文件;

3) 读取文件 my.npy,并将结果赋值给变量 new_arr。

2. 考察 ndarray 对象的存取机制之 npz。生成正态分布随机变量 $X \sim N(0,1)$,并从中采样,分别生成 shape 为 (10000, 20) 和 (10000,) 的 ndarray,假设变量名为 X_samples 和 Y。

1) 将两个变量保存至同一个文件中,命名为 my_uncprsd.npz;

2) 将两个变量以压缩的方式保存至同一个文件中,命名为 my_cprsd.npz;

3) 读取文件 my_uncprsd.npz 和 my_cprsd.npz,并获取被保存变量的名称及其大小(以 MB 表示)。

3. 考察 csv 文件的存取

1) 生成 pd.DataFrame 对象,该对象的 columns 为['茅台','宁德时代','中国平安'],index 为从 2022 年 1 月 1 日至 2022 年 2 月 28 日的日期,data 值范围在 [60, 2000) 的随机浮点数;

提示:index 可以通过 pd.date_range() 来生成,data 可以通过 np.random.random() 来生成

2) 将上述生成的 pd.DataFrame 对象保存至 my.csv 文件中；

3) 读取 my.csv，并将内容赋值给变量 new_df。注：该 new_df 的索引是日期，而且类型需是 datetime；只读取"茅台"的数据

4. 考察序列化和反序列化之 pickle 的应用

1) 定义函数 add(a, b)，实现对变量 a 和 b 的求和功能；

2) 定义值域为 [0, 1]，shape 为 (10, 5)，类型为 ndarray 的随机变量，设该变量名为 arr_2d；

3) 基于 pickle 对函数 add 实现序列化(dump)和反序列化(load)；

4) 基于 pickle 对变量 arr_2d 实现序列化(dump)和反序列化(load)。

第4章 Python 图形的绘制和可视化

4.1 Matplotlib 绘图应用基础

Python 提供了非常多样的绘图功能,通过 Python 提供的工具 Matplotlib 可以绘制二维、三维图形。还有一个 Seaborn 是 Python 中用于创建信息丰富和有吸引力的统计图形库,它是基于 Matplotlib 的,Seaborn 提供多种功能,如内置主题、调色板、函数和工具,来实现单因素、双因素、线性回归、数据矩阵、统计时间序列等的可视化,以便我们进一步构建更加复杂的可视化。

Matplotlib 库里的常用对象类的包含关系为 Figure∋Axes∋(Line2D,Text,etc.),一个 Figure 对象可以包含多个子图(axes),在 Matplotlib 中用 axes 对象表示一个绘图区域,可以理解为子图。我们可以使用 subplot()快速绘制包含多个子图的图表,它的调用形式如下:

subplot(numRows, numCols, plotNum)

subplot 将整个绘图区域等分为 numRows 行 * numCols 列个子区域,然后按照从左到右、从上到下的顺序对每个子区域进行编号,左上子区域的编号为 1。如果 numRows,numCols 和 plotNum 这三个数都小于 10 的话,可以把它们缩写为一个整数,例如 subplot(323)和 subplot(3,2,3)是相同的。subplot 在 plotNum 指定的区域中创建一个轴对象。如果新创建的轴和之前创建的轴重叠的话,之前的轴将被删除。

这里不可能详细说明 Matplotlib 在绘图方面的所有功能,主要是因为每个绘图函数都有大量的选项,使得图形的绘制十分灵活多变。

Matplotlib 常用的制图功能有:直方图、散点图、曲线标绘图、连线标绘图、箱图、饼图、条形图、点图等,下面我们通过实例来说明 Matplotlib 几种主要图形的绘制方法。

4.2 直方图的绘制

直方图又叫柱状图,是一种统计报告图,由一系列高度不等的纵向条纹或线段表示数据分布的情况,一般用横轴表示数据类型,纵轴表示分布情况。通过绘制直方图,可以较为直观地传递有关数据的变化信息,使数据使用者能够较好地观察数据波动的状态,使数据决策者依据分析结果确定在什么地方需要集中力量改进工作。

例 4-1 为了解某公司雇员的销售和收入情况,我们搜集整理了某公司 10 个雇员的销售和收入有关方面的数据,如表 4-1 所示。试通过绘制直方图来直观显示该公司职员的有关情况。

表 4-1 某公司雇员的销售和收入等情况

EMPID（雇员号）	Gender（性别）	Age（年龄）	Sales（销售额）	BMI(体质指数)	Income（收入）
EM001	M	34	123	Normal	350
EM002	F	40	114	Overweight	450
EM003	F	37	135	Obesity	169
EM004	M	30	139	Overweight	189
EM005	F	44	117	Overweight	183
EM006	M	36	121	Normal	80
EM007	M	32	133	Obesity	166
EM008	F	26	140	Normal	120
EM009	M	32	133	Normal	75
EM010	M	36	133	Overweight	40

在目录 F:\2glkx\data 下建立 a14-1.xls 数据文件后,导入图形库和数据集,命令如下:

```
import matplotlib.pyplot as plt
import pandas as pd
import numpy as np
df = pd.read_excel("F:/2glkx/data/a14-1.xls")
#或者 df = pd.read_excel('F:\\2glkx\\data\\a14-1.xls')
df.head()
```

得到如下数据:

```
  EMPID Gender Age Sales       BMI  Income
0 EM001      M  34   123    Normal     350
1 EM002      F  40   114 Overweight    450
2 EM003      F  37   135    Obesity    169
3 EM004      M  30   139 Overweight    189
4 EM005      F  44   117 Overweight    183
```

绘制直方图命令命令如下:

```
fig = plt.figure()
ax = fig.add_subplot(1,1,1)
ax.hist(df['Age'],bins = 7)
plt.show()
```

最后得到如图 4-1 所示的结果。

通过观察直方图,可见各雇员年龄的分布情况。

上面的命令比较简单,分析过程及结果已经达到了解决实际问题的要求。但 Python 的强大之处在于,它同样提供了更加复杂的命令格式以满足用户更加个性化的需求。

1. 给图形增加标题

例如我们要给图形增加标题 Age distribution,那么上面的命令应为:

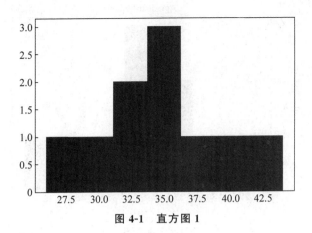

图 4-1　直方图 1

```
fig = plt.figure()
ax = fig.add_subplot(1,1,1)
ax.hist(df['Age'],bins = 7)
plt.title('Age distribution')
plt.show()
```

输入完后,按回车键,得到如图 4-2 所示的结果。

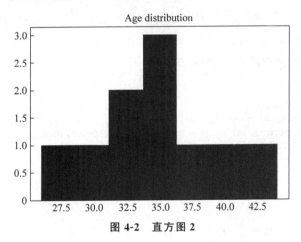

图 4-2　直方图 2

2．给坐标轴增加数值标签

例如我们要在图 4-2 的基础上对 X,Y 轴添加符号标签,那么上面的命令就应为:

```
fig = plt.figure()
ax = fig.add_subplot(1,1,1)
ax.hist(df['Age'],bins = 7)
plt.title('Age distribution')
plt.xlabel('Age')
plt.ylabel('♯Employee')
plt.show()
```

输入完后,按回车键,得到如图 4-3 所示的结果。

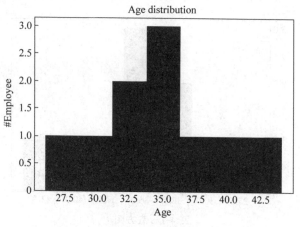

图 4-3　直方图 3

4.3　散点图的绘制

散点图就是点在坐标系平面上的分布图,它对数据预处理有很重要的作用。研究者对数据制作散点图的主要出发点是通过绘制该图来观察某变量随另一变量变化的大致趋势,据此可以探索数据之间的关联关系,甚至选择合适的函数对数据点进行拟合。

例 4-2　具体数据见例 4-1。

要绘制年龄、销售额的散点图,输入如下命令:

```
fig = plt.figure()
ax = fig.add_subplot(1,1,1)
ax.scatter(df['Age'],df['Sales'])
# You can also add more variables here to represent color and size.
plt.title('Age & Sales Scatter of Employee')
# Variable
plt.xlabel('Age')
plt.ylabel('Sales')
plt.show()
```

输入完上述命令后,按回车键,得到如图 4-4 所示的结果。

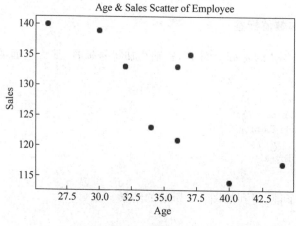

图 4-4　散点图

通过观察图 4-4 所示的散点图,可以看出这些雇员的年龄和销售收入的有关情况。

4.4 气泡图的绘制

例 4-3 具体数据见例 4-1。

可以通过 scatter()中的 s 参数来绘制气泡图,如在绘制年龄与销售额的散点图时,通过气泡的大小来反映收入的大小。可以输入如下命令:

```
fig = plt.figure()
ax = fig.add_subplot(1,1,1)
ax.scatter(df['Age'],df['Sales'],s = df['Income'])
# Added third variable income as size of the bubble
plt.xlabel('Age')
plt.ylabel('Sales')
plt.show()
```

输入完上述命令后,按回车键,得到如图 4-5 所示的结果。

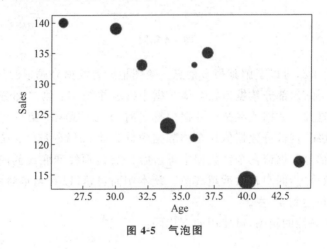

图 4-5　气泡图

通过观察图 4-5 所示的气泡图,可以看出这些雇员的年龄和销售收入的有关情况,还可以根据气泡的大小看出雇员的收入情况。

4.5 箱图的绘制

箱图又称为箱线图、盒须图,是一种用于显示一组数据分散情况的统计图。箱图很形象地分为中心、延伸以及分部状态的全部范围,它提供了一种只用 5 个点对数据集做简单总结的方式,这 5 个点包括中点、Q1、Q3、分部状态的高位和低位。数据分析者通过绘制箱图不仅可以直观明了地识别数据中的异常值,判断数据的偏态、尾重以及比较几批数据的形状。

例 4-4 具体数据见例 4-1。

要绘制年龄的箱图,输入如下命令:

```
import matplotlib.pyplot as plt
import pandas as pd
fig = plt.figure()
```

```
ax = fig.add_subplot(1,1,1)
#Variable
ax.boxplot(df['Age'])
plt.title('Box figure of Age')
plt.show()
```

输入上述命令后,按回车键,得到如图 4-6 所示的结果。

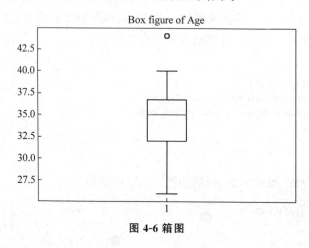

图 4-6 箱图

通过观察箱图 4-6,可以了解到很多信息。箱图把所有数据分成了四部分:第一部分是从顶线到箱子的上部,这部分数据值在全体数据中排名前 25%;第二部分是从箱子的上部到箱子中间的线,这部分数据值在全体数据中排名前 25%～50%;第三部分是从箱子的中间到箱子底部的底线,这部分数据值在全体数据中排名前 50%～75%;第四部分是从箱子的底部到底线,这部分数据值在全体数据中排名后 25%。顶线和底线的间距在一定程度上表示了数据的离散程度,间距越大就越离散。就本例而言,可以看到年龄的中位数在 35 岁左右,年龄最高值可达到 40 岁。

若要绘制多个属性的箱图,可使用如下代码:

```
vars = ['Age','Sales']
data = df[vars]
plt.show(data.plot(kind = 'box'))
```

输入上述命令后,按回车键,得到如图 4-7 所示的结果。

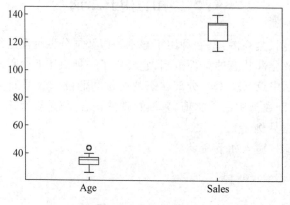

图 4-7 多属性箱图

4.6 饼图的绘制

饼图是数据分析中常见的一种经典图形,因其外形类似于圆饼而得名。在数据分析中,很多时候需要分析数据总体的各个组成部分的占比,我们可以通过各个部分与总额相除来计算,但这种数学比例的表示方法相对抽象,Python 提供了饼形制图工具,能够直接以图形的方式显示各个组成部分所占比例,更为重要的是,由于采用图形的方式,因此更加形象直观。

4.6.1 简单饼图的绘制

例 4-5 具体数据见例 4-1。

在目录 F:\2glkx\data 下建立 al4-1.xls 数据文件后,使用如下命令读取数据:

```
import matplotlib.pyplot as plt
import pandas as pd
import numpy as np
df = pd.read_excel("F:/2glkx/data/al4-1.xls")
df.head()
```

得到显示前 5 条记录的数据如下:

```
   EMPID Gender  Age  Sales         BMI  Income
0  EM001      M   34    123      Normal     350
1  EM002      F   40    114  Overweight     450
2  EM003      F   37    135     Obesity     169
3  EM004      M   30    139  Overweight     189
4  EM005      F   44    117  Overweight     183
```

输入如下命令:

```
var = df.groupby(['Gender']).sum().stack()
temp = var.unstack()
x_list = temp['Sales']
label_list = temp.index
plt.axis("equal")
plt.pie(x_list)
plt.title("Pastafatianism expenses")
plt.show()
```

输入完上述命令后,按回车键,得到如图 4-8 所示的结果。

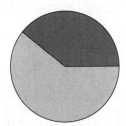

图 4-8 简单饼图

通过观察该饼图4-8，可以看出该公司的雇员销售收入的情况，男雇员销售收入占60%左右，女雇员销售收入占40%左右。

4.6.2 复杂饼图的绘制

下面给出一个绘制复杂饼图的程序。

```
from pylab import *
# make a square figure and axes
figure(1, figsize = (6,6))
ax = axes([0.1, 0.1, 0.8, 0.8])
fracs = [60, 40]                          # 每一块占的比例,总和为100
explode = (0, 0.08)                       # 离开整体的距离,看效果
labels = 'Male', 'Female'                 # 对应每一块的标志
pie(fracs,explode = explode,labels = labels,autopct = '%1.1f%%', shadow = True, startangle = 90, colors = ("g", "r"))
title('Rate of Male and Female')          # 标题
show()
```

输入完上述命令后，按回车键，得到如图4-9所示的结果。

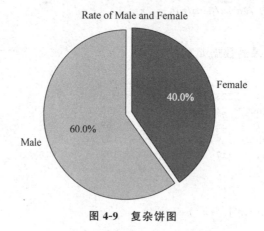

图4-9 复杂饼图

4.7 条形图的绘制

相对于前面介绍的箱图，条形图(bar chart)本身所包含的信息相对较少，但是它们仍然为平均数、中位数、合计数或计数等多种统计提供了简单而又多样化的展示，所以条形图也深受研究者的喜爱，经常出现在研究者的论文或者调查报告中。

4.7.1 简单条形图的绘制

例4-6 具体数据见例4-1。

在目录F:\2glkx\data下建立al4-1.xls数据文件后，使用如下命令读取数据：

```
import matplotlib.pyplot as plot
import pandas as pd
import numpy as np
```

```
df = pd.read_excel("F:/2glkx/data/al4 – 1.xls")
df.head()
```

得到显示前 5 条记录的数据如下：

```
  EMPID Gender  Age  Sales        BMI  Income
0 EM001      M   34    123     Normal     350
1 EM002      F   40    114  Overweight    450
2 EM003      F   37    135     Obesity    169
3 EM004      M   30    139  Overweight    189
4 EM005      F   44    117  Overweight    183
```

下面给出制作条形图的代码。

```
var = df.groupby('Gender').Sales.sum()
# grouped sum of sales at Gender level
fig = plt.figure()
ax1 = fig.add_subplot(1,1,1)
ax1.set_xlabel('Gender')
ax1.set_ylabel('Sum of Sales')
ax1.set_title("Gender wise Sum of Sales")
var.plot(kind = 'bar')
```

输入完上述命令后，按回车键，得到如图 4-10 所示的结果。

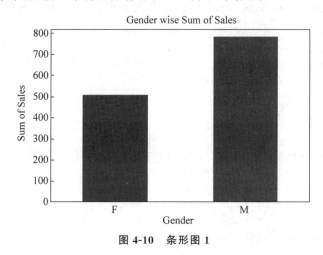

图 4-10　条形图 1

通过观察该条形图，可以看出该公司男性雇员的销售总额较高，女性雇员的销售总额较低。

4.7.2　复杂条形图的绘制

若我们先按体质指数 BMI 分类，在每一类体质指数 BMI 中按性别来展示总销售额。可以输入如下命令：

```
var = df.groupby(['BMI','Gender']).Sales.sum()
var.unstack().plot(kind = 'bar',stacked = True,color = ['red','blue'])
```

输入完上述命令后，按回车键，得到如图 4-11 所示的结果。

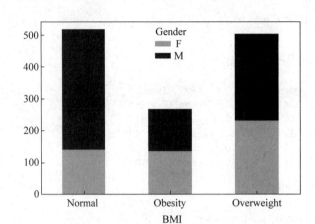

图 4-11 复杂条形图(或叫堆积柱形图)

4.8 折线图的绘制

例 4-7 具体数据见例 4-1。

在目录 F:\2glkx\data 下建立 al4－1.xls 数据文件后,使用如下命令读取数据:

```
import matplotlib.pyplot as plot
import pandas as pd
import numpy as np
df = pd.read_excel("F:/2glkx/data/al4－1.xls")
df.head()
```

得到显示前 5 条记录的数据如下:

```
  EMPID Gender  Age  Sales       BMI  Income
0 EM001      M   34    123    Normal     350
1 EM002      F   40    114 Overweight    450
2 EM003      F   37    135    Obesity    169
3 EM004      M   30    139 Overweight    189
4 EM005      F   44    117 Overweight    183
```

在 iPython console 输入如下命令,可以制作曲线标绘图。

```
var = df.groupby('BMI').Sales.sum()
fig = plt.figure()
ax1 = fig.add_subplot(1,1,1)
ax1.set_xlabel('BMI')
ax1.set_ylabel('Sum of Sales')
ax1.set_title("BMI wise Sum of Sales")
var.plot(kind = 'line')
```

输入完上述命令后,按回车键,得到如图 4-12 所示的结果。

从图 4-12 可以看出,不同体质指数的销售总额情况。体质指数为正常或偏重的雇员销售总额差不多,共 510 左右,体质指数为肥胖的雇员销售总额较低,共 270 左右。

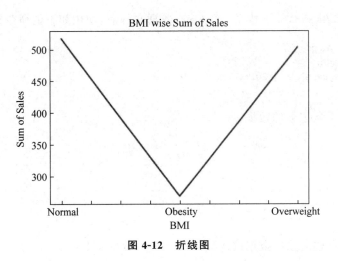

图 4-12　折线图

4.9　曲线标绘图的绘制

从形式上来看,曲线标绘图与散点图的区别就是一条线替代散点标志,这样做可以更加清晰直观地看出数据走势,但却无法观察到每个散点的准确定位。从用途上看,曲线标绘图常用于时间序列分析的数据预处理,用来观察变量随时间的变化趋势。此外,曲线标绘图可以同时反映多个变量随时间的变化情况,所以,曲线标绘图的应用范围还是非常广泛的。

例 4-8　某村有每年自行进行人口普查的习惯,该村近年的人口数据如表 4-2 所示。试通过绘制曲线标绘图来分析研究该村的人口情况变化趋势以及新生儿对总人口数的影响程度。

表 4-2　某村人口普查资料

年份(year)	总人数(total)	新生儿数(new)
1997	128	15
1998	138	16
1999	144	16
2000	156	17
2001	166	21
2002	175	17
2003	180	18
2004	185	17
2005	189	30
2006	192	34
2007	198	37
2008	201	42
2009	205	41
2010	210	39
2011	215	38
2012	219	41

在目录 F:\2glkx\data 下建立 al4-3.xls 数据文件后，使用如下的命令读取数据。

```
import pandas as pd
import numpy as np
data = pd.read_excel('F:\\2glkx\\data\\al4 - 3.xls ')
data.head()
```

得到如下前 5 条记录的数据：

```
   year  total  new
0  1997   128   15
1  1998   138   16
2  1999   144   16
3  2000   156   17
4  2001   166   21
```

将上面的数据框对象的数据放入数据变量中。命令如下：

```
t = np.array(data[['year']])
x = np.array(data[['total']])
y = np.array(data[['new']])
```

再输入如下绘图命令：

```
import pylab as pl
pl.plot(t, x)
pl.plot(t, y)
pl.show()
```

输入完命令后，按回车键，得到如图 4-13 所示的结果。

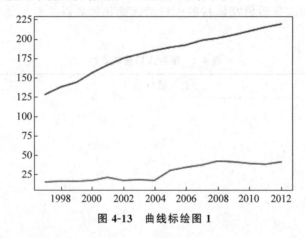

图 4-13　曲线标绘图 1

通过观察曲线图 4-13，可以看出该村总人数上升的速度快，新生儿小幅上升。

上面的 Python 命令比较简单，分析过程及结果已经达到解决实际问题的要求。但 Python 软件的强大之处在于，它同样提供了更加复杂的命令格式以满足用户更加个性化的需求。例如要给图形增加标题、给纵横坐标轴增加标签，则命令应为：

```
import pylab as pl
pl.plot(t, x)
pl.plot(t, y)
pl.title('population census')
```

```
pl.xlabel('Time')
pl.ylabel('Population')
pl.show()
```

输入上述完命令后,按回车键,得到如图 4-14 所示的结果。

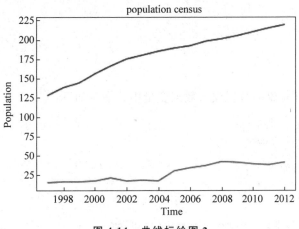

图 4-14 曲线标绘图 2

4.10 连线标绘图的绘制

在上节中我们提到的曲线标绘图用一条线来代替散点标志,可以更加清晰直观地看出数据走势,但却无法观察到每个散点的准确定位。如何做到既可以满足观测数据走势的需要,又能实现每个散点的准确定位？Python 的连线标绘图就可以解决这个问题。

例 4-9 1998—2013 年期间,我国上市公司的数量情况如表 4-3 所示。试通过绘制连线标绘图来分析研究我国上市公司数量的变化情况。

表 4-3 我国上市公司的数量情况

年 份	上市公司数量	年 份	上市公司数量
1998	851	2007	1550
1999	949	2008	1625
2000	1088	2009	1718
2001	1160	2010	2063
2002	1224	2011	2342
2003	1287	2012	2494
2004	1377	2013	2493
2005	1381	2014	2631
2006	1434	2015	2809

使用如下的命令读取数据。

```
import pandas as pd
import numpy as np
```

```
data = pd.read_excel('F:\\2glkx\\data\\a14 - 4.xls')
data.head()
```

得到如下前 5 条记录的数据:

```
   year    number
0  1998    851
1  1999    949
2  2000    1088
3  2001    1160
4  2002    1224
```

将上面的数据框对象的数据放入数据变量中。命令如下:

```
t = np.array(data[['year']])
x = np.array(data[['number']])
```

再输入如下绘图命令:

```
import pylab as pl
pl.plot(t, x)
pl.title('1998 - 2015 of A listed companies in china')
pl.xlabel('Time')
pl.ylabel('companies numbers')
pl.show()
```

输入完命令后,按回车键,得到如图 4-15 所示的结果。

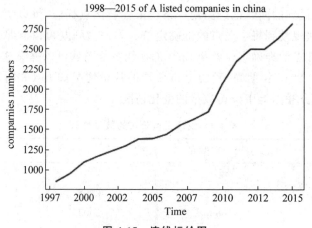

图 4-15　连线标绘图

通过观察连线标绘图 4-15,可以看出随着年份的增加,中国 A 股市场的上市公司数目基本上逐年增加,除了 2012—2013 年有点小幅下降外。

若要是上面的连线画成点,而非连线,则命令如下:

```
import pandas as pd
import numpy as np
import pylab as pl
data = pd.read_excel('F:\\2glkx\\data\\a14 - 4.xls')
data.head()
t = np.array(data[['year']])
```

```
x = np.array(data[['number']])
import pylab as pl
pl.plot(t, x,'ro')
pl.title('1998 - 2015 of A listed companies in china')
pl.xlabel('Time')
pl.ylabel('companies numbers')
pl.show()
```

输入完命令后,按回车键,得到如图 4-16 所示的结果。

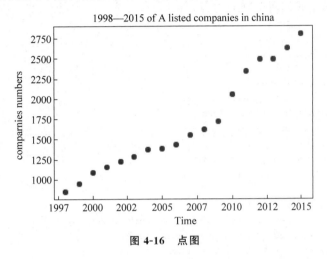

图 4-16 点图

通过观察图 4-16 的点图,也可以看出随着年份的增加,中国 A 股市场的上市公司数目基本上逐年增加,除了 2012—2013 年有点小幅下降外。

4.11 复杂图形的绘制

虽然 Matplotlib 主要专注于绘图,并且主要是二维的图形,但是它也有一些不同的扩展,能让我们在地理图上绘图,让我们把 Excel 和 3D 图表结合起来。在 Matplotlib 的世界里,这些扩展叫作工具包(toolkits)。比较流行的工具包有 Basemap、GTK 工具、Excel 工具、Natgrid、AxesGrid 和 Mplot3d。

本节探讨关于 Mplot3d 的更多功能。mpl_toolkits.mplot3 工具包提供了一些基本的 3D 绘图功能,其支持的图表类型包括散点图(scatter)、曲面图(surf)、线图(line)和网格图(mesh)。虽然 Mplot3d 不是一个最好的 3D 图形绘制库,但它是伴随着 Matplotlib 产生的。

我们现在需要创建一个图表并把想要的坐标轴添加到上面。但不同的是我们为图表指定的是 3D 视图,并且添加的坐标轴是 Axes3D。

现在,我们可以使用几乎相同的函数来绘图。当然,函数的参数是不同的,需要为 3 个坐标轴提供数据。例如,我们要为函数 mpl_toolkits.mplot3d.Axes3D.plot 指定 xs、ys、zs 和 zdir 参数。其他的参数则直接传给 matplotlib.axes.Axes.plot。

下面解释一下这些特定的参数:

(1) xs 和 ys: x 轴和 y 轴坐标;

(2) zs：这是 z 轴的坐标值，可以是所有点对应一个值，或者是每个点对应一个值；

(3) zdir：决定哪个坐标轴作为 z 轴的维度（通常是 zs，但是也可以是 xs 或者 ys）。

要注意的是：模块 mpl_toolkits.mplot3d.art3d 包含了 3D artist 代码和将 2D artists 转化为 3D 版本的函数。在该模块中有一个 rotate_axes 方法，该方法可以被添加到 Axes3D 中来对坐标重新排序，这样坐标轴就与 zdir 一起旋转了。zdir 默认值为 z。在坐标轴前加一个 '-' 会进行反转转换，这样一来，zdir 的值就可以是 x、$-x$、y、$-y$、z 或者 $-z$。

以下代码展示了我们所解释的内容。

```python
import random
import numpy as np
import matplotlib as mpl
import matplotlib.pyplot as plt
import matplotlib.dates as mdates
from mpl_toolkits.mplot3d import Axes3D
mpl.rcParams['font.size'] = 10
fig = plt.figure()
ax = fig.add_subplot(111, projection = '3d')
for z in [2011, 2012, 2013, 2014]:
    xs = xrange(1,13)
    ys = 1000 * np.random.rand(12)
    color = plt.cm.Set2(random.choice(xrange(plt.cm.Set2.N)))
    ax.bar(xs, ys, zs = z, zdir = 'y', color = color, alpha = 0.8)
ax.xaxis.set_major_locator(mpl.ticker.FixedLocator(xs))
ax.yaxis.set_major_locator(mpl.ticker.FixedLocator(ys))
ax.set_xlabel('Month')
ax.set_ylabel('Year')
ax.set_zlabel('Sales Net [usd]')
plt.show()
```

输入完上述命令后，按回车键，得到如图 4-17 所示的结果。

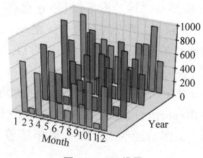

图 4-17 三维图

扫码看彩图

在下面的示例代码中，我们绘制了著名的 Pringle 函数的三翼面图，在数学上叫双曲面抛物线（hyperbolic paraboloid）。

```python
from mpl_toolkits.mplot3d import Axes3D
from matplotlib import cm
import matplotlib.pyplot as plt
import numpy as np
n_angles = 36
```

```
n_radii = 8
# An array of radii
# Does not include radius r = 0, this is to eliminate duplicate points
radii = np.linspace(0.125, 1.0, n_radii)
# An array of angles
angles = np.linspace(0, 2 * np.pi, n_angles, endpoint = False)
# Repeat all angles for each radius
angles = np.repeat(angles[..., np.newaxis], n_radii, axis = 1)
# Convert polar (radii, angles) coords to cartesian (x, y) coords
# (0,0) is added here. There are no duplicate points in the (x, y) plane
x = np.append(0, (radii * np.cos(angles)).flatten())
y = np.append(0, (radii * np.sin(angles)).flatten())
# Pringle surface
z = np.sin(-x * y)
fig = plt.figure()
ax = fig.gca(projection = '3d')
ax.plot_trisurf(x, y, z, cmap = cm.jet, linewidth = 0.2)
plt.show()
```

上面的代码生成如图 4-18 所示的图形。

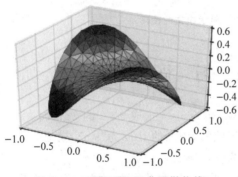

图 4-18　三翼面图（双曲面抛物线）

扫码看彩图

4.12　关于绘图中显示中文的问题处理

前面我们绘制的图形，都不能显示中文。因为 Matplotlib 的缺省配置文件中所使用的字体无法正确显示中文。为了在绘图中能正确显示中文，可以有几种解决方案。

（1）在程序中直接指定字体。
（2）在程序开头修改配置字典 rcParams。
（3）修改配置文件。

下面代码实现了通过修改字体实现绘图中显示中文的问题。

```
from matplotlib.font_manager import FontProperties
import matplotlib.pyplot as plt
import numpy as np
font = FontProperties(fname = r"c:\windows\fonts\simsun.ttc", size = 14)
t = np.linspace(0, 10, 1000)
y = np.sin(t)
plt.plot(t, y)
```

```
plt.xlabel(u"时间", fontproperties = font)
plt.ylabel(u"振幅", fontproperties = font)
plt.title(u"正弦波", fontproperties = font)
plt.show()
```

上面的代码生成如图 4-19 所示的图形。

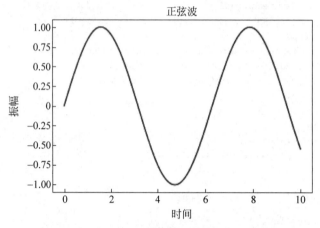

图 4-19　显示中文的图形

练 习 题

1. 考察 Matplotlib 绘图参数之 nrows 和 ncols。生成 2×2 的 figure。

1) 在第 0 行第 0 列的 subplot 绘制正弦波,该图的 title 为"sin",横坐标名为"time",纵坐标名为"freq"。可以假设 x 取值范围为 $[0, 2\pi]$。

2) 在第 1 行第 1 列的 subplot 绘制余弦波,该图的 title 为"cos",横坐标名为"time",纵坐标名为"freq"。可以假设 x 取值范围为 $[0, 2\pi]$。

2. 考察 Matplotlib 绘图参数的 figsize,生成 1×1 的 figure。

1) 设置 figsize 为长为 6inch,宽为 2inch,并在其上绘制正弦波。

2) 设置 figsize 为长 20cm,宽为 5cm,并在其上绘制正弦波。注:1inch = 2.54cm。

3. 解决 subplot 存在 overlapping 的问题。生成 2 行 2 列,且 figsize 为 (6, 2) 的 figure,在第 0 行第 0 列的 subplot 绘制正弦波,该图的 title 为"sin",横坐标名为"time",纵坐标名为"freq"。可以假设 x 取值范围为 $[0, 2\pi]$,请分别基于以下两种方式解决 subplot 之间的 overlapping 问题。

1) 基于 tight_layout() 解决;

2) 基于 constrained_layout 解决。

4. 考察图例(legend)的用法。请画出如下图所示的图。其中 x = np.linspace(0, 2, 100)

1) 蓝色线:$f(x) = x$。

2) 橙色线:$f(x) = x ** 2$。

3）绿色线：$f(x) = x**3$。

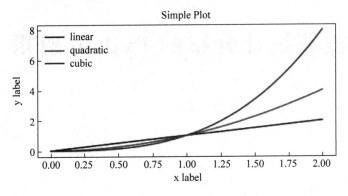

扫码看彩图

5．考察的直方图画法。从标准正态分布中采样 10000 个样本，并绘制这些样本的直方图（假设 bins 为 30）。

6．考察散点图及其中文显示。

已知样本点：

$x = [8, 9, 10, 11, 12]$

$y = [1.5, 1.57, 1.54, 1.6, 1.62]$

1）画出对应的散点图。

2）线性拟合（提示：基于 scipy.stats.linregress 来完成）这 5 个样本点，并绘制对应拟合出来的直线。

3）给该图设置 title 为"线性回归示例"，增加图例，名字分别为"原始散点图"，和"拟合函数"。

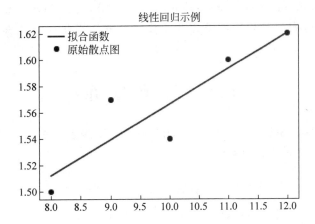

第 5 章 概率统计分布的 Python 应用

在讨论这些概率统计分布之前,先说说什么是随机变量(random variable)。随机变量是对一次试验结果的量化。例如,一个表示抛硬币结果的随机变量可以表示成 $X = \{1$ 如果正面朝上,2 如果反面朝上$\}$。

随机变量是一个变量,它取值于一组可能的值(离散或连续的),并服从某种随机性。随机变量的每个可能的取值都与一个概率相关。随机变量的所有可能取值和与之相关联的概率就被称为概率分布(probability distribution)。

概率分布有两种类型:离散(discrete)概率分布和连续(continuous)概率分布。离散概率分布也称为概率质量函数(probability mass function)。离散概率分布的例子有伯努利分布(Bernoulli distribution)、二项分布(Binomial distribution)、泊松分布(Poisson distribution)和几何分布(geometric distribution)等。连续概率分布也称为概率密度函数(probability density function),它们是具有连续取值(例如一条实线上的值)的函数。正态分布(normal distribution)、指数分布(exponential distribution)和 β 分布(beta distribution)等都属于连续概率分布。若想了解更多关于离散和连续随机变量的知识,可以查阅相关书籍。

5.1 二项分布

服从二项分布(binomial distribution)的随机变量 X 表示在 n 个独立的是/非试验中成功的次数,其中每次试验的成功概率为 p。

$$P(X=k) = \left(\frac{n!}{k!(n-k)!}\right) p^k (1-p)^{n-k}$$

$$E(X) = np, \quad \mathrm{var}(X) = np(1-p)$$

$E(X)$ 表示分布的期望或平均值,var(X) 表示分布的方差。

如果想知道每个函数的原理,可以在 iPython 笔记本中使用 help file 命令。键入 stats.binom 可以了解二项分布函数 binom 的更多信息。

例如:抛掷 10 次硬币,恰好两次正面朝上的概率是多少?

假设在该试验中正面朝上的概率为 0.3,这意味着平均来说,可以期待有 3 次是硬币正面朝上的。定义掷硬币的所有可能结果为 $k =$ np.arange(0,11):可能观测到 0 次正面朝上、1 次正面朝上,一直到 10 次正面朝上。使用 stats.binom.pmf 计算每次观测的概率质量函数。它返回一个含有 11 个元素的列表(list)，这些元素表示与每个观测相关联的概率值。

可以使用 .rvs 函数模拟一个二项随机变量，其中参数 size 指定你要进行模拟的次数。让 Python 返回 10000 个参数为 n 和 p 的二项式随机变量。将输出这些随机变量的平均值和标准差，然后画出所有的随机变量的直方图。

```
import numpy as np
from numpy.random import randn
import scipy.stats as stats
n = 10
p = 0.3
k = np.arange(0,21)
binomial = stats.binom.pmf(k,n,p)
binomial
```

得到如下结果：

```
array([2.82475249e-02, 1.21060821e-01, 2.33474440e-01, 2.66827932e-01,
       2.00120949e-01, 1.02919345e-01, 3.67569090e-02, 9.00169200e-03,
       1.44670050e-03, 1.37781000e-04, 5.90490000e-06, 0.00000000e+00,
       0.00000000e+00, 0.00000000e+00, 0.00000000e+00, 0.00000000e+00,
       0.00000000e+00, 0.00000000e+00, 0.00000000e+00, 0.00000000e+00,
       0.00000000e+00])
```

然后输入如下代码：

```
import matplotlib.pyplot as plt
plt.plot(k,binomial,'o-')
plt.title('binomial,n=%i,p=%.2f' % (n,p),fontsize=15)
plt.xlabel('number of successes',fontsize=15)
plt.ylabel('Probability successes',fontsize=15)
plt.show()
```

执行上述代码后，得到如图 5-1 所示的结果。

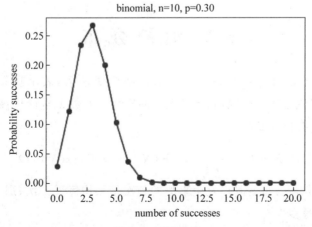

图 5-1　二项分布

可以使用.rvs函数模拟一个二项随机变量,其中参数size指定要进行模拟的次数。让Python返回10000个参数为 n 和 p 的二项式随机变量。

Python代码如下:

```
binom_sim = data = stats.binom.rvs(n = 10, p = 0.3, size = 10000)
print ("Mean: % g" % np.mean(binom_sim))
print ("SD: % g" % np.std(binom_sim, ddof = 1))
plt.hist(binom_sim, bins = 10)
plt.xlabel("x")
plt.ylabel("density")
plt.show()
```

执行上述代码后,将输出这些随机变量的平均值和标准差,然后画出所有的随机变量的直方图如图5-2所示。

Mean:3.0031
SD:1.46277

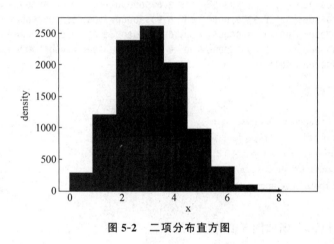

图5-2　二项分布直方图

5.2　泊松分布

一个服从泊松分布(Poisson distribution)的随机变量 X,表示在具有比率参数(rate parameter)λ 的一段固定时间间隔内,事件发生的次数。参数 λ 告诉你该事件发生的比率。随机变量 X 的平均值和方差都是 λ。

$$P(X=k)=\frac{\lambda^k e^{-\lambda}}{k!}, \quad E(X)=\lambda, \quad var(X)=\lambda$$

泊松分布的实例:已知某路口发生事故的频次是平均每天2次,那么在此处一天内发生4次事故的概率是多少?

考虑这个平均每天发生2起事故的实例。泊松分布的实现和二项分布有些类似,在泊松分布中需要指定比率参数。泊松分布的输出是一个数列,包含发生0次、1次、2次,直到

10 次事故的概率。

Python 代码如下：

```
rate = 2
n = np.arange(0,10)
y = stats.poisson.pmf(n,rate)
y
```

得到如下结果：

```
array([1.35335283e-01, 2.70670566e-01, 2.70670566e-01, 1.80447044e-01,
       9.02235222e-02, 3.60894089e-02, 1.20298030e-02, 3.43708656e-03,
       8.59271640e-04, 1.90949253e-04])
import matplotlib.pyplot as plt
plt.plot(y,'o-')
plt.show()
```

执行上述代码，得到如图 5-3 所示的结果。

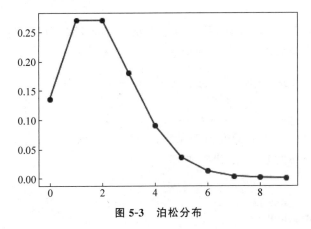

图 5-3　泊松分布

从图 5-3 可以看到，事故次数的峰值在均值附近。平均来说，可以预计事件发生的次数为 λ。尝试不同的 λ 和 n 的值，然后看看分布的形状是如何变化的。

现在模拟 1000 个服从泊松分布的随机变量。Python 代码如下：

```
data = stats.poisson.rvs(mu = 2,loc = 0,size = 1000)
print ("Mean: %g" % np.mean(data))
print ("SD: %g" % np.std(data,ddof = 1))
plt.hist(data,bins = 10)
plt.xlabel("numbers of accidents")
plt.ylabel("simulating poisson random variable")
plt.show()
```

执行上述代码后，将输出这些随机变量的平均值和标准差，然后画出所有的随机变量的直方图，如图 5-4 所示。

```
Mean:2.001
SD:1.36193
```

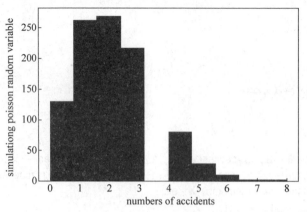

图 5-4　泊松分布直方图

5.3　正态分布

正态分布(normal distribution)是一种连续分布,其函数可以在实线上的任何地方取值。正态分布由两个参数描述:分布的均值 μ 和方差 σ^2。

$$P(x;\mu,\sigma) = \frac{1}{\sqrt{2\pi}\sigma} \exp\left(-\frac{(x-\mu)^2}{2\sigma^2}\right), \quad x \in (-\infty,\infty)$$

$$E(X) = \mu, \quad \mathrm{var}(X) = \sigma^2$$

正态分布的取值可以从负无穷到正无穷。可以用 stats.norm.pdf 得到正态分布的概率密度函数。正态分布的 Python 代码如下:

```
import numpy as np
import scipy.stats as stats
import matplotlib.pyplot as plt
mu = 0
sigma = 1
x = np.arange(-4,4,0.1)
y = stats.norm.pdf(x,0,1)
plt.plot(x,y)
plt.title('nomal, $\mu$ = %.1f, $sigma^2$ = %.1f' % (mu,sigma),fontsize = 15)
plt.xlabel("x")
plt.ylabel("Probability density")
plt.show()
```

执行上述代码,得到如图 5-5 所示的结果。

现在来模拟 1000 个均值为 0.0,标准差为 1.0 的服从正态分布的随机变量。Python 代码如下:

```
data = stats.norm.rvs(loc = 0.0, scale = 1.0, size = 1000)
print ("Mean: %g" % np.mean(data))
print ("SD: %g" % np.std(data,ddof = 1))
plt.hist(data,bins = 20)
plt.xlabel("numbers of accidents")
plt.ylabel("Norm distribution")
plt.show()
```

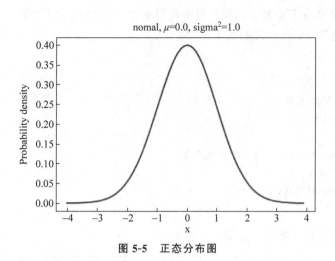

图 5-5 正态分布图

执行上述代码后,将输出这些随机变量的平均值和标准差,然后画出所有的随机变量的直方图如图 5-6 所示。

Mean:－0.00328652
SD:1.02122

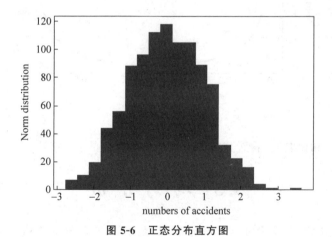

图 5-6 正态分布直方图

5.4 β 分布

β 分布(Beta distribution)是一个取值在[0,1]之间的连续分布,它由两个形态参数 α 和 β 的取值所描述。

$$P(x,\alpha,\beta) = \frac{\Gamma(\alpha+\beta)}{\Gamma(\alpha)\Gamma(\beta)} x^{\alpha-1}(1-x)^{\beta-1}, \quad x \in [0,1], \alpha > 0, \beta > 0$$

$$E(x) = \frac{\alpha}{\alpha+\beta}, \quad \text{var}(x) = \frac{\alpha\beta}{(\alpha+\beta)^2(\alpha+\beta+1)}$$

β 分布的形状取决于 α 和 β 的值。贝叶斯分析中大量使用了 β 分布。

β 分布的直方图 Python 代码如下：

```
a = 0.5
b = 0.5
x = np.arange(0.01,1,0.01)
y = stats.beta.pdf(x,a,b)
plt.plot(x,y)
print ('Beta:a = %.1f,b = %.1f'%(a,b))
plt.xlabel("x")
plt.ylabel("Probability density")
plt.show()
```

执行上述代码,得到如图 5-7 所示的结果

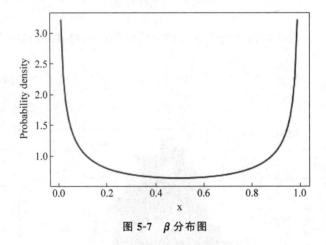

图 5-7 β 分布图

尝试不同的 α 和 β 取值,看看分布的形状是如何变化的。

5.5 均匀分布

将参数 α 和 β 都设置为 1 时,该分布又被称为均匀分布(uniform distribution)。Python 代码如下：

```
a = 1.0
b = 1.0
x = np.arange(0.01,1,0.01)
y = stats.beta.pdf(x,a,b)
plt.plot(x,y)
plt.title('Beta:a = %.1f,b = %.1f' % (a,b))
plt.xlabel("x")
plt.ylabel("Probability density")
plt.show()
```

执行上述代码,得到如图 5-8 所示的结果。

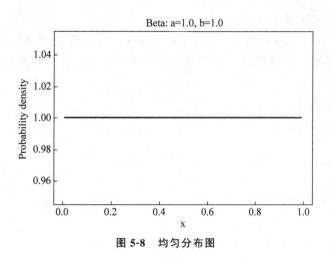

图 5-8　均匀分布图

```
data = randint(0, 10, size = 10)
♯data = stats.norm.rvs(loc = 0.0, scale = 1.0, size = 1000)
print ("Mean:%g" % np.mean(data))
print( "SD:%g" % np.std(data,ddof = 1))
plt.hist(data,bins = 20)
plt.xlabel("numbers of accidents")
plt.ylabel("Norm distribution")
plt.show()
```

执行上述代码后,将输出这些随机变量的平均值和标准差,然后画出所有的随机变量的直方图,如图 5-8 所示。

Mean:3.6
SD:3.09839

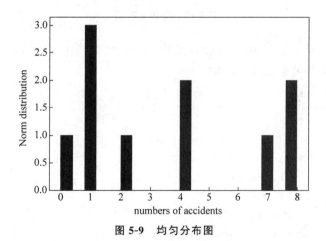

图 5-9　均匀分布图

5.6　指　数　分　布

指数分布(exponential distribution)是一种连续概率分布,用于表示独立随机事件发生的时间间隔。比如旅客进入机场的时间间隔、打进客服中心电话的时间间隔、中文维基百科新条目出现的时间间隔等。

$$P(x;\lambda)=\lambda e^{-\lambda x}, \quad E(X)=1/\lambda, \quad \text{var}(X)=1/\lambda^2$$

将参数 λ 设置为 0.5，并将 x 的取值范围设置为 $[0,15]$。Python 代码如下：

```
lambd = 0.5
x = np.arange(0,15,0.1)
y = lambd * np.exp( - lambd * x)
plt.plot(x,y)
plt.title('Exponential:: $ \lambda $ = %.2f' % lambd)
plt.xlabel("x")
plt.ylabel("Probability density")
plt.show()
```

执行上述代码，得到如图 5-10 所示的结果。

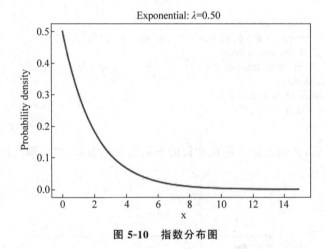

图 5-10　指数分布图

接着，在指数分布下模拟 1000 个随机变量。scale 参数表示 λ 的倒数。函数 np.std 中，参数 ddof 等于标准偏差除以 $n-1$ 的值。

Python 代码如下：

```
from scipy import stats
data =  stats.expon.rvs(scale = 1.0, size = 1000)
print ("Mean: % g" % np.mean(data))
print ("SD: % g" % np.std(data,ddof = 1))
plt.hist(data,bins = 20)
plt.xlabel("numbers of accidents")
plt.ylabel("simulation expon distribution")
plt.show()
```

执行上述代码后，将输出这些随机变量的平均值和标准差，然后画出所有的随机变量的直方图，如图 5-11 所示。

```
Mean:0.983336
SD:0.9373
```

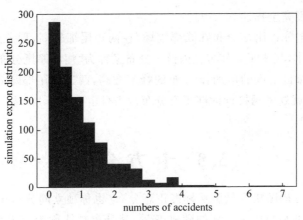

图 5-11 指数分布直方图

5.7 t 分布

t 分布与标准正态分布相似，它也是对称分布，取值范围为 $(-\infty, \infty)$，即 t 分布的密度函数向左右两边无限延伸，无限接近 X 轴但在其上方。t 分布的 Python 代码如下：

```
from scipy import stats
import matplotlib.pyplot as plt
import numpy as np
x = np.arange(-4,4.004,0.004)
y = stats.t.pdf(x,5)
y1 = stats.t.pdf(x,10)
plt.plot(x,stats.norm.pdf(x),label='Normal')
plt.plot(x,y,label='df=5')
plt.plot(x,y1,label='df=10')
plt.title('Probability Density Plot of t Distributions')
plt.legend()
```

执行上述代码，得到如图 5-12 所示的结果。

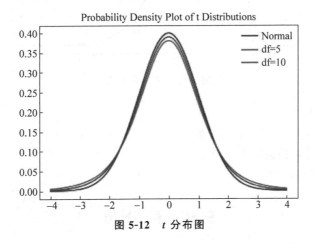

图 5-12 t 分布图

它与正态分布有以下区别：

(1) 正态分布有两个参数：均值和方差。而 t 分布只有一个参数，就是 t 分布自由度，

即 t 分布由其自由度完全描述。

（2）与标准正态分布比，t 分布在峰部较矮，在两边尾部较高，形象地说，标准正态分布的观察点跑到两边了，就成了 t 分布。因此 t 分布又称为"瘦峰厚尾分布"。

（3）随着 t 分布自由度的增加，t 分布的峰部增高，两边的尾部降低。即随着 t 分布的自由度增加，t 分布就越来越接近标准正态分布。当自由度大于 30 时，t 分布就已经很接近标准正态分布了。

5.8 卡方分布

若 n 个相互独立的随机变量服从标准正态分布（也称独立同分布于标准正态分布），则这 n 个随机边的平方和构成一个新的随机变量，其分布规律称为自由度为 n 的卡方分布。卡方分布的 Python 代码如下：

```
from scipy import stats
import matplotlib.pyplot as plt
import numpy as np
x = np.arange(0,5,0.002)
y = stats.chi.pdf(np.arange(0,5,0.002),3)
plt.plot(x,y)
plt.title('Probability Density Plot of Chi-Squre Distributions')
```

执行上述代码，得到如图 5-13 所示的结果。

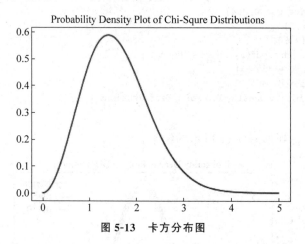

图 5-13 卡方分布图

其主要有以下性质：
（1）卡方分布由其自由度完全描述。
（2）卡方分布的取值范围大于等于 0。
（3）卡方分布是右偏的。

5.9 F 分布

F 分布定义为：设 X、Y 为两个独立的随机变量，X 服从自由度为 m 的卡方分布，Y 服从自由度为 n 的卡方分布，这两个随机变量相除以后得到的新的随机变量，服从自由度为

(m,n) 的 F 分布，m 和 n 分布称为分子自由度和分母自由度。F 分布的 Python 代码如下：

```
x = np.arange(0,5,0.002)
y = stats.f.pdf(x,4,40)
plt.plot(x,y)
plt.title('Probability Density Plot of  F(4,40) Distributions')
```

执行上述代码，得到如图 5-14 所示的结果。

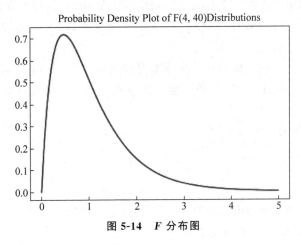

图 5-14　F 分布图

其性质如下：
(1) F 分布由两个自由度(分子自由度和分母自由度)完全描述；
(2) F 分布的取值范围大于等于 0；
(3) F 分布是右偏的。

练 习 题

1. 已知二项分布的概率质量分布函数如下：

$$f(k,n,p)=\Pr(X=k)=\binom{n}{k}p^k(1-p)^{n-k}$$

对于 $k=0,1,2,\cdots,n$，　其中 $\binom{n}{k}=\dfrac{n!}{k!(n-k)!}$

1) 抛掷 10 次均匀的硬币，恰好 5 次正面朝上的概率是多少？
2) 抛掷 10 次均匀的硬币，k 次(k 取值范围为 $[0,20]$)正面朝上的概率是多少(用图形表示)？前 11 次的概率质量分布和是多少？
2. 已知泊松分布的概率质量分布如下：

$$P(X=k)=\frac{\mathrm{e}^{-\lambda}\lambda^k}{k!}$$

1) 某手机号码每天会收到 10 条垃圾短信。那么请问：接下来一天一条垃圾短信也收不到的概率是多少？
2) 接下来一天至少收到 20 条(含)垃圾短信的概率是多少？
3) 接下来一天至多收到 20 条(含)垃圾短信的概率是多少？请分别用 pmf 和 cdf 两种

方法解答。

4) 画出该泊松分布的概率累计分布图(注:假设范围为[-10,40])。

3. 已知正态分布概率分布函数如下:

$$f(x) = \frac{1}{\sigma\sqrt{2\pi}} e^{-\frac{(x-\mu)^2}{2\sigma^2}}$$

1) 已知 $X \sim N(0,1)$,在一个 figure 中画出 pdf 和 cdf 假设样本取值范围为 $[-5,5]$。

2) 已知 $X \sim N(0,1)$,画出 $[-2,1]$ 的概率密度分布,同时计算该区间内图与横轴的面积?

3) 证明标准正态分布 3σ 区间外的概率密度和约等于 0.3%(注:基于积分来完成)。

4) 已知 $X \sim N(\mu, \sigma^2)$,但 X 不是标准正态分布。请问: 3σ 区间外的概率密度和是否也约等于 0.3%?

4. 已知均匀分布概率分布函数

$$f(x) = \begin{cases} \dfrac{1}{b-a} & \text{for } a \leqslant x \leqslant b \\ 0 & \text{elsewhere} \end{cases}$$

已知 $X \sim U[5,10]$,请画出对应的 pdf 和 cdf 曲线。假设 $x \in [-5,15]$。

5. 已知指数分布概率分布函数如下:

$$f(x, \lambda) = \begin{cases} \lambda e^{-\lambda x}, & x \geqslant 0 \\ 0, & x < 0 \end{cases}$$

1) 已知 $X \sim E(\lambda)$,请分别绘制 λ 为 $0.5, 1.0, 1.5$ 时的 pdf 和 cdf,假设 $x \in [0,5]$

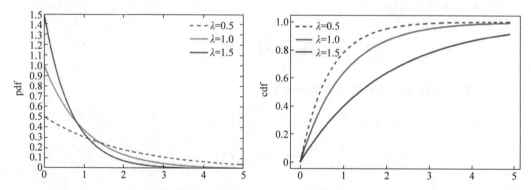

2) 用程序解答下面问题

已知一个设备出现多次故障的时间间隔(单位:小时)记录如下:23, 261, 87, 7, 120, 14, 62, 47, 225, 71, 246, 21, 42, 20, 5, 12, 120, 11, 3, 14, 71, 11, 14, 11, 16, 90, 1, 16, 52, 95。

请问:该设备在 3 天(72 小时)内出现故障的概率是多大?

第6章 描述性统计的 Python 应用

统计就是搜集数据,让我们知道总体状况怎么样。它更重要的意义在于数据分析,即作出判断和预测。

描述性统计是对数据的性质进行描述,例如:均值描述了数据的中心趋势,方差描述了数据的离散程度。

推断统计是用来作判断和预测的。例如假设检验,就是用来作判断的,回归分析和时间序列分析,是用来作预测的。

描述性统计是通过图表或数学方法,对统计数据进行整理、分析,并对数据的分布状态、数字特征和随机变量之间的关系进行估计和描述的方法。描述性统计的任务就是描述随机变量的统计规律。

要完整地描述随机变量的统计特性需要用分布函数,但求随机变量的分布函数并不容易。实际上,对于一些问题也不需要去全面考察随机变量的变化规律,而只需知道随机变量的某些特征。例如,研究某一地区居民的消费水平,只需知道该地区的平均消费水平即可;但如检查一批灯泡的质量时,则既需要注意灯泡的平均寿命,又需要注意灯泡寿命与平均寿命的偏离程度。尽管这些数值不能完整地描述随机变量,但能描述随机变量在某些方面的重要特征,这些数字特征在理论和实践上都具有重要的意义。

因此,在分析数据时,一般首先要对数据进行描述性统计分析,以发现其内在的规律,再选择进一步分析的方法。在描述性统计中,主要使用集中趋势、离散程度、偏度度量、峰度度量等方法来描述数据的集中性、分散性、对称性和尖端性,以归纳数据的统计特性。常用的描述统计量有算术平均数、加权平均数、中位数、众数、几何平均数、调和平均数、分位数、标准差、方差、变异系数等。

集中趋势测度:算术平均值、几何平均数、调和平均数、中位数、众数、分位数。
离散程度测度:极差(全距)、标准差、方差、四分位差、变异系数。
数据分布测度:偏度、峰度。
数值统计:最小值、最大值、总和、总个数。

6.1 描述性统计的 Python 工具

Python 中的 Pandas 常用的统计方法如表 6-1 所示。

表 6-1 Pandas 常用的统计方法

函数名称	作用
count	非 NA 值的数量
describe	针对 Series 或 DF 的列计算汇总统计
min，max	最小值和最大值
argmin，argmax	最小值和最大值的索引位置(整数)
idxmin，idxmax	最小值和最大值的索引值
quantile	样本分位数(0 到 1)
sum	求和
mean	均值(一阶矩)
median	中位数
mad	根据均值计算平均绝对离差
var	方差(二阶矩)
std	标准差
skew	样本值的偏度(三阶矩)
kurt	样本值的峰度(四阶矩)
cumsum	样本值的累计和
cummin，cummax	样本值的累计最大值和累计最小值
cumprod	样本值的累计积
diff	计算一阶差分(对时间序列很有用)
pct_change	计算百分数变化

Python 中 NumPy 和 SciPy 常用的统计方法如表 6-2 所示。

表 6-2 NumPy 和 SciPy 常用的统计方法

程序包	方法	说明
numpy	array	创造一组数
numpy.random	normal	创造一组服从正态分布的定量数
numpy.random	randint	创造一组服从均匀分布的定性数
numpy	mean	计算均值
numpy	median	计算中位数
scipy.stats	mode	计算众数
numpy	ptp	计算极差
numpy	var	计算方差
numpy	std	计算标准差
numpy	cov	计算协方差
numpy	corrcoef	计算相关系数

6.2 数据集中趋势度量的 Python 应用

1. 算术平均值

算术平均值非常频繁地用于描述一组数据,即"平均值"。它被定义为观测的总和除以观测个数：

$$\mu = \frac{\sum_{i=1}^{n} x_i}{n}$$

这里 $x_1, \cdots, x_n$ 是我们的观测值。

```
# 两个常用的统计包
import scipy.stats as stats
import numpy as np
# 我们拿两个数据集来举例
x1 = [1, 2, 2, 3, 4, 5, 5, 7]
x2 = x1 + [100]
print('x1 的平均值:', sum(x1), '/', len(x1), '=', np.mean(x1))
print('x2 的平均值:', sum(x2), '/', len(x2), '=', np.mean(x2))
x1 的平均值: 29 / 8 = 3.625
x2 的平均值: 129 / 9 = 14.333333333333334
```

2．加权算术平均值

我们还可以定义一个加权算术平均值，加权算术平均值计算定义为：

$$\sum_{i=1}^{n} w_i x_i$$

这里 $\sum_{i=1}^{n} w_i = 1$。在通常的算术平均值计算中，对所有的 i 都有 $w_i = 1/n$，$\sum_{i=1}^{n} w_i = 1$。

3．中位数

顾名思义，一组数据的中位数是当以递增或递减顺序排列时出现在数据中间位置的数字。当我们有奇数 n 个数据点时，中位数就是位置 $(n+1)/2$ 的值。当我们有偶数的数据点时，数据分成两半，中间位置没有任何数据点；所以我们将中位数定义为位置 $n/2$ 和 $(n+2)/2$ 中的两个数值的平均值。

数据中位数不容易受极端数值的影响。它告诉我们处于中间位置的数据。

```
print('x1 的中位数:', np.median(x1))
print('x2 的中位数:', np.median(x2))
x1 的中位数: 3.5
x2 的中位数: 4.0
```

4．众数

众数是数据集里出现次数最多的数据点。它可以应用于非数值数据，与平均值和中位数不同。

```
# SciPy 具有内置的求众数功能，但它只返回一个值，即使两个值出现相同的次数，也是只返回一个值。

print('One mode of x1:', stats.mode(x1)[0][0])

# 因此我们自定义一个求众数的函数
def mode(l):
```

```
        # 统计列表中每个元素出现的次数
        counts = {}
        for e in l:
            if e in counts:
                counts[e] += 1
            else:
                counts[e] = 1

        # 返回出现次数最多的元素
maxcount = 0
        modes = {}
        for (key, value) in counts.items():
            if value > maxcount:
maxcount = value
                modes = {key}
elif value == maxcount:
modes.add(key)

if maxcount > 1 or len(l) == 1:
            return list(modes)
        return 'No mode'
print('All of the modes of x1:', mode(x1))
One mode of x1: 2
All of the modes of x1: [2, 5]
```

可以看出，我们自定义的 mode 函数更加合理。

对于可能呈现不同数值的数据，比如收益率数据，也许收益率数据没有哪个数据点会出现超过一次。在这种情形下，我们可以使用 bin 值，正如我们构建直方图一样，这个时候我们统计哪个 bin 里数据点出现次数最多。

```
import scipy.stats as stats
import numpy as np
# 获取收益率数据并计算出 mode
start = '2014-01-01'
end = '2015-01-01'
pricing = D.history_data('000002.SZA', fields=['close'], start_date=start, end_date=end)['close']
returns = pricing.pct_change()[1:]
print('收益率众数:', stats.mode(returns))

# 由于所有的收益率都是不同的，所以我们使用频率分布来变相计算 mode

hist, bins = np.histogram(returns, 20)  # 将数据分成 20 个 bin
maxfreq = max(hist)
# 找出哪个 bin 里面出现的数据点次数最大，这个 bin 就当作计算出来的 mode
print('Mode of bins:', [(bins[i], bins[i+1]) for i, j in enumerate(hist) if j == maxfreq])
收益率众数: ModeResult(mode=array([ 0.], dtype=float32), count=array([7]))
Mode of bins: [(-0.0030533790588378878, 0.0055080294609069907)]
```

确实如此，在收益率数据中，很多数据点都不一样，因此计算众数的方式就显得有失偏颇。我们此时转化了思路，不是计算众数，而是将数据分成很多个组（bin），然后找出数据点最多的组（bin）来代替收益率数据的众数（mode）。

5. 几何平均值

算术平均值使用加法，几何平均值使用乘法：

$$G = \sqrt[n]{x_1 \cdots x_n}$$

上式等价于：

$$\ln G = \frac{1}{n} \sum_{i=1}^{n} \ln x_i$$

几何平均值总是小于或等于算术平均值（当使用非负观测值时），当所有观测值都相同时，两者相等。

```
# 使用 SciPy 包中的 gmean 函数来计算几何平均值
print('x1 几何平均值:', stats.gmean(x1))
print('x2 几何平均值:', stats.gmean(x2))
x1 几何平均值: 3.0941040249774403
x2 几何平均值: 4.552534587620071
```

如果在计算几何平均值的时候遇到负数的观测值，怎么办呢？在资产收益率这个例子中其实很好解决，因为收益率最低为 -1，因此我们可以 $+1$ 将其转化为正数。因此我们可以这样来计算几何收益率：

$$R_G = \sqrt[T]{(1+R_1) \cdots (1+R_T)} - 1$$

```
# 在每个元素上增加 1 来计算几何平均值
import scipy.stats as stats
import numpy as np
ratios = returns + np.ones(len(returns))
R_G = stats.gmean(ratios) - 1
print('收益率的几何平均值:', R_G)
收益率的几何平均值: 0.00249162454468
```

几何平均收益率是将各个单个期间的收益率乘积，然后开 n 次方，因此几何平均收益率使用了复利的思想，从而克服了算术平均收益率有时会出现的上偏倾向。我们来看下面的例子：

```
T = len(returns)
init_price = pricing[0]
final_price = pricing[T]
print('最初价格:', init_price)
print('最终价格:', final_price)
print('通过几何平均收益率计算的最终价格:', init_price * (1 + R_G) ** T)
最初价格: 933.813
最终价格: 1713.82
通过几何平均收益率计算的最终价格: 1713.81465868
```

从上例可以看出，几何收益率的优势在于体现了复利的思想，我们知道初始资金和几何收益率，很容易计算出最终资金。

6．调和平均值

调和平均值（harmonic mean）又称倒数平均数，是总体各统计变量倒数的算术平均数的倒数。调和平均值是平均值的一种。

调和平均值恒小于等于算术平均值,当所有观测值相等的时候,两者相等。

应用:调和平均值可以用在相同距离但速度不同时,平均速度的计算;如一段路程,前半段时速 60 公里,后半段时速 30 公里(两段距离相等),则其平均速度为两者的调和平均值,即时速 40 公里。在现实中很多例子,需要使用调和平均值。

```
# 我们可以使用现成的函数来计算调和平均值
print('x1 的调和平均值:', stats.hmean(x1))
print('x2 的调和平均值:', stats.hmean(x2))
x1 的调和平均值: 2.55902513328
x2 的调和平均值: 2.86972365624
```

7. 分位数

如果我们有一组数据,把它们按从小到大的顺序排列,分位数就是正好能将这一数列等分的数。

将这一数列等分成两份,这个分位数称为中位数。将这一数列等分为 4 份,这 3 个分位数都称为四分位数,它从小到大依次称作:第 1 个四分位数、第 2 个四分位数、第 3 个四分位数。第 2 个四分位数就是中位数。

也可以将这一数列等分成 5 份,得到 4 个五分位数。也可以将这一数列等分成 10 份,得到 9 个十分位数。也可以将这一数列等分成 100 份,得到 99 个百分位数。

我们可以把所有的分位数都转换成百分数。例如,第 2 个五分位数就是第 40 个百分位数,第 3 个四分位数就是第 75 个百分位数。这样,我们就可以用以下公式来计算分位数:

$$L_y = (n+1)y/100$$

其中,n:数列中一共有多少个数;y:第几个百分数;L_y:结果是数列的第几个数。

例如,有这样一组数列:2,5,7,9,12,16,21,34,39,计算第 4 个五分位数。

第 4 个五分位数就是第 80 个百分位数,数列共有 9 个数,套用公式,有

$$L_y = (n+1)y/100 = (9+1) \times 80/100 = 8$$

数列的第 8 个数即为 34。

有这样一组数列:2,5,7,9,12,16,21,34,39,40,计算第 4 个五分位数。

第 4 个五分位数就是第 80 个百分位数,数列共有 10 个数,套用公式,有

$$L_y = (n+1)y/100 = (10+1) \times 80/100 = 8.8$$

数列的第 8.8 个数是什么意思,就是第 8 个数再往右的 0.8 个数,第 8 个数是 34,第 9 个数是 39,相差 5,那么 0.8 个数就是 5×0.8=4,所以 34+4=38,即第 4 个五分位数是 38。

8. 点估计的欺骗性

平均值的计算隐藏了大量的信息,因为它们将整个数据分布整合成一个数字。因此,常常使用"点估计"或使用一个数字的指标,往往具有欺骗性。我们应该小心地确保不会通过平均值来丢失数据分布的关键信息,在使用平均值的时候也应该保持警惕。

6.3 数据离散状况度量的 Python 应用

本节我们将讨论如何使用离散度来描述一组数据。

离散度能够更好地测量一个数据分布。这在金融方面尤其重要,因为风险的主要测量方法之一是看历史上收益率的数据分布特征。如果收益率紧挨着平均值,那么我们就不用特别担心风险。如果收益率很多数据点远离平均值,那风险就较大。具有低离散度的数据围绕平均值聚集,而高离散度的数据表明有许多非常大且非常小的数据点。

让我们生成一个随机整数先来看看。

```
import numpy as np
np.random.seed(121)
# 生成20个小于100的随机整数
X = np.random.randint(100, size = 20)
# Sort them
X = np.sort(X)
print('X: %s' %(X))
mu = np.mean(X)
print('X 的平均值:', mu)
X: [ 3  8 34 39 46 52 52 52 54 57 60 65 66 75 83 85 88 94 95 96]
X 的平均值: 60.2
```

1. Range(范围)

Range(范围)是数据集中最大值和最小值之间的差异。毫不奇怪,它对异常值非常敏感。我们使用 NumPy 的 ptp 的函数来计算 Range。

```
print('Range of X: %s' %(np.ptp(X)))
Range of X: 93
```

2. MAD(平均绝对偏差)

平均绝对偏差是数据点距离算术平均值的偏差。我们使用偏差的绝对值,这使得比平均值大 5 的数据点和比平均值小 5 的数据点对 MAD 均贡献 5,否则偏差总和为 0。

$$\mathrm{MAD} = \frac{\sum_{i=1}^{n} |X_i - \mu|}{n}$$

这里 n 是数据点的个数,μ 是其平均值。

```
abs_dispersion = [np.abs(mu - x) for x in X]
MAD = np.sum(abs_dispersion)/len(abs_dispersion)
print('X 的平均绝对偏差:', MAD)
```

X 的平均绝对偏差:20.52。

3. 方差和标准差

数据离散程度的度量最常用的指标就是方差和标准差。在金融市场更是如此,诺贝尔经济学奖得主马科维茨创造性地将投资的风险定义为收益率的方差,因此为现代金融工程的大厦做了坚实奠基。量化投资更是更是如此,对于风险的度量大多时候是通过方差、标准差来完成。

方差 σ^2 的定义如下:

$$\sigma^2 = \frac{\sum_{i=1}^{n}(X_i - \mu)^2}{n}$$

标准差的定义为方差的平方根:σ。标准差的运用更为广泛,因为它和观测值在同一个数据维度,可以进行加减运算。

```
print('X 的方差:', np.var(X))
print('X 的标准差:', np.std(X))
X 的方差: 670.16
X 的标准差: 25.887448696231154
```

解释标准差的一种方式是切比雪夫不等式。它告诉我们,对于任意的值 $k(k>1)$,平均值的 k 个标准差内(即在 k 倍标准偏差的距离内)的样本所占比例至少为 $1-1/k^2$。我们来检查一下这个定理是否正确。

```
k = 1.25                        # 随便举的一个 k 值
dist = k * np.std(X)
l = [x for x in X if abs(x - mu) <= dist]
print('k 值', k, '在 k 倍标准差距离内的样本为:', l)
print('验证', float(len(l))/len(X), '>', 1 - 1/k**2)
```

得到如下结果:

```
k 值 1.25 在 k 倍标准差距离内的样本为: [34, 39, 46, 52, 52, 52, 54, 57, 60, 65, 66, 75, 83, 85, 88]
验证 0.75 > 0.36
```

4. 下偏方差和下偏标准差

虽然方差和标准差告诉我们收益率是如何波动的,但它们并不区分向上的偏差和向下的偏差。通常情况下,在金融市场投资中,我们更加担心向下的偏差。因此下偏方差更多是在金融市场上的应用。

下偏方差是目标导向,认为只有负的收益才是投资真正的风险。下偏方差的定义与方差类似,唯一的区别在于下偏方差仅试用低于均值的收益率样本。

下偏方差的定义如下:

$$\frac{\sum_{X_i < \mu}(X_i - \mu)^2}{n_{less}}$$

这里 nlessnless 表示小于均值的数据样本的数量。

下偏标准差就是下偏方差的平方根。

```
# 没有现成的计算下偏方差的函数,因此我们手动计算:
lows = [e for e in X if e <= mu]
semivar = np.sum( (lows - mu) ** 2 ) / len(lows)
print('X 的下偏方差:', semivar)
print('X 的下偏标准差:', np.sqrt(semivar))
```

得到如下结果:

X 的下偏方差：689.5127272727273
X 的下偏标准差：26.258574357202395

5. 目标下偏方差

另外一个相关的是目标下偏方差，是仅关注低于某一目标的样本，定义如下：

$$\frac{\sum_{X_i<B}(X_i-B)^2}{n_B}$$

```
#目标下偏方差和目标下偏标准差的 Python 代码
B = 19                              # 目标为 19
lows_B = [e for e in X if e <= B]
semivar_B = sum(map(lambda x: (x - B) ** 2, lows_B))/len(lows_B)
print('X 的目标下偏方差:', semivar_B)
print('X 的目标下偏标准差:', np.sqrt(semivar_B))
```

得到如下结果：

X 的目标下偏方差：188.5
X 的目标下偏标准差：13.729530217745982

或者设计如下函数：

```
def obj(x):
    B = np.float64(2)               # 设定目标为 2
lows_B = [e for e in X if e <= B]
semivar_B = sum(map(lambda x: (x - B) ** 2, lows_B))/len(lows_B)
    return semivar
import numpy as np
X = [1,2,3,4]
semivar = obj(X)
print('X 的目标下偏方差:', semivar)
print('X 的目标下偏标准差:', np.sqrt(semivar))
```

或者编制如下的函数：

```
def obj1(x):
    B = np.float64(2) #设定目标为 2
    lows = [e for e in X if e <= B]
semivar = np.sum( (lows - B) ** 2 ) / len(lows)
    return semivar
```

obj1()函数调用的方法如下：

```
import numpy as np
X = [1,2,3,4]
semivar = obj1(X)
print('X 的目标下偏方差:', semivar)
print('X 的目标下偏标准差:', np.sqrt(semivar))
```

最后，要提醒读者注意的是：所有这些计算将给出样本统计，即数据的标准差。这是否反映了目前真正的标准差呢？其实还需要做出更多的努力来确定这一点，比如绘制出数据样本直方图、概率密度图，这样更能全面了解数据分布状况。这在金融方面尤其是，因为所有金融数据都是时间序列数据，平均值和方差可能随时间而变化。因此，金融数据方差、标准差有许多不同的技巧和微妙之处。

6.4 峰度、偏度与正态性检验的 Python 应用

本节介绍峰度和偏度以及如何运用这两个统计指标进行数据的正态性检验。

峰度和偏度这两个统计指标,在统计学上是非常重要的指标。在金融市场上,我们并不需要对其有深入了解,本文只是科普一些相关知识,重点是让大家明白峰度、偏度是什么以及通过这两个指标如何做到数据的正态性检验。

之所以金融市场上正态性检验如此重要,这是因为很多模型假设就是数据服从正态分布,因此我们在使用模型前应该对数据进行正态性检验,否则前面假设都没有满足,模型预测结果没有意义。

先做好如下的准备工作。

```
import matplotlib.pyplot as plt
import numpy as np
import scipy.stats as stats
```

有时候,平均值和方差不足以描述数据分布。当我们计算方差时,我们对平均值的偏差进行了平方。在偏差很大的情况下,我们不知道它们是否可能是积极的或消极的。这里涉及分布的偏斜度和对称性。如果一个分布中,均值的一侧的部分是另一侧的镜子,则分布是对称的。例如,正态分布是对称的。平均值 μ 和标准差 σ 的正态分布定义如下:

$$f(x) = \frac{1}{\sigma\sqrt{2\pi}} e^{\frac{(x-\mu)^2}{2\sigma^2}}$$

我们可以绘制它来确认它是对称的:

```
xs = np.linspace(-6,6, 300)
normal = stats.norm.pdf(xs)
plt.plot(xs, normal);
```

得到如图 6-1 所示的图形。

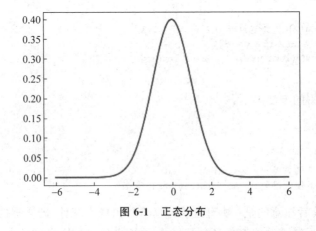

图 6-1　正态分布

1. 偏度

偏度是描述数据分布形态的一个常用统计量,其描述的是某总体取值分布的对称性。

这个统计量同样需要与正态分布相比较，偏度为 0 表示其数据分布形态与正态分布的偏斜程度相同；偏度大于 0 表示其数据分布形态与正态分布相比为正偏或右偏，即有一条长尾巴拖在右边，数据右端有较多的极端值；偏度小于 0 表示其数据分布形态与正态分布相比为负偏或左偏，即有一条长尾拖在左边，数据左端有较多的极端值。偏度的绝对值数值越大表示其分布形态的偏斜程度越大。

例如，分布可以具有许多小的正数和数个大的负值，这种情况是偏度为负，但仍然具有 0 的平均值，反之亦然（正偏度）。对称分布的偏度 0。正偏度分布中，平均值＞中值＞众数。负偏度刚好相反，平均值＜中位数＜众数。在一个完全对称的分布中，即偏度为 0，此时平均值＝中位数＝众数。

偏度的计算公式为

$$S_K = \frac{n}{(n-1)(n-2)} \frac{\sum_{i=1}^{n}(X_i - \mu)^3}{\sigma^3}$$

其中，n 是所有观测值的个数，μ 是平均值，σ 是标准差。

偏度的正负符号描述了数据分布的偏斜方向。

我们可以绘制一个正偏度和负偏度的分布，看看其形状。

对于单峰分布，负偏度通常表示尾部在左侧较大（长尾巴拖在左边），而正偏度表示尾部在右侧较大（长尾巴拖在右边）。

```
# 产生数据
xs2 = np.linspace(stats.lognorm.ppf(0.01, .7, loc = -.1), stats.lognorm.ppf(0.99, .7, loc = -.1), 150)

# 偏度> 0
lognormal = stats.lognorm.pdf(xs2, .7)
plt.plot(xs2, lognormal, label = 'Skew > 0')

# 偏度< 0
plt.plot(xs2, lognormal[::-1], label = 'Skew < 0')
plt.legend();
```

得到如图 6-2 所示的图形。

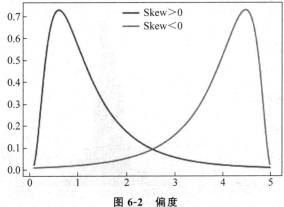

图 6-2　偏度

虽然在绘制离散数据集时,偏度不太明显,但我们仍然可以计算它。例如,下面是 2016—2018 年沪深 300 收益率的偏度,平均值和中位数。

```
#注:本程序在 Bigquant 环境中运行。
start = '2016-01-01'
end = '2018-01-01'
pricing = D.history_data('000300.SHA', start_date=start, end_date=end,)['close']
returns = pricing.pct_change()[1:]
print('Skew:', stats.skew(returns))
print('Mean:', np.mean(returns))
print('Median:', np.median(returns))
plt.hist(returns, 30);
```

得到如下结果:

Skew: -1.4877266883850098
Mean: 0.0003629975544754416
Median: 0.000798583
Skew: -1.1953194382566963
Mean: 4.799666921127558e-05
Median: 0.0006902538566803804

或者脱离平台用如下代码:

```
from scipy import    stats
from pandas.core import datetools
import statsmodels.api as sm           #统计相关的库
import numpy as np
import pandas as pd
import matplotlib.pyplot as plt
import tushare as ts                   #财经数据接口包 tushare
IndexData = ts.get_k_data(code='hs300',start='2016-01-01',end='2018-08-01')
IndexData.index = pd.to_datetime(IndexData.date)
close = IndexData.close
returns = (close-close.shift(1))/close.shift(1)
returns = returns.dropna()
print('Skew:', stats.skew(returns))
print('Mean:', np.mean(returns))
print('Median:', np.median(returns))
plt.hist(returns, 30)
```

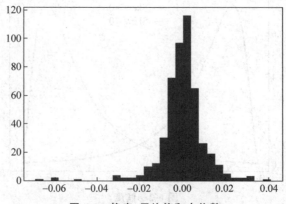

图 6-3　偏度、平均值和中位数

沪深 300 日收益率数据从图形上可以看出(但不是很明显),尾巴是拖在了左侧,因此有点左偏,这和计算的偏度值 Skew＝－1.49 为负刚好一致。

2. 峰度

峰度是描述总体中所有取值分布形态陡缓程度的统计量。这个统计量需要与正态分布相比较,峰度为 3 表示该总体数据分布与正态分布的陡缓程度相同；峰度大于 3 表示该总体数据分布与正态分布相比较为陡峭,为尖顶峰；峰度小于 3 表示该总体数据分布与正态分布相比较为平坦,为平顶峰。峰度的绝对值数值越大表示其分布形态的陡缓程度与正态分布的差异程度越大。

峰度的具体计算公式为

$$K = \frac{n(n+1)}{(n-1)(n-2)(n-3)} \frac{\sum_{i=1}^{n}(X_i-\mu)}{\sigma}$$

在 SciPy 中,使用峰度与正态分布峰度的差值来定义分布形态的陡缓程度——超额峰度,用 K_E 表示:

$$K_E = \frac{n(n+1)}{(n-1)(n-2)(n-3)} \frac{\sum_{i=1}^{n}(X_i-\mu)^1}{\sigma^4}$$

如果数据量很大,那么

$$K_E \approx \frac{1}{n} \frac{\sum_{i=1}^{n}(X_i-\mu)^1}{\sigma^4} - 3$$

```
plt.plot(xs,stats.laplace.pdf(xs), label = 'Leptokurtic')
print('尖峰的超额峰度:', (stats.laplace.stats(moments = 'k')))
plt.plot(xs, normal, label = 'Mesokurtic (normal)')
print('正态分布超额峰度:', (stats.norm.stats(moments = 'k')))
plt.plot(xs,stats.cosine.pdf(xs), label = 'Platykurtic')
print('平峰超额峰度:', (stats.cosine.stats(moments = 'k')))
plt.legend();
```

得到如下结果:

```
尖峰的超额峰度: 3.0
正态分布超额峰度: 0.0
平峰超额峰度: - 0.5937628755982794
```

下面以沪深 300 为例,我们可以使用 SciPy 包来计算沪深 300 日收益率的超额峰度。

```
print("沪深 300 的超额峰度: ", stats.kurtosis(returns))
沪深 300 的超额峰度: 10.313874715180733
```

3. 使用 Jarque-Bera 的正态检验

Jarque-Bera 检验是一个通用的统计检验,可以比较样本数据是否具有与正态分布一样的偏度和峰度。Jarque Bera 检验的零假设是数据服从正态分布。默认时 p 值为 0.05。

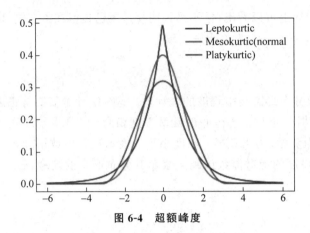

图 6-4 超额峰度

扫码看彩图

接着上面沪深 300 的例子,我们来检验沪深 300 收益率数据是否服从正态分布。

```
from statsmodels.stats.stattools import jarque_bera
_, pvalue, _, _ = jarque_bera(returns)
if pvalue > 0.05:
    print('沪深 300 收益率数据服从正态分布。')
else:
    print('沪深 300 收益率数据并不服从正态分布。')
```
沪深 300 收益率数据并不服从正态分布。

注:本程序在 Bigquant 环境中运行。

6.5 异常数据处理的 Python 应用

在经济金融数据分析中,常常会遇到一些值过大或者过小的情况,当用这些值来构造其他特征的时候,可能使得其他的特征也是异常点,这将严重影响对金融数据的分析,或者是影响模型的训练。本节介绍 4 种处理数据异常值的方法。

1. 固定比例法

这种方法非常容易理解,我们把上下 2% 的值重新设置,若大于 99% 分位数的数值,则将其设置为 99% 分位数值,若低于 1% 分位数的数值,则将其重新设置为 1% 分位数值。

2. 均值标准差法

这种想法的思路来自于正态分布,假设 $X \sim N(\mu, \sigma^2)$,那么

$$P(|X-\mu| > k \cdot \sigma) = \begin{cases} 0.317, & k=1 \\ 0.046, & k=2 \\ 0.003, & k=3 \end{cases}$$

通常把 3 倍标准差之外的值都视为异常值,不过要注意的是样本均值和样本标准差都不是稳健统计量,其计算本身受极值的影响就非常大,所以可能会出现一种情况,那就是我们从数据分布图上能非常明显地看到异常点,但按照上面的计算方法,这个异常点可能仍在均值三倍标准差的范围内。因此按照这种方法剔除掉异常值后,需要重新观察数据的分布

情况,看是否仍然存在显著异常点,若存在则继续重复上述步骤寻找异常点。

3. MAD 法

MAD 法是针对均值标准差方法的改进,把均值和标准差替换成稳健统计量,样本均值用样本中位数代替,样本标准差用样本 MAD(Median Absolute Deviation)代替:

$$md = median(x_i, i=1,2,\cdots,n)$$

$$MAD = median(|x_i - md|, i=1,2,\cdots,n)$$

一般将偏离中位数 3 倍以上的数据作为异常值,和均值标准差法相比,其中位数和 MAD 不受异常值的影响。

4. Bokplot 法

我们知道箱线图上也会注明异常值,假设 Q_1 和 Q_3 分别为数据从小到大排列的 25% 和 75% 分位数,记 $IQR = Q_1 - Q_3$,把

$$(-\infty, Q_1 - 3*IQR) \cup (Q_3 * IQR_i, +\infty)$$

区间里的数据标识为异常点。分位数也是稳健统计量,因此 Boxplot 方法对极值不敏感,但如果样本数据正偏严重,且右尾分布明显偏厚时,Boxplot 方法会把过多的数据划分为异常数据,因此 Hubert & Vandervieren (2007) 对原有 Boxplot 方法进行了偏度调整。首先样本偏度定义采用了 Brys(2004) 提出的 MedCouple 方法 $md = median(x_i, i=1,2,\cdots,n)$

$$me = median\left(\frac{(x_i - md) - (md - x_j)}{x_i - x_j}, x_i > md, x_j \leqslant md\right)$$

然后给出了经偏度调整 boxplot 方法上下限:

$$L = \begin{cases} Q_1 - 1.5 * \exp(-3.5 * mc) * IQR, & mc \geqslant 0 \\ Q_1 - 1.5 * \exp(-4 * mc) * IQR, & mc < 0 \end{cases}$$

$$U = \begin{cases} Q_3 + 1.5 * \exp(4 * mc) * IQR, & mc \geqslant 0 \\ Q_3 + 1.5 * \exp(3.5 * mc) * IQR, & mc < 0 \end{cases}$$

5. 异常数据的影响和识别

注:本程序在 Bigquant 环境中运行。

我们以 2017 年 4 月 21 日的 A 股所有股票的净资产收益率数据为例,这是一个横截面数据。

```
fields = ['fs_roe_0']
start_date = '2017-04-21'
end_date = '2017-04-21'
instruments = D.instruments(start_date, end_date)
roe = D.features(instruments, start_date, end_date, fields=fields)['fs_roe_0']
```

(1) 描述性统计

```
print('均值: ',roe.mean())
print('标准差: ',roe.std())
```

```
roe.describe()
```

得到如下结果。

均值：6.318794955342129
标准差：21.524061060590586
count   2782.000000
mean   6.318795
std   21.524061
min   -190.077896
25%   1.918450
50%   5.625300
75%   10.413725
max   949.800476
Name: fs_roe_0, dtype: float64

可以看出，接近 2800 家公司的股权收益率的平均值为 6.32，标准差为 21.52，最大值为 949.8，最小值为 -190.08。

（2）绘制直方图

```
roe.hist(bins = 100)
```

得到如图 6-5 所示的图形。

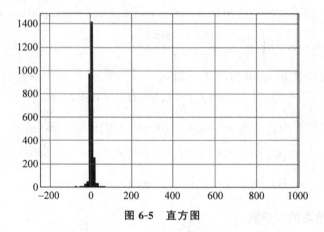

图 6-5　直方图

6. 四种异常值处理方法实例

（1）固定比例法处理异常数据实例

```
roe = D.features(instruments, start_date, end_date, fields = fields)['fs_roe_0']
roe[roe >= roe.quantile(0.99)] = roe.quantile(0.99)
roe[roe <= roe.quantile(0.01)] = roe.quantile(0.01)
print('均值：',roe.mean())
print('标准差：',roe.std())
roe.hist(bins = 100)
```
均值：6.284804923675365
标准差：8.226735672980485

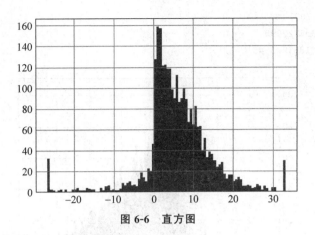

图 6-6　直方图

(2) 均值标准差法处理异常数据实例

通常把 3 倍标准差之外的值都视为异常值，然后将这些异常值重新赋值。

```
roe = D.features(instruments, start_date, end_date, fields = fields)['fs_roe_0']
roe[roe >= roe.mean() + 3 * roe.std()] = roe.mean() + 3 * roe.std()
roe[roe <= roe.mean() - 3 * roe.std()] = roe.mean() - 3 * roe.std()
print('均值:', roe.mean())
print('标准差:', roe.std())
roe.hist(bins = 100)
```
均值：6.377399763114386
标准差：8.908700726872697

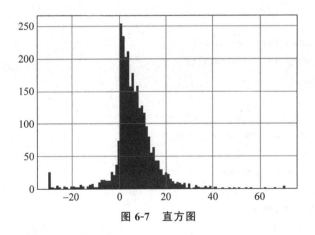

图 6-7　直方图

(3) MAD 法处理异常数据实例

```
roe = D.features(instruments, start_date, end_date, fields = fields)['fs_roe_0']
roe = roe.dropna()
median = np.median(list(roe))
MAD = np.mean(abs(roe) - median)
roe = roe[abs(roe - median)/MAD <= 6]   # 剔除偏离中位数 6 倍以上的数据
print('均值:', roe.mean())
print('标准差:', roe.std())
```

```
roe.hist(bins = 100)
均值: 6.377008957729898
标准差: 5.919701879745745
```

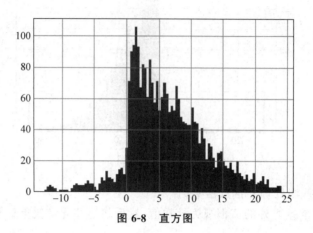

图 6-8　直方图

（4）Boxplot 法处理异常数据实例

```
from statsmodels.stats.stattools import medcouple
roe = D.features(instruments, start_date, end_date, fields = fields)['fs_roe_0']
roe = roe.dropna()
def boxplot(data):
    #mc 可以使用 statsmodels 包中的 medcouple 函数直接进行计算
    mc = medcouple(data)
    data.sort()
    q1 = data[int(0.25 * len(data))]
    q3 = data[int(0.75 * len(data))]
    iqr = q3 - q1
    if mc >= 0:
        l = q1 - 1.5 * np.exp(-3.5 * mc) * iqr
        u = q3 + 1.5 * np.exp(4 * mc) * iqr
    else:
        l = q1 - 1.5 * np.exp(-4 * mc) * iqr
        u = q3 + 1.5 * np.exp(3.5 * mc) * iqr
    data = pd.Series(data)
    data[data < l] = l
    data[data > u] = u
    return data

print('均值',boxplot(list(roe)).mean())
print('标准差',boxplot(list(roe)).std())
boxplot(list(roe)).hist(bins = 100)
均值 6.730327574702665
标准差 7.026104852061193
```

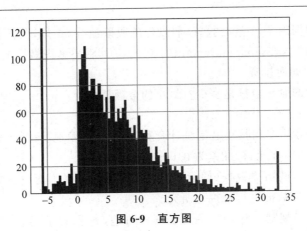

图 6-9　直方图

练　习　题

1. 几何平均的定义可由下式表达：

$$\left(\prod_{i=1}^{n} x_i\right)^{\frac{1}{n}} = \sqrt[n]{x_1 x_2 \cdots x_n}$$

$\prod$ = geomettric mean

n = number of values

x_i = values to average

请完成以下两个任务：

1）实现几何平均的函数；

2）测试上述函数。

2. 考察频数分布

步骤如下：

- 将样本值升序排列；
- 计算样本的极差：delta = max_value - min_value；
- 定义区间数 k，由此得到单位区间宽度(step = delta/k)；
- for i in range(min_value, max_value, step)；
- 计算落入每个区间样本数；
- 根据每个区间的样本数创建频数分布表(比如绝对数、相对数等)。

1）某班数学考试成绩接近于正态分布，假设该班 53 人，请生成一个该班成绩的样本，假设均值为 70 分，标准差为 10 分。

2）若规定[0-40)为极差，[40-60)为差，[60-70)为中，[70-80)为良，[80-100)为优秀，那么请统计该班数学成绩的频数分布，并对频数分布可视化。

3. 考察加权平均

$$W = \frac{\sum_{i=1}^{n} w_i X_i}{\sum_{i=1}^{n} w_i}$$

1) 某投资者根据因子 A 进行投资,假设他的股票池有 50 只,今日收盘后这 50 只股票对应的因子 A 序列为 np.random.randint(5,50,50),在不考虑做空的情况下,如果他有 1 亿元资金,请问他该如何投资。

2) 投资额最大的股票金额是多少？最小的金额是多少？

4. 考察百分位

某投资者甲做股票 A 和股票 B 的统计套利,经研究他发现：diff＝A 股票价格－B 股票价格的差值符合均值为 0 元,标准差为 0.01 元的正态分布。

1) 模拟生成价差的历史数据(假设取过去 2 年的数据作为历史数据,每年 252 个交易日)。尝试对这些历史数据进行可视化研究。

2) 投资者甲制定规则：小于 20 百分位做多价差,大于 80 百分位做多价差。请问他做空的次数是多少？做多的次数是多少？

5. 考察相关性

■ 皮尔逊相关系数：

$$r = \frac{\sum_{i=1}^{n}(X_i - \overline{X})(Y_i - \overline{Y})}{\sqrt{\sum_{i}(X_i - \overline{X})^2}\sqrt{\sum_{i}(Y_i - \overline{Y})^2}}$$

■ 斯皮尔曼相关系数(秩的皮尔逊相关系数)：

$$r = \frac{\sum_{i=1}^{n}(X_i - \overline{X})(Y_i - \overline{Y})}{\sqrt{\sum_{i}(X_i - \overline{X})^2}\sqrt{\sum_{i}(Y_i - \overline{Y})^2}}$$

假设同学甲发掘出了因子 A 和因子 B,在过去 7 个交易日中,因子 A 对应值的序列为 10,5,－3,8.5,0,－0.9,－5；因子 B 对应值的序列为－101,－59,33,－81.5,22,－9,150.1。

同期上证指数的收益率(%)分别为：－0.41,1.46,－0.59,2.66,－0.46,－0.07,－1.6。

请问：仅这 7 个交易日数据来看,哪个因子更有效？

1) 请依据皮尔逊系数进行判断。

2) 请依据斯皮尔曼系数进行判断。

3) 模拟两组数据,使得它们的皮尔逊系数和斯皮尔曼系数均为 1。

4) 模拟两组数据,使得它们的皮尔逊系数和斯皮尔曼系数均为－1。

6. 考察协方差

$$\text{Cov}(X,Y) = \frac{\sum_{i=1}^{n}(X_i - \hat{X})(Y_i - \hat{Y})}{n-1}$$

$$\rho = \frac{\text{Cov}(X,Y)}{\sigma_X \sigma_Y}$$

已知两组数据,第一组：

$$X = [100, -100, -200, -100, 100, 200, 0]$$

$$Y = [70, -70, -200, -70, 70, 200, 0]$$

第二组：
$$X = [0.01, -0.01, -0.02, -0.01, 0.01, 0.02, 0]$$
$$Y = [70, -70, -200, -70, 70, 200, 0]$$

1) 求第一组的 pearson 相关系数，以及协方差，同时证明式(2)。
2) 求第二组的 pearson 相关系数，以及协方差，同时证明式(2)。
3) 基于第一组或第二组数据，证明 $\mathrm{Cov}(aX, bY) = ab\mathrm{Cov}(X, Y)$。其中 a, b 为常数。
4) 基于第一组或第二组数据，证明 $\mathrm{Cov}(X_1 + X_2, Y) = \mathrm{Cov}(X_1, Y) + \mathrm{Cov}(X_2, Y)$。

第 7 章 参数估计的 Python 应用

7.1 参数估计与置信区间的含义

根据样本推断总体的分布和分布的数字特征称为统计推断。本章我们来讨论统计推断一个基本问题——参数估计。

参数估计是指用抽样的数据估计全体的数据情况。之所以这么做,是因为很多时候,采集全体数据太难了。比如生产真空包装鸡腿的企业,要检查质量,就得把包装拆开,那鸡腿就不能再卖了,所以必须抽样。如果直接用抽样数据代表全体数据,就是点估计,如抽样鸡腿的平均重量为 150 克,是一个点估计值。常见的点估计指标有以下两个。

(1) 比例:比如抽样鸡腿的卫生合格率为 99.9%。

(2) 平均值:比如抽样鸡腿的平均重量为 150 克。

但是,直接这么做会有问题,就是:抽样对象不同,点估计值经常有差异。为了解决这个问题,有了区间估计的做法。如抽样鸡腿的平均重量为 145~155 克之间,是一个区间估计。

因此,参数估计有两类:一类是点估计,就是以某个统计量的样本观察值作为未知参数的估计值;另一类是区间估计,就是用两个统计量所构成的区间来估计未知参数。我们在估计总体均值的时候,用样本均值作为总体均值的估计,就是点估计。在做置信区间估计之前,必须先规定一个置信度,例如 95%。置信度以概率 $1-\alpha$ 表示,这里的 α 就是假设检验里的显著性水平。因此 95% 的置信度就相对于 5% 的显著性水平。

置信区间估计的一般公式为:点估计±关键值×样本均值的标准误

$$\bar{x} \pm z_{\alpha/2} \cdot s/\sqrt{n}$$

这里的关键值就是以显著性水平 α 做双尾检验的关键值。关键值是 z 关键值或 t 关键值。究竟是 z 关键值还是 t 关键值,如表 5-1 所示。

表 5-1　z 关键值与 t 关键值选择

	正态总体 $n<30$	$n>=30$
已知总体方差	z	z
未知总体方差	t	t 或 z

假设一位投资分析师从股权基金中选取了一个随机样本,并计算出了平均的夏普比率。样本的容量为100,并且平均的夏普比率为0.45。该样本具有的标准差为0.30。利用一个基于标准正态分布的临界值,计算并解释所有股权基金总体均值的90%置信区间。这个90%的置信区间的临界值为$z_{0.05}=1.65$,故置信区间为$\bar{x}\pm z_{0.05}\frac{s}{\sqrt{n}}=0.45\pm1.65\frac{0.30}{\sqrt{100}}$,即0.4005~0.4995,分析师可以说有90%的信心认为这个区间包含了总体均值。

7.2 点估计的Python应用

1. 点估计的定义

设θ是总体X分布中的未知参数,$\hat{\theta}=\hat{\theta}(X_1,\cdots,X_n),j=1,2\cdots,n$是$X$的样本$X_1,\cdots,X_n$构造的统计量,用观察值$\hat{\theta}(x_1,\cdots,x_n)$去估计未知参数$\theta$的真值,称为参数$\theta$的点估计;并称统计量$\hat{\theta}(X_1,\cdots,X_n)$为$\theta$的估计量,$\hat{\theta}(x_1,\cdots,x_n)$为$\theta$的一个估计值。

由以上定义可知,参数θ的点估计问题,就是寻找合适的估计量$\hat{\theta}(X_1,\cdots,X_n)$的问题。需要指出的是,对于不同的样本的观察值,由同一估计量所得到估计值是各不相同的。用一个特定样本对总体未知参数所作的估计,仅是所有可能估计值中的一个点,故称为点估计。显然,点估计是必然存在误差的。

2. 点估计的方法

在大多数的实际问题中,需要估计的总体未知参数主要有总体比例、总体均值和总体方差。

(1) 总体比例的点估计

当总体的指标具有两种或多种属性(标志)时,具有某种属性的总体单位数在总体中所占的比重就称为比例,总体第i种属性的比例记为P_i。

如产品中的次品率,某单位职工中男、女的比率,某地区全部家庭中高(如月收入≥20000元)、中、低(月收入≤10000元)收入家庭各占的比例,都是总体比例。

对于总体比例,通常采用频率估计法,即用样本中各标志单位出现的频率来估计总体比例。记样本容量为n,n_i为样本中具有第i种标志的单位出现的次数,则$\hat{P}_i=n_i/n$。

总体比例的点估计,也就是使用频率来估计概率,这是估计离散型总体概率分布的常用方法。

例7-1 某公司要了解其售后服务的顾客满意度情况,随机抽取了100位顾客进行调查,被调查的顾客可在"非常满意""比较满意""不够满意""很不满意"中选择一种。其中21人回答"非常满意",50人回答"比较满意",24人回答"不够满意",5人回答"很不满意"。

由此抽样调查结果可以对该公司售后服务的顾客满意度做出如下推断:即"非常满意"的顾客约占顾客总数的21%,"比较满意"的占50%,"不够满意"的占24%,"很不满意"的占5%。其中"非常满意"和"比较满意"的达到71%,可见该公司的售后服务质量还算可以,但仍需进一步改进和提高。

(2) 总体均值和方差的点估计

在大多数情况下,需要估计的参数是总体的均值 μ 和总体方差 σ^2。可以有许多不同的方法来构造总体均值 μ 和总体方差 σ^2 的估计量,这里仅介绍一种最常用,而且通常也是效果最好的估计方法——数字特征法(也称矩法)。

所谓数字特征法,就是指通过样本的数字特征样本均值 $\overline{X}$ 和样本方差 S^2,分别估计总体的数字特征总体均值和总体方差的方法,即

$$\hat{\mu} = \overline{X}, \quad \hat{\sigma}^2 = S^2$$

例 7-2 设某种压缩机的寿命 $X \sim N(\mu, \sigma^2)$,其中 μ 和 σ^2 未知。现随机测得 10 台压缩机的寿命(单位:小时)为 15020,14530,13760,11080,16500,12130,12080,14800,15500,17000。试用数字特征法,编写 Python 程序估计该压缩机得平均寿命 μ 和寿命方差 σ^2。

解:

```
import numpy as np
x = [15020,14530,13760,11080,16500,12130,12080,14800,15500,17000]
mu = np.mean(x)
sigma2 = np.var(x)
print('mu = ',mu)
print('sigma2 = ',sigma2)
mu =  14240.0
sigma2 =  3465260.0
```

可见,$\hat{\mu} = 14240$(小时),$\hat{\sigma}^2 = S^2 = 3465260$(小时^2)。

7.3 单正态总体均值区间估计的 Python 应用

上一节讨论了点估计,由于点估计值只是估计量的一个近似值,因而点估计本身既没有反映出这种近似值的精度即指出用估计值去估计的误差范围有多大,也没有指出这个误差范围以多大的概率包括未知参数,这正是区间估计要解决的问题。本节讨论单正态总体均值的区间估计问题。

1. 方差 $\sigma_0 = \sigma$ 已知时 μ 的置信区间

设来自正态总体 $N(\mu, \sigma^2)$ 的随机样本和样本值记为 $X_1, X_2, \cdots, X_n$,样本均值 $\overline{X}$ 是总体均值 μ 的一个很好的估计量,利用 $\overline{X}$ 的分布,可以得出总体均值 μ 的置信度为 $1-\alpha$ 的置信区间(通常取 $\alpha = 0.05$)。

由于 $\overline{X} \sim N(\mu, \sigma^2/n)$,因此有 $Z = \dfrac{\overline{X} - \mu}{\sigma/\sqrt{n}} \sim N(0,1)$

由 $P(-z_{\alpha/2} < Z < z_{\alpha/2}) = 1-\alpha$ 即得

$$P\left(\overline{X} - \frac{\sigma}{\sqrt{n}} z_{\alpha/2} < \mu < \overline{X} + \frac{\sigma}{\sqrt{n}} z_{\alpha/2}\right) = 1-\alpha$$

所以对于单个正态总体 $N(\mu, \sigma^2/n)$,当 $\sigma_0 = \sigma$ 已知时,μ 的置信度为 $1-\alpha$ 的置信区间为 $\left(\overline{X} - \dfrac{\sigma}{\sqrt{n}} z_{\alpha/2}, \overline{X} + \dfrac{\sigma}{\sqrt{n}} z_{\alpha/2}\right)$。

同理可求得 μ 的置信度为 $1-\alpha$ 的置信上限为 $\overline{X}+\dfrac{\sigma}{\sqrt{n}}z_\alpha$

μ 的置信度为 $1-\alpha$ 的置信下限为 $\overline{X}-\dfrac{\sigma}{\sqrt{n}}z_\alpha$

例 7-3 某车间生产的滚珠直径 X 服从正态分布 $N(\mu,0.6)$。现从某天的产品中抽取 6 个，测得直径如下(单位：mm)。

14.6,15.1,14.9,14.8,15.2,15.1

试求平均直径置信度为 95% 的置信区间。

解：置信度 $1-\alpha=0.95,\alpha=0.05$。$\alpha/2=0.025$，查表可得 $Z_{0.025}=1.96$，又由样本值得 $\bar{x}=14.95,n=6,\sigma=\sqrt{0.6}$。由上式有

置信下限 $\bar{x}-Z_{\alpha/2}\dfrac{\sigma_0}{\sqrt{n}}=14.95-1.96\times\sqrt{\dfrac{0.6}{6}}=14.3302$

置信上限 $\bar{x}+Z_{\alpha/2}\dfrac{\sigma_0}{\sqrt{n}}=14.95+1.96\times\sqrt{\dfrac{0.6}{6}}=15.5698$

所以均值的置信区间为 (14.3302,15.5698)。

为此，我们编写的 Pyhton 程序如下：

```
import numpy as np
import scipy.stats as ss
n = 6; p = 0.025; sigma = np.sqrt(0.6)
x = [14.6,15.1,14.9,14.8,15.2,15.1]
xbar = np.mean(x)
low = xbar - ss.norm.ppf(q = 1 - p) * (sigma / np.sqrt(n))
up = xbar + ss.norm.ppf(q = 1 - p) * (sigma / np.sqrt(n))
print ('low = ',low)
print ('up = ',up)
low = 14.3302049677
up = 15.5697950323
```

2. 方差 σ^2 未知时 μ 的置信区间

在大多数情况下，总体 X 的方差 σ^2 是未知的，此时 $Z=\dfrac{\overline{X}-\mu}{\sigma/\sqrt{n}}\sim N(0,1)$ 中的 σ 可以用其估计量 S 代替，但不再服从标准正态分布，可以证明，随机变量 $t=\dfrac{\overline{X}-\mu}{S/\sqrt{n}}\sim t(n-1)$。

同样由 $P(-t_{\alpha/2}(n-1)<T<t_{\alpha/2}(n-1))=1-\alpha$ 得到

$$P\left(\overline{X}-\dfrac{S}{\sqrt{n}}t_{\alpha/2}(n-1)<\mu<\overline{X}+\dfrac{S}{\sqrt{n}}t_{\alpha/2}(n-1)\right)=1-\alpha$$

所以方差 σ^2 未知时，μ 的置信度为 $1-\alpha$ 的置信区间为

$$\left(\overline{X}-\dfrac{S}{\sqrt{n}}t_{\alpha/2}(n-1),\overline{X}+\dfrac{S}{\sqrt{n}}t_{\alpha/2}(n-1)\right)$$

其中 $t_p(n)$ 为自由度为 n 的 t 分布的下侧 p 分位数。

同理可求得 μ 的置信度为 $1-\alpha$ 的置信上限为 $\overline{X}+\dfrac{S}{\sqrt{n}}t_{\alpha}(n-1)$。

μ 的置信度为 $1-\alpha$ 的置信下限为 $\overline{X}-\dfrac{S}{\sqrt{n}}t_{\alpha}(n-1)$。

$$S=\sqrt{\dfrac{1}{n-1}\sum_{i=1}^{n}(X_i-\overline{X})^2}$$

例 7-4 某糖厂自动包装机装糖,设备包重量服从正态分布 $N(\mu,\sigma^2)$。某日开工后测得 9 包重量为(单位:kg):99.3,98.7,100.5,101.2,98.3,99.7,99.5,102.1,100.5。试求 μ 的置信度为 95% 的置信区间。

解:置信度 $1-\alpha=0.95$,查表得 $t_{\alpha/2}(n-1)=t_{0.025}(8)=2.306$。

由样本值算 $\bar{x}=99.978, s^2=1.47$。

故置信下限 $\bar{x}-t_{\alpha/2}(n-1)\dfrac{s}{\sqrt{n}}=99.978-2.306\times\sqrt{\dfrac{1.47}{9}}=99.046$。

置信上限 $\bar{x}+t_{\alpha/2}(n-1)\dfrac{s}{\sqrt{n}}=99.978+2.306\times\sqrt{\dfrac{1.47}{9}}=100.91$。

所以 μ 的置信度为 95% 的置信区间为 (99.046,100.91)。

为此,我们编制 Python 程序如下:

```
import numpy as np
import scipy.stats as ss
from scipy.stats import t
n = 9; p = 0.025; s = np.sqrt(1.47)
x = [99.3,98.7,100.5,101.2,98.3,99.7,99.5,102.1,100.5]
xbar = np.mean(x)
low = xbar - ss.t.ppf(1-p,n-1) * (s / np.sqrt(n))
up = xbar + ss.t.ppf(1-p,n-1) * (s / np.sqrt(n))
print ('low = ',low)
print ('up = ',up)
```

得到如下结果:

```
low = 99.0458173021
up = 100.909738253
```

7.4 单正态总体方差区间估计的 Python 应用

可以证明,随机变量 $\chi^2=(n-1)S^2/\sigma^2 \sim \chi^2(n-1)$。

所以,有 $\quad P(\chi^2_{1-\alpha/2}(n-1)<\dfrac{(n-1)S^2}{\sigma^2}<\chi^2_{\alpha/2}(n-1))=1-\alpha$

就可以得出 σ^2 的置信水平为 $1-\alpha$ 的置信区间:

$$\left(\frac{(n-1)S^2}{\chi^2_{\alpha/2}(n-1)}, \frac{(n-1)S^2}{\chi^2_{1-\alpha/2}(n-1)}\right)$$

例 7-5 从某车间加工的同类零件中抽取了 16 件,测得零件的平均长度为 12.8cm,方差为 0.0023。假设零件的长度服从正态分布,试求总体方差及标准差的置信区间(置信度为 95%)。

解:已知 $n=16, S^2=0.0023, 1-\alpha=0.95$。

查表得

$$\chi^2_{1-\alpha/2}(n-1) = \chi^2_{0.975}(15) = 6.262$$

$$\chi^2_{\alpha/2}(n-1) = \chi^2_{0.025}(15) = 27.488$$

代入数据,可算得所求的总体方差的置信区间为(0.0013, 0.0055)。
总体标准差的置信区间为(0.0354, 0.0742)。
为此,我们编制 Python 程序如下:

```
from scipy.stats import chi2
n = 16; sq = 0.0023; p = 0.025
low = ((n-1) * sq) / chi2.ppf(1-p, n-1)
up  = ((n-1) * sq) / chi2.ppf(p, n-1)
print ('low = ', low)
print ('up = ', up)
print ('slow = ', sqrt(low))
print ('ssup = ', sqrt(up))
```

得到如下结果:

```
low =  0.0012550751937877684
up =  0.005509300678006194
slow =  0.03542704043224283
ssup =  0.07422466354255972
```

由运行显示可知,总体方差的区间估计为(0.0012550751937877684, 0.005509300678006194)。总体标准差的区间估计为(0.03542704043224283, 0.07422466354255972)。

7.5 双正态总体均值差区间估计的 Python 应用

本节讨论两个正态总体均值差的区间估计问题。

1. 两方差已知时两均值差的置信区间

假设 σ_1^2, σ_2^2 都已知,要求 $\mu_1-\mu_2$ 置信水平为 $1-\alpha$ 的置信区间。
由于 $\overline{X} \sim N(\mu_1, \sigma_1^2/n), \overline{Y} \sim N(\mu_2, \sigma_2^2/n)$
且两者独立,得到

$$\overline{X} - \overline{Y} \sim N(\mu_1-\mu_2, \sigma_1^2/n_1 + \sigma_2^2/n_2)$$

因此有 $Z = \dfrac{(\overline{X}-\overline{Y})-(\mu_1-\mu_2)}{\sqrt{\sigma_1^2/n_1+\sigma_2^2/n_2}} \sim N(0,1)$

由 $P(-z_{\alpha/2}<Z<z_{\alpha/2})=1-\alpha$ 即得

$$P(\overline{X}-\overline{Y}-z_{\alpha/2}\sqrt{\sigma_1^2/n_1+\sigma_2^2/n_2}<\mu_1-\mu_2<\overline{X}-\overline{Y}+z_{\alpha/2}\sqrt{\sigma_1^2/n_1+\sigma_2^2/n_2})=1-\alpha$$

所以两均值差的置信区间为

$$(\overline{X}-\overline{Y}-z_{\alpha/2}\sqrt{\sigma_1^2/n_1+\sigma_2^2/n_2},\overline{X}-\overline{Y}+z_{\alpha/2}\sqrt{\sigma_1^2/n_1+\sigma_2^2/n_2})$$

同理可求得两均值差的置信度为 $1-\alpha$ 的置信上限为 $\overline{X}-\overline{Y}+z_{\alpha/2}\sqrt{\sigma_1^2/n_1+\sigma_2^2/n_2}$

两均值差的置信度为 $1-\alpha$ 的置信下限为 $\overline{X}-\overline{Y}-z_{\alpha/2}\sqrt{\sigma_1^2/n_1+\sigma_2^2/n_2}$

下面看一个例子。

例 7-6 为比较两种农产品的产量,选择 18 块条件相似的试验田,采用相同的耕作方法做实验,结果播种甲品种的 8 块试验田的单位面积产量和播种乙品种的 10 块试验田的单位面积产量分别如表 7-2 所示。

表 7-2 农产品产量数据

甲品种	628	583	510	554	612	523	530	615		
乙品种	535	433	398	470	567	480	498	560	503	426

假定每个品种的单位面积产量均服从正态分布,甲品种产量的方差为 2140,乙品种产量的方差为 3250,试求这两个品种平均面积产量差的置信区间(取 $\alpha=0.05$)。

为此,我们编制 Python 程序如下。

```
import numpy as np
import scipy.stats as ss
x = [628,583,510,554,612,523,530,615]
y = [535,433,398,470,567,480,498,560,503,426]
n1 = len(x);n2 = len(y)
xbar = np.mean(x);ybar = np.mean(y)
sigmaq1 = 2140;sigmaq2 = 3250;p = 0.025
low = xbar - ybar - ss.norm.ppf(q = 1 - p) * np.sqrt(sigmaq1/n1 + sigmaq2/n2)
up = xbar - ybar + ss.norm.ppf(q = 1 - p) * np.sqrt(sigmaq1/n1 + sigmaq2/n2)
print ('low = ',low)
print ('up = ',up)
```

得到如下结果:

```
low = 34.6870180564
up = 130.062981944
```

2. 两方差都未知时两均值的置信区间

设两方差均未知,但 $\sigma_1^2=\sigma_2^2=\sigma^2$ 此时由于

$$Z=\frac{\overline{X}-\overline{Y}-(\mu_1-\mu_2)}{\sqrt{\sigma_1^2/n_1+\sigma_2^2/n_2}} \sim N(0,1)$$

$$\frac{(n_1-1)S_1^2}{\sigma^2} \sim \chi^2(n_1-1) \quad \frac{(n_2-1)S_2^2}{\sigma^2} \sim \chi^2(n_2-1)$$

所以
$$\frac{(n_1-1)S_1^2}{\sigma^2}+\frac{(n_2-1)S_2^2}{\sigma^2} \sim \chi^2(n_1+n_2-2)$$

由此可得
$$T=\frac{\overline{X}-\overline{Y}-(\mu_1-\mu_2)}{\sqrt{(1/n_1+1/n_2)S^2}} \sim t(n_1+n_2-2)$$

其中,$S^2=\dfrac{(n_1-1)S_1^2+(n_2-1)S_2^2}{(n_1-1)+(n_2-1)}$。

同样由
$$P(-t_{\alpha/2}(n_1+n_2-2)<T<t_{\alpha/2}(n_1+n_2-2))=1-\alpha$$

解不等式即得两均值差的置信水平为 $1-\alpha$ 的置信区间：
$$(\overline{X}-\overline{Y}-t_{\alpha/2}(n_1+n_2-2)\sqrt{(1/n_1+1/n_2)S^2},$$
$$\overline{X}-\overline{Y}+t_{\alpha/2}(n_1+n_2-2)\sqrt{(1/n_1+1/n_2)S^2})$$

同理可求得两均值差的置信度为 $1-\alpha$ 的置信上限为
$$(\overline{X}-\overline{Y}+t_{\alpha/2}(n_1+n_2-2)\sqrt{(1/n_1+1/n_2)S^2})$$

两均值差的置信度为 $1-\alpha$ 的置信下限为
$$(\overline{X}-\overline{Y}-t_{\alpha/2}(n_1+n_2-2)\sqrt{(1/n_1+1/n_2)S^2})$$

例 7-7 在上一例题中,如果不知道两种品种产量的方差,但已知两者相同求置信区间。

为此,我们编制 Python 程序如下。

```
import numpy as np
import scipy.stats as ss
x = [628,583,510,554,612,523,530,615]
y = [535,433,398,470,567,480,498,560,503,426]
n1 = 1.0 * len(x);n2 = 1.0 * len(y) #转为小数
s1 = np.var(x);s2 = np.var(y)
xbar = np.mean(x);ybar = np.mean(y)
p = 0.025
sq = ((n1 - 1) * s1 + (n2 - 1) * s2)/(n1 - 1 + n2 - 1)
low = xbar - ybar - ss.t.ppf(1 - p,n1 + n2 - 2) * np.sqrt(sq * (1/n1 + 1/n2))
up = xbar - ybar + ss.t.ppf(1 - p,n1 + n2 - 2) * np.sqrt(sq * (1/n1 + 1/n2))
print ('low = ',low)
print ('up = ',up)
```

得到如下结果：

low = 32.4209278184
up = 132.329072182

可见,这两个品种的单位面积产量之差的置信水平为 0.95 的置信区间为：(32.4209278184,132.329072182)。

7.6 双正态总体方差比区间估计的 Python 应用

由于 $(n_1-1)S_1^2/\sigma^2 \sim \chi^2(n_1-1)$, $(n_2-1)S_2^2/\sigma^2 \sim \chi^2(n_2-1)$, 且 S_1^2 与 S_2^2 相互独立,故

$$F = (S_1^2/\sigma_1^2)/(S_2^2/\sigma_2^2) \sim F(n_1-1, n_2-1)$$

所以对于给定的置信水平 $1-\alpha$,由

$$P(F_{1-\alpha/2}(n_1-1, n_2-1) < (S_1^2/\sigma_1^2)/(S_2^2/\sigma_2^2) < F_{\alpha/2}(n_1-1, n_2-1)) = 1-\alpha$$

就可以得出两方差比的置信水平为 $1-\alpha$ 的置信区间

$$\left(\frac{S_1^2}{S_2^2}\frac{1}{F_{\alpha/2}(n_1-1, n_2-1)}, \frac{S_1^2}{S_2^2}\frac{1}{F_{1-\alpha/2}(n_1-1, n_2-1)}\right)$$

其中 $F_p(m,n)$ 为自由度为 (m,n) 的 F 分布的下侧 p 分位数。

例 7-8 甲、乙两台机床分别加工某种轴承,轴承的直径分别服从正态分布 $N(\mu_1, \sigma_1^2/n_1)$ 和 $N(\mu_2, \sigma_2^2/n_2)$,从各自加工的轴承中分别抽取若干个轴承测其直径,结果如表 7-3 所示。

表 7-3 两台机床加工的轴承的数据

总体	样本容量	直径
X(机床甲)	8	20.5, 19.8, 19.7, 20.4, 20.1, 20.0, 19.0, 19.9
Y(机床乙)	7	20.7, 19.8, 19.5, 20.8, 20.4, 19.6, 20.2

试求两台机床加工的轴承直径的方差比的 0.95 的置信区间。

```
import numpy as np
from scipy.stats import f
x = [20.5,19.8,19.7,20.4,20.1,20.0,19.0,19.9]
y = [20.7,19.8,19.5,20.8,20.4,19.6,20.2]
sq1 = np.var(x);sq2 = np.var(y)
n1 = 8;n2 = 7;p = 0.025
f.ppf(0.025, n1 - 1, n2 - 1)
low = sq1/sq2 * 1/f.ppf(1 - p, n1 - 1, n2 - 1)
up = sq1/sq2 * 1/f.ppf(p, n1 - 1, n2 - 1)
print ('low = ',low)
print ('up = ',up)
low = 0.142168867371
up = 4.14462281408
```

由上面的运行显示可见,两台机床加工的轴承直径的方差比的 0.95 置信区间为 (0.142168867371, 4.14462281408),方差比为 0.7932。

练 习 题

1. 已知 A 市商品房单价的标准差为 0.25 万元/m^2,某地产公司在 2022 年第一季度交易中随机抽取 50 个交易作为样本,得到二手房交易单价如下所示(单位:万元/m^2):

1.84155268, 1.27463027, 1.6151966 , 1.55251281, 1.66749796,
1.24081915, 1.52988889, 1.54179721, 1.63876561, 1.74440539,
1.55026106, 1.50349173, 1.45782573, 1.48375706, 1.50898836,
1.77648376, 1.72954311, 1.31581127, 1.46699761, 1.56791928,
1.60707125, 1.10817526, 1.5514683 , 1.12295078, 1.48880705,
1.46466028, 1.68225644, 1.48566567, 1.73122237, 1.53202801,
1.2403249 , 1.75996018, 1.53040726, 1.44251044, 2.04683194,
1.32921156, 1.81417722, 1.35091883, 1.33972316, 1.41062965,
1.57228208, 1.42285217, 1.53853992, 1.47205151, 1.09792118,
1.73490068, 1.33713447, 1.21379977, 0.9970056 , 1.31770043

请完成以下任务：

1）画图，表示出商品房单价的分布。

2）请估计 A 市商品房市场单价均值的置信区间（95％置信水平）。

2. 沿用上例，假设 A 市商品房市场单价服从正态分布，但总体方差未知。那么请估计 A 市商品房市场单价均值的置信区间（95％置信水平）。

3. 已知某品牌零食重量服从正态分布，某天从生产线上随机抽取了 25 包零食，测得重量如下（单位：克）：112.5，101，103，102，100.5，102.6，107.5，95，108.8，115.6，100.，123.5，102.，101.6，102.2，116.6，95.4，97.8，108.6，105.，136.8，102.8，101.5，98.4，93.3。

1）求该品牌零食重量方差的置信区间（95％置信水平）。

2）求该品牌零食重量标准差的置信区间（95％置信水平）。

4. 某研究员想在格力电器（称为股票 A）和美的集团（称为股票 B）这两只股票进行套利，于是他研究这两只股票平均收益率的差别。假设 r_A 和 r_B 服从正态分布，且 $\sigma_A=0.02$，$\sigma_B=0.01$。现抽取过去 100 个交易日的收益率作为样本，得到 $\bar{r}_A=0.05$ 和 $\bar{r}_B=0.03$。求股票 A 和 B 收益率均值之差置信区间（置信水平 95％）。

5. 现对甲乙两个品牌无人机进行抽检。甲品牌抽样 15 件，乙品牌抽样 17 件。经测试甲品牌无人机平均无故障时间为 1600h，标准差为 55h；乙品牌无人机平均无故障时间为 1500h，标准差为 50h。假设总体服从正态分布，且方差大致相同。请估计甲乙两品牌无人机平均无故障时间之差的置信区间（置信水平 95％）。

6. 已知在校大学生，男生和女生的生活消费支出（单位：元）均服从正态分布。现在要研究男女生消费支出的差异，现对某校进行抽样，男女生均随机抽 25 名。得到结果如下：

$$\bar{M}_m=520, \quad s_m^2=260$$

$$\bar{M}_f=480, \quad s_m^2=280$$

请估算在校男女大学生生活消费支出方差比的置信区间（置信水平 90％）。

参数假设检验的 Python 应用

参数假设检验是指对参数的平均值、方差、比率等特征进行的统计检验。参数假设检验一般假设统计总体的具体分布是已知的,但是其中的一些参数或者取值范围不确定,分析的主要目的是估计这些未知参数的取值,或者对这些参数进行假设检验。参数假设检验不仅能够对总体的特征参数进行推断,还能够对两个或多个总体的参数进行比较。常用的参数假设检验包括单一样本 t 检验、两个总体均值差异的假设检验、总体方差的假设检验、总体比率的假设检验等。本章先介绍假设检验的基本理论,然后通过实例来说明 Python 在参数假设检验中的具体应用。

8.1 参数假设检验的基本理论

1. 假设检验的概念

为了推断总体的某些性质,我们会提出总体性质的各种假设。假设检验就是根据样本提供的信息对所提出的假设作出判断的过程。

原假设是我们有怀疑,想要拒绝的假设,记为 H_0。备择假设是我们拒绝了原假设后得到的结论,记为 H_a。

假设都是关于总体参数的,例如,我们想知道总体均值是否等于某个常数 μ_0,那么原假设是 $H_0: \mu = \mu_0$,则备择假设是 $H_a: \mu \neq \mu_0$。

上面这种假设,我们称为双尾检验,因为备择假设是双边的。

下面两种假设检验称为单尾检验:

$$H_0: \mu \geqslant \mu_0 \quad H_a: \mu < \mu_0$$
$$H_0: \mu \leqslant \mu_0 \quad H_a: \mu > \mu_0$$

注意:无论是单尾还是双尾检验,等号永远都在原假设一边,这是用来判断原来假设的唯一标准。

2. 第一类错误和第二类错误

我们在做假设检验的时候会犯两种错误:第一,原来假设是正确的而你判断它为错误的;第二,原来假设是错误的而你判断它为正确的。我们分别称为第一类错误和第二类错误。

第一类错误：原来假设是正确的，却拒绝了原来假设；

第二类错误：原来假设是错误的，却没有拒绝原来假设。

这类似于法官判案时，如果被告是好人，却判他为坏人，这是第一类错误（错杀好人或以真为假）。

如果被告是坏人，却判他为好人，这是第二类错误（放走坏人或以假为真）。

在其他条件不变的情况下，如果要求犯第一类错误概率越小，那么犯第二类错误的概率就会越大，通俗的理解是：当我们要求错杀好人的概率降低，那么往往就会放走坏人。

同样地，在其他情况不变的情况下，如果要求犯第二类错误概率越小，那么犯第一类错误的概率就越大。通俗的理解即：当我们要求放走坏人的概率降低，那么往往就会错杀好人。

其他条件不变主要指的是样本量 n 不变。换言之，要想减少犯第一类错误和第二类错误的概率，就要增大样本量 n。

在假设检验的时候，我们会规定一个允许犯第一类错误的概率，比如 5%，这称为显著性水平，记为 α。我们通常只规定犯第一类错误的概率，而不规定犯第二类错误的概率。

检验的势定义为在原假设是错误的情况下而正确拒绝原假设的概率。检验的势等于 1 减去犯第二类错误的概率。

我们用表 8-1 来表示显著性水平和检验的势。

表 8-1　显著性水平和检验的势

	原假设正确	原假设不正确
拒绝原假设	第一类错误 显著性水平 α	判断正确 检验的势 = 1 − P（第二类错误）
没有拒绝原假设	判断正确	第二类错误

3. 检验统计量和关键值

要做假设检验，我们先要计算两样东西：检验统计量和关键值。

检验统计量是从样本数据中计算得来的。检验统计量的一般形式为：

检验统计量 =（样本统计量 − 在 H_0 中假设的总体参数值）/ 样本统计量的标准误

关键值是查表得到的。关键值的计算需要知道下面三点：

（1）检验统计量是什么分布？这决定我们要去查哪张表。

（2）显著性水平是多少？

（3）是双尾还是单尾检验？

4. 决策规则

（1）基于检验统计量和关键值的决策准则

计算检验统计量和关键值之后，怎样判断是拒绝原假设还是不拒绝原假设呢？

首先，要搞清楚我们做的是双尾检验还是单尾检验。如果是双尾检验，那么拒绝域在两边。以双尾 z 检验为例，首先画出 z 分布（标准正态分布），在两边画出黑色的拒绝区域。

拒绝区域的面积应等于显著性水平。以 $\alpha=0.05$ 为例，左右两块拒绝区域的面积之和应等于 0.05，可知交界处的数值为 ±1.96。±1.96 即为关键值，如图 8-1 所示。

如果从样本数据中计算得出的检验统计量落在拒绝区域(小于 -1.96 或大于 1.96),就拒绝原假设;如果检验统计量没有落在拒绝区域(在 -1.96 和 1.96 之间),就不能拒绝原假设。

如果是单尾检验,那么拒绝区域在一边。拒绝区域在哪一边,要看备择假设在哪一边。以单尾的 z 检验为例,假设原假设设为 $H_0: \mu \leqslant \mu$,备择假设为 $H_a: \mu > \mu_0$,那么拒绝区域在右边,因为备择假设在右边。首先画出 z 分布(标准正态分布),在右边画出拒绝区域,如图 8-2 所示。

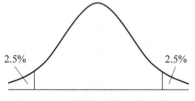

图 8-1 双边拒绝域的正态分布图

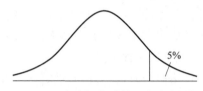

图 8-2 右边拒绝域的正态分布图

拒绝区域的面积还是等于显著性水平。以 $\alpha = 0.05$ 为例,因为只有一块拒绝区域,因此其面积为 0.05,可知交界处的数值为 1.65。1.65 即为关键值。

如果从样本数据中计算得出的检验统计量落在拒绝区域(大于 1.65),就拒绝原假设;如果检验统计量没有落在拒绝区域(小于 1.65),就不能拒绝原假设。

(2) 基于 p 值和显著性水平的决策规则

在实际中,如统计软件经常给出是 p 值,可以将 p 值与显著性水平做比较,以决定拒绝还是不拒绝原假设,这是基于 p 值和显著性水平的决策规则。

首先来看看 p 值到底是什么。对于双尾检验,有两个检验统计量,两个统计量两边的面积之和就是 p 值。因此,每一边的面积是 $p/2$,如图 8-3 所示。

对于单尾检验,只有一个检验统计量,检验统计量边上的面积就是 p 值,如图 8-4 所示。

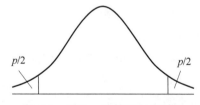

图 8-3 双边 p 值的正态分布图

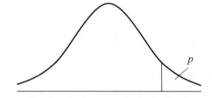

图 8-4 单边 p 值的正态分布图

计算 p 值的目的是与显著性水平做比较。如果 p 值小于显著性水平,说明检验统计量落在拒绝区域,因此拒绝原假设。如果 p 值大于显著性水平,说明检验统计量没有落在拒绝区域,因此不能拒绝原假设。

p 值的定义为:可以拒绝原假设的最小显著性水平。

(3) 结论的陈述

如果不能拒绝原假设,我们不能说接受原假设,只能说"不能拒绝原假设"(can not reject H_0 或 fail to reject H_0)。

在作出判断之后,我们还要陈述结论。如果拒绝原假设,那么我们说总体均值显著地不相等。

5. 单个总体均值的假设检验

我们想知道一个总体均值是否等于(或大于等于、小于等于)某个常数 μ_0,可以使用 z 检验或 t 检验。双尾和单尾检验的原假设和备择假设如下。

$$H_0: \mu = \mu_0 \quad H_a: \mu \neq \mu_0$$
$$H_0: \mu \geq \mu_0 \quad H_a: \mu < \mu_0$$
$$H_0: \mu \leq \mu_0 \quad H_a: \mu > \mu_0$$

表 8-2 告诉我们什么时候使用 z 检验,什么时候使用 t 检验。

表 8-2 z 检验与 t 检验比较

	正态总体,$n<30$	$n>=30$
已知总体方差	z 检验	z 检验
未知总体方差	t 检验	t 检验或 z 检验

下面,我们要计算 z 统计量和 t 统计量。

如果已知总体方差,那么 z 统计量的公式为

$$z = \frac{\bar{x} - \mu_0}{\sigma\sqrt{n}}$$

其中 $\bar{x}$ 为样本均值,σ 为总体标准差,n 为样本容量。

如果未知总体方差,那么 z 统计量的公式为

$$z = \frac{\bar{x} - \mu_0}{s\sqrt{n}}$$

其中 $\bar{x}$ 为样本均值,s 为样本标准差,$\left(n > 30, s^2 = \frac{1}{n}\sum_{i=1}^{n}(x_i - \bar{x})^2, n < 30, s^2 = \frac{1}{n-1}\sum_{i=1}^{n}(x_i - \bar{x})^2\right)$,$n$ 为样本容量。

t 统计量的公式为

$$t_{n-1} = \frac{\bar{x} - \mu_0}{s\sqrt{n}}$$

其中 $\bar{x}$ 为样本均值,s 为样本标准差,n 为样本容量。

下标 $n-1$ 是 t 分布的自由度,我们在查表找关键值时要用到自由度。

例 8-1 一只股票型共同基金的风险收益特征。这是一只已经在市场中生存了 24 个月的中等市值成长型基金。在这个区间中,该基金实现了 1.5% 的月度平均收益率,而且该月度收益率的样本标准差为 3.6%。给定该基金所面临的系统性风险(市场风险)水平,并根据一个定价模型,我们预期该共同基金在这个区间中应该获得 1.1% 的月度平均收益率。假定收益率服从正态分布,那么实际结果是否和 1.1% 这个理论上的月度平均收益率或者总体月度平均收益率相一致?

(1) 给出与该研究项目的语言描述相一致的原假设和备择假设;

(2) 找出对于第(1)问中的假设进行检验的检验统计量。

(3) 求出 0.10 显著性水平下第(1)问中所检验的假设的拒绝点。

(4) 确定是否应该在 0.10 显著性水平下拒绝原假设。

解：(1) 我们有一个"不等"的备择假设，其中 μ 是该股票基金的对应的平均收益率 $H_0: \mu = 1.1$ 对应于 $H_a: \mu \neq 1.1$。

(2) 因为总体方差是未知的，我们利用 $24-1=23$ 自由度的 t 检验。

(3) 因为这是一个双边检验，我们的拒绝点 $t_{n-1} = t_{0.05,23}$，在 t 分布表中，自由度为 23 的行和 0.05 的列，找到 1.714。双边检验的两个拒绝点是 1.714 和 -1.714。如果我们发现 $t > 1.714$ 或 $t < 1.714$，我们将拒绝原假设。

(4) $t_{23} = \dfrac{\bar{x} - \mu_0}{s/\sqrt{n}} = \dfrac{1.50 - 1.10}{3.6\%/\sqrt{24}} = 0.544331$ 或 0.544。

6. 两个独立总体均值的假设检验

我们想知道两个相互独立的正态分布总体的均值是否相等，可以使用 t 检验来完成。双尾和单尾检验的原假设和备选假设如下。

$$H_0: \mu_1 = \mu_2 \quad H_a: \mu_1 \neq \mu_2$$

$$H_0: \mu_1 \geq \mu_2 \quad H_a: \mu_1 < \mu_2$$

$$H_0: \mu_1 \leq \mu_2 \quad H_a: \mu_1 > \mu_2$$

下标 1 和 2 分别表示取自第一个总体的样本和取自第二个总体的样本，这两个样本是相互独立的。

在开始做假设检验之前，我们先要区分两种情况：第一种，两总体方差未知但假定相等；第二种，两总体方差未知且假定不等。

对于第一种情况，我们用 t 检验，其自由度为 $n_1 + n_2 - 2$。t 统计量的计算公式如下：

$$t_{n_1+n_2-2} = \dfrac{(\bar{x}_1 - \bar{x}_2) - (\mu_1 - \mu_2)}{\sqrt{\dfrac{s_p^2}{n_1} + \dfrac{s_p^2}{n_2}}}$$

其中，$s_p^2 = \dfrac{(n_1-1)s_1^2 + (n_2-1)s_2^2}{n_1+n_2-2}$；$s_1^2$ 为第一个样本的样本方差；s_2^2 为第二个样本的样本方差；n_1 为第一个样本的样本量；n_2 为第二个样本的样本量。

例 8-2 20 世纪 80 年代的标准普尔 500 指数已实现的月度平均收益率似乎与 20 世纪 70 年代的月度平均收益率有着巨大的不同，那么这个不同是否存在统计上是显著的呢？下表 8-3 所给的数据表明，我们没有充足的理由拒绝这两个 10 年的收益率的总体方差是相同的。

表 8-3 两个 10 年的标准普尔 500 指数的月度平均收益率及其标准差

10 年区间	月份数 n	月度平均收益率	标准差
20 世纪 70 年代	120	0.580	4.598
20 世纪 80 年代	120	1.470	4.738

(1) 给出与双边假设检验相一致的原假设和备择假设。

(2) 找出检验第(1)问中假设的检验统计量。

(3) 求出第(1)问中所检验的假设在 0.10,0.05,0.01 显著性水平下的拒绝点。

(4) 确定在 0.10,0.05 和 0.01 显著性水平下是否应拒绝原假设。

解：(1) 令 μ_1 表示 20 世纪 70 年代的总体平均收益率，令 μ_2 表示 20 世纪 80 年代的总体平均收益率，于是我们给出如下的假设。

$$H_0: \mu_1 = \mu_2 \quad \text{对应于} \quad H_a: \mu_1 \neq \mu_2$$

(2) 因为两个样本分别取自不同的 10 年区间，所以它们是独立样本。总体方差是未知的，但是是可以被假设为相等。给定所有这些条件，在 T 统计量的计算公式中所给出的 t 检验具有 $120+120-2=238$ 的自由度。

(3) 在 t 分布表中，最接近 238 的自由度为 200。对于一个双边检验，df=200 的 0.10，0.05，0.01 显著性水平下的拒绝点分别为 $\pm 1.653, \pm 1.972, \pm 2.601$。即在 0.10 显著性水平下，如果 $t < -1.653$ 或者 $t > 1.653$，我们将拒绝原假设；在 0.05 显著性水平下，如果 $t < -1.972$ 或者 $t > 1.972$，我们将拒绝原假设；在 0.01 显著性水平下，如果 $t < -2.601$ 或者 $t > 2.601$，我们将拒绝原假设。

(4) 计算检验统计量时，首先计算合并方差的估计值：

$$s_p^2 = \frac{(n_1-1)s_1^2 + (n_2-1)s_2^2}{n_1+n_2-2} = \frac{(120-1)(4.598)^2 + (120-1)(4.738)^2}{120+120-2} = 21.795124$$

$$t_{n_1+n_2-2} = \frac{(\bar{x}_1 - \bar{x}_2) - (\mu_1 - \mu_2)}{\sqrt{\frac{s_p^2}{n_1} + \frac{s_p^2}{n_2}}} = \frac{(0.580 - 1.470) - 0}{\left(\frac{21.795124}{120} + \frac{21.795124}{120}\right)^{1/2}} = \frac{-0.89}{0.602704} = -1.477$$

t 值等于 -1.477 在 0.10 显著性水平下不显著，同样在 0.05 和 0.01 显著性水平下也不显著。因此，我们无法在任一个显著性水平下拒绝原假设。

当我们能假设两个总体服从正态分布，但是不知道总体方差，而且不能假设方差是相等的时候，基于独立随机样本的近似。检验给出如下：

$$t = \frac{(\bar{x}_1 - \bar{x}_2) - (\mu_1 - \mu_2)}{\sqrt{\frac{s_1^2}{n_1} + \frac{s_2^2}{n_2}}}$$

s_1^2 为第一个样本的样本方差，s_2^2 为第二个样本的样本方差，n_1 为第一个样本的样本量，n_2 为第二个样本的样本量。

其中，我们使用"修正的"自由度，其计算公式为

$$\text{df} = \frac{(s_1^2/n_1 + s_2^2/n_2)^2}{(s_1^2/n_1)^2/n_1 + (s_2^2/n_2)^2/n_2}$$

的数值表。

例 8-3 违约债券的回收率。一个假设检验。具有风险的公司债券的要求收益率是如何决定的？两个重要的考虑因素为预期违约概率和在违约发生的情况下预期能够回收的金额（即回收率）。奥特曼（Altman）和基肖尔（Kishore）(1996) 首次记录了行业和信用等级进行分层的违约债券的平均回收率。对于他们的研究区间 1971—1995 年，奥特曼（Altman）和基肖尔（Kishore）发现公共事业公司、化工类公司、石油公司以及塑胶制造公司的违约债券的回收率明显要高于其他行业。这一差别是否能够通过在搞回收率行业中的高信用债券

比较来解释？他们通过检验以信用等级分层的回收率来对此进行研究。这里，我们仅讨论他们对于高信用担保债券的结果。其中 μ_1 表示公共事业公司的高信用担保债券的总体平均回收率，而 μ_2 表示其他行业（非公共事业）公司的高信用担保债券的总体平均回收率，假设 $H_0: \mu_1 = \mu_2$ 对应于 $H_a: \mu_1 \neq \mu_2$。

表 8-4 摘自他们的部分结果。

表 8-4　高信用债券的回收率　　　　　　　　　　　　美元

行业类/ 高信用	非公共事业样本			非公共事业样本		
	观测数	违约时的 平均价格	标准差	观测数	违约时的 平均价格	标准差
公共事业高 信用担保	21	64.42	14.03	64	55.75	25.17

根据他们的研究假设，总体服从正态分布，并且样本是独立的。根据表 8-4 中的数据，回答下列问题：

(1) 讨论为什么奥特曼（Altman）和基肖尔（Kishore）会选择 $t = \dfrac{(\bar{x}_1 - \bar{x}_2) - (\mu_1 - \mu_2)}{\sqrt{\dfrac{s_1^2}{n_1} + \dfrac{s_2^2}{n_2}}}$，

而不是 $t_{n_1+n_2-2} = \dfrac{(\bar{x}_1 - \bar{x}_2) - (\mu_1 - \mu_2)}{\sqrt{\dfrac{s_p^2}{n_1} + \dfrac{s_p^2}{n_2}}}$ 的检验方法。

(2) 计算检验上述给出的原假设的检验统计量。
(3) 该检验的修正自由度的数值为多少？
(4) 确定在 0.10 显著性水平下是否应该拒绝原假设。

解：(1) 高信用担保的公共事业公司回收率的样本标准差 14.03 要比与之相比的非公共事业公司回收率的样本标准差 25.17 更小。故不假设它们的均值相等的选择是恰当的，所以奥特曼和基肖尔采用 $t = \dfrac{(\bar{x}_1 - \bar{x}_2) - (\mu_1 - \mu_2)}{\sqrt{\dfrac{s_1^2}{n_1} + \dfrac{s_2^2}{n_2}}}$ 检验。

(2) 检验统计量为 $t = \dfrac{(\bar{x}_1 - \bar{x}_2) - (\mu_1 - \mu_2)}{\sqrt{\dfrac{s_1^2}{n_1} + \dfrac{s_2^2}{n_2}}}$

式中，$\bar{x}_1$ 表示公共事业公司的样本平均回收率 $= 64.42$，$\bar{x}_2$ 表示非公共事业公司的样本平均回收率 $= 55.75$，$s_1^2 = 14.03^2 = 196.8409$，$s_2^2 = 25.17^2 = 633.5289$，$n_1 = 21$，$n_2 = 64$。

因此

$$t = \dfrac{(\bar{x}_1 - \bar{x}_2) - (\mu_1 - \mu_2)}{\sqrt{\dfrac{s_1^2}{n_1} + \dfrac{s_2^2}{n_2}}} = \dfrac{64.42 - 5575}{(196.8409/21 + 633.5289/64)^{1/2}} = 1.975$$

(3) $\mathrm{df} = \dfrac{(s_1^2/n_1 + s_2^2/n_2)^2}{(s_1^2/n_1)^2/n_1 + (s_2^2/n_2)^2/n_2} = \dfrac{(196.8409/21 + 633.5289/64)^2}{(196.8409/21)^2/21 + (633.5289/64)^2/64} = 64.99$,

即 65 个自由度。

(4) 在 t 分布表的数值表中最接近 df=65 的一栏是 df=60。对于 $\alpha=0.10$，我们找到 $t_{\alpha/2}=1.671$。因此，如果 $t<-1.671$ 或 $t>1.671$，我们就会拒绝原假设。基于所计算的值 $t=1.975$，我们在 0.10 显著性水平下拒绝原假设。存在一些公共事业公司和非公共事业公司回收率不同的证据。为什么是这样的？奥特曼(Altman)和基肖尔(Kishore)认为公司资产的不同性质以及不同行业的竞争水平造成了不同的回收率情况。

7. 成对比较检验

上面我们讲的是两个相互独立的正态分布总体的均值检验，两个样本是相互独立的。如果两个样本相互不独立，我们做均值检验时要使用成对比较检验。成对比较检验也使用 t 检验来完成，双尾和单尾检验的原假设和备择假设如下。

$$H_0: \mu_d = \mu_0 \quad H_a: \mu_d \neq \mu_0$$
$$H_0: \mu_d \geq \mu_0 \quad H_a: \mu_d < \mu_0$$
$$H_0: \mu_d \leq \mu_0 \quad H_a: \mu_d > \mu_0$$

其中的 μ_d 表示两个样本均值之差，为常数，μ_0 通常等于 0。t 统计量的自由度为 $n-1$，计算公式如下：

$$t = \dfrac{\bar{d} - \mu_0}{s_{\bar{d}}}$$

其中，$\bar{d}$ 是样本差的均值。我们取得两个成对的样本之后，对应相减，就得到一组样本差的数据，求这一组数据的均值，就是 $\bar{d}$。$s_{\bar{d}}$ 是 $\bar{d}$ 的标准误，即 $s_{\bar{d}} = s_d/\sqrt{n}$。

下面的例子说明了对于竞争的投资策略进行评估的这个检验的应用。

例 8-4　道-10 投资策略。 麦奎因(Mcqueen)、谢尔德斯(Shields)和索利(Thorley) (1997)检验了一个流行的投资策略(该策略投资于道琼斯工业平均指数中收益率最高的 10 只股票)与一个买入并持有的策略(该策略投资于道琼斯工业平均指数中所有的 30 只股票)之间的业绩比较。他们研究的区间段是 1946—1995 年的 50 年区间，数据如表 8-5 所示。

表 8-5　道-10 和道-30 投资组合年度收益率汇总(1946—1995 年)($n=50$)

策略	平均收益率	标　准　差
道-10	16.77%	19.10%
道-30	13.71	16.64
差别	3.06	6.62①

① 差别的样本标准差

(1) 给出道-10 和道-30 策略间收益率差别的均值等于 0 这个双边检验相一致的原假设和备择假设。

(2) 找出对于第(1)问中假设进行检验的检验统计量。

(3) 求出在 0.01 显著性水平下第(1)问中所检验的假设的拒绝点。

(4) 确定在 0.01 显著性水平下是否应该拒绝原假设。

(5) 讨论为什么选择配对比较检验。

解：(1) μ_d 表示道-10 和道-30 策略间收益率差别的均值，我们有

$$H_0: \mu_d = 0 \quad \text{对应于} \quad H_a: \mu_d \neq 0.$$

(2) 因为总体方差未知，所有检验统计量为一个自由度 $50-1=49$ 的 t 检验。

(3) 在 t 分布表中，我们查阅自由度为 49 的一行，显著性水平为 0.05 的一列，从而得到 2.68。如果我们发现 $t > 2.68$ 或 $t < -2.68$，我们将拒绝原假设。

(4) $t = \dfrac{3.06}{6.62/\sqrt{50}} = 3.2685$ 或 3.27

因为 $3.27 > 2.68$，所以我们拒绝原假设。

结论：平均收益率的差别在统计上是明显显著的。

(5) 道-30 包含道-10。因此，它们不是相互独立的样本；通常，道-10 和道-30 策略间收益率的相关系数为正。因为样本是相互依赖的，配对比较检验是恰当的。

8. 单个总体方差的假设检验

首先是关于单个总体方差是否等于(胡大于等于，小于等于)某个常数的假设检验。我们要使用卡方检验。

双尾和单尾检验的原假设和备择假设如下：

$$H_0: \sigma^2 = \sigma_0^2 \quad H_a: \sigma^2 \neq \sigma_0^2$$

$$H_0: \sigma^2 \geq \sigma_0^2 \quad H_a: \sigma^2 < \sigma_0^2$$

$$H_0: \sigma^2 \leq \sigma_0^2 \quad H_a: \sigma^2 > \sigma_0^2$$

卡方统计量的自由度为 $n-1$，计算方法如下：

$$\chi^2 = \frac{(n-1)s^2}{\sigma_0^2}$$

其中 s^2 为样本方差。

例 8-5 某股票的历史月收益率的标准差为 5%，这一数据是基于 2003 年以前的历史数据测定的。现在，我们选取 2004—2006 年这 36 个月的月收益率数据，来检验其标准差是否还为 5%。我们测得这 36 个月的月收益率标准差为 6%。以显著性水平为 0.05，检验其标准差是否还为 5%，结果如何？

解：(1) 写出原假设和备择假设

$$H_0: \sigma^2 = (5\%)^2 \quad H_a: \sigma^2 \neq (5\%)^2$$

(2) 使用卡方检验

(3) $\chi^2 = \dfrac{(n-1)s^2}{\sigma_0^2} = (36-1) \times (6\%)^2 / (5\%)^2 = 50.4$

(4) 查表得到卡方关键值。对于显著性水平 0.05，由于是双尾检验，两边的拒绝区域面积都为 0.025，自由度为 35，因此关键值为 20.569 和 53.203

(5) 由于 $50.4 < 53.203$，卡方统计量没有落在拒绝区域，因此我们不能拒绝原假设。

(6) 最后我们陈述结论：该股票的标准差没有显著地不等于 5%。

8. 两个总体方差的假设检验

双尾和单尾检验的原假设和备择假设如下：

$$H_0: \sigma_1^2 = \sigma_2^2 \quad H_\alpha: \sigma_1^2 \neq \sigma_2^2$$

$$H_0: \sigma_1^2 \geqslant \sigma_2^2 \quad H_\alpha: \sigma_1^2 < \sigma_2^2$$

$$H_0: \sigma_1^2 \leqslant \sigma_2^2 \quad H_\alpha: \sigma_1^2 > \sigma_2^2$$

F 统计量的自由度为 n_1-1 和 n_2-1

$$F = s_1^2/s_2^2$$

注意：永远把较大的一个样本方差放在分子上，即 F 统计量大于 1，如果这样，我们只需考虑右边的拒绝区域，而不管 F 检验是单尾还是双尾检验。

例 8-6 我们想检验 IBM 股票和 HP 股票的月收益率的标准差是否相等。我们选取 2004—2006 年这 36 个月的月收益率数据，来检验其标准差是否还为 5%。我们测得这 36 个月的月收益率标准差分别为 5% 和 6%。以显著性水平为 0.05，假设检验的结果如何？

解：(1) 写出原假设和备择假设

$$H_0: \sigma_1^2 = \sigma_2^2 \quad H_\alpha: \sigma_1^2 \neq \sigma_2^2$$

(2) 使用 F 检验

(3) 计算 F 统计量 $F = s_1^2/s_2^2 = 0.0036/0.0025 = 1.44$

(4) 查表得到 F 关键值 2.07。

(5) 由于 1.44<2.07，F 统计量没有落在拒绝区域，因此我们不能拒绝原假设。

(6) 最后我们陈述结论：IBM 股票和 HP 股票的标准差没有显著地不等。

8.2 单个样本 t 检验的 Python 应用

单个样本 t 检验是假设检验中最基本也是最常用的方法之一。与所有的假设检验一样，其依据的基本原理也是统计学中的"小概率反证法"原理。通过单个样本 t 检验，可以实现样本均值和总体均值的比较。检验的基本步骤是：首先提出原假设和备择假设，规定好检验的显著性水平，然后确定适当的检验统计量，并计算检验统计量的值，最后依据计算值和临界值的比较做出统计决策。

例 8-7 某电脑公司销售经理人均月销售 500 台电脑，现采取新的广告政策，半年后，随机抽取该公司 20 名销售经理的人均月销售量数据，具体数据如表 8-6 所示。问：广告策略是否能够影响销售经理的人均月销售量？

在目录 F:\2glkx\data 下建立 al8-1.xls 数据文件后，使用如下命令取数。

```
import pandas as pd
import numpy as np
# 读取数据并创建数据表，名称为 data。
data = pd.read_excel('F:\\2glkx\\data\\al8-1.xls ')
# 查看数据表前 5 行的内容
data.head()
```

表 8-6　人均月销售量　　　　　　　　　　　　　　　　　　　　　　台

编　号	人均月销售量	编　号	人均月销售量
1	506	11	510
2	503	12	504
3	489	13	512
4	501	14	499
5	498	15	487
6	497	16	507
7	491	17	503
8	502	18	488
9	490	19	521
10	511	20	517

得到前 5 条记录的数据如下：

```
   sale
0  506
1  503
2  489
3  501
4  498
#取 sale 数据
x = np.array(data[['sale']])
mu = np.mean(x)
from scipy import stats as ss
print(mu,ss.ttest_1samp(a = x,popmean = 500))
mu 501.8 Ttest_1sampResult(statistic = array([ 0.83092969]), pvalue = array([ 0.41633356]))
```

通过观察上面的分析结果，可以看出样本均值是 501.8，样本的 t 值为 0.83092969，p 值为 0.41633356，远大于 0.05，因此不能拒绝原假设（$H_0: \mu = \mu_0 = 500$），也就是说，广告策略不能影响销售经理的人均月销售量。

8.3　两个独立样本 t 检验的 Python 应用

　　Python 的独立样本 t 检验是假设检验中最基本也是最常用的方法之一。与所有的假设检验一样，其依据的基本原理也是统计学中得"小概率反证法"原理。通过独立样本 t 检验，可以实现两个独立样本的均值比较。两个独立样本 t 检验的基本步骤也是首先提出原假设和备择假设，规定好检验的显著性水平，然后确定适当的检验统计量，并计算检验统计量的值，最后依据计算值和临界值的比较做出统计决策。

　　例 8-8　表 8-7 给出了 a、b 两个基金公司各管理 40 只基金的价格。试用独立样本 t 检验方法研究两个基金公司所管理的基金价格之间有无明显的差别（设定显著性水平为 5%）。

表 8-7　a、b 两个基金公司各管理基金的价格　　　　　　　　单位：元

编　号	a 公司基金价格	b 公司基金价格
1	145	101
2	147	98
3	139	87
4	138	106
5	145	101
…	…	…
38	138	105
39	144	99
40	102	108

虽然这里两只基金的样本相同，但要注意的是：两个独立样本 t 检验并不需要两样本数相同。

在目录 F:\2glkx\data 下建立 al8-2.xls 数据文件后，取数的命令如下：

```
import pandas as pd
import numpy as np
#读取数据并创建数据表，名称为 data。
data = pd.read_excel('F:\\2glkx\\data\\al8-2.xls')
#查看数据表前 5 行的内容
data.head()
     fa   fb
0   145  101
1   147   98
2   139   87
3   138  106
4   135  105
x = np.array(data[['fa']])
y = np.array(data[['fb']])
from scipy.stats import ttest_ind
t,p = ttest_ind(x,y)
print ('t = ',t)
print ('p = ',p)
```

得到如下结果：

```
t = [14.04978844]
p = [4.54986161e-23]
```

通过观察上面的分析结果，可以看出：t 值 $=14.04978844$，p 值 $=4.54986161\mathrm{e}-23$，远小于 0.05，因此需要拒绝原假设（$H_0:\mu_1=\mu_2$），也就是说，两家基金公司被调查的基金价格之间存在明显的差别。

8.4　配对样本 t 检验的 Python 应用

Python 的配对样本 t 检验过程也是假设检验中的方法之一。与所有的假设检验一样，其依据的基本原理也是统计学中得"小概率反证法"原理。通过配对样本 t 检验，可以实现

对称成对数据的样本均值比较。与独立样本 t 检验的区别是：两个样本来自于同一总体，而且数据的顺序不能调换。配对样本 t 检验的基本步骤也是首先提出原假设和备择假设，规定好检验的显著性水平，然后确定适当的检验统计量，并计算检验统计量的值，最后依据计算值和临界值的比较做出统计决策。

例 8-9 为了研究一种政策的效果，特抽取了 50 只股票进行了试验，实施政策前后股票的价格如表 8-8 所示。试用配对样本 t 检验方法判断该政策能否引起研究股票价格的明显变化（设定显著性水平为 5%）。

表 8-8　政策实施前后的股票价格　　　　　　　　　　　单位：元

编　号	政策前价格	政策前价格
1	88.60	75.60
2	85.20	76.50
3	75.20	68.20
…	…	…
48	82.70	78.10
49	82.40	75.30
50	75.60	69.90

在目录 F:\2glkx\data 下建立 al8-3.xls 数据文件后，取数的命令如下：

```
import pandas as pd
import numpy as np
#读取数据并创建数据表，名称为data。
data = pd.read_excel('F:\\2glkx\\data\\al8-3.xls ')
#查看数据表前5行的内容
data.head()
       qian       hou
0  88.599998  75.599998
1  85.199997  76.500000
2  75.199997  68.199997
3  78.400002  67.199997
4  76.000000  69.900002
x = np.array(data[['qian']])
y = np.array(data[['hou']])
from scipy.stats import ttest_rel
t,p = ttest_rel(x,y)
print ('t = ',t)
print ('p = ',p)
```

得到如下结果：

```
t = [12.43054293]
p = [9.13672682e-17]
```

通过观察上面的分析结果，可以看出：t 值 $=12.43054293$，p 值 $=9.13672682\mathrm{e}-17$，远小于 0.05，因此需要拒绝原假设（$H_0: \mu_1 = \mu_2$）。也就是说，该政策能引起股票价格的明显变化。

8.5 单样本方差假设检验的 Python 应用

方差是用来反映波动情况,经常用在金融市场波动等情形。单一总体方差的假设检验的基本步骤是首先提出原假设和备择假设,规定好检验的显著性水平,然后确定适当的检验统计量,并计算检验统计量的值,最后依据计算值和临界值的比较做出统计决策。

例 8-10 为了研究某基金的收益率波动情况,某课题组对该只基金的连续 50 天的收益率情况进行了调查研究,调查得到的数据经整理后如表 8-9 所示。试应用 Python 对该数据资料进行假设检验其方差(收益率波动)是否等于 1‰(设定显著性水平为 5%)。

表 8-9 某基金的收益率波动情况

编号	收益率	编号	收益率
1	0.564409196	…	…
2	0.264802098	48	−0.967873454
3	0.947742641	49	0.582328379
4	0.276915401	50	0.795299947
5	0.118015848		

在目录 F:\2glkx\data 下建立 al8-4.xls 数据文件后,取数的命令如下。

```
import pandas as pd
import numpy as np
#读取数据并创建数据表,名称为 data。
data = pd.read_excel('F:\\2glkx\\data\\al8-4.xls')
#查看数据表前 5 行的内容
data.head()
    bh    syl
0   1   0.564409
1   2   0.264802
2   3   0.947743
3   4   0.276915
4   5   0.118016
#取收益率数据
x = np.array(data[['syl']])
from scipy.stats import chisquare
chisquare(x, f_exp = 0.01)
n = len(x)
#计算方差
s2 = np.var(x)
#计算卡方值
chisquare = (n - 1) * s2/0.01
print (chisquare)
1074.950717665163
```

查表 $\chi^2_{0.025} = 56$(卡方关键值)。

卡方统计值 1074.950717665163>卡方关键值 56,卡方统计值落在拒绝区域,因此我们拒绝原假设($H_0 : \sigma^2 = \sigma_0^2 = 1\%$),即该股票的方差显著地不等于 1‰。

8.6 双样本方差假设检验的 Python 应用

双样本方差的假设检验是用来判断两个样本的波动情况是否相同，在金融市场领域应用研究中相当广泛。其基本步骤也是首先提出原假设和备择假设，规定好检验的显著性水平，然后确定适当的检验统计量，并计算检验统计量的值，最后依据计算值和临界值的比较做出统计决策。

例 8-11 为了研究某两只基金的收益率波动情况是否相同，某课题组对该两只基金的连续 20 天的收益率情况进行了调查研究，调查得到的数据经整理后如表 8-10 所示。试使用 Python 对该数据资料进行假设检验其方差是否相同（设定显著性水平为 5%）。

表 8-10　某两只基金的收益率波动情况

编号	基金 A 收益率	基金 B 收益率
1	0.424156	0.261075
2	0.898346	0.165021
3	0.521925	0.760604
4	0.841409	0.37138
5	0.211008	0.379541
…	…	…
18	0.564409	0.967873
19	0.264802	0.582328
20	0.947743	0.7953

准备工作如下：

```
import pandas as pd
import numpy as np
from scipy import stats
from statsmodels.formula.api import ols
from statsmodels.stats.anova import anova_lm
```

在目录 F:\2glkx\data 下建立 al8-5.xls 数据文件后，取数的命令如下：

```
#读取数据并创建数据表,名称为 data。
df = pd.read_excel('F:\\2glkx\\data\\al8-5.xls')
#查看数据表前 5 行的内容
df.head()
     returnA   returnB
0   0.424156  0.261075
1   0.898346  0.165021
2   0.521925  0.760604
3   0.841409  0.371380
4   0.211008  0.379541
```

Python 中的 anova_lm() 函数可完成两样本的 F 检验，即双样本方差的假设检验。

```
formula = 'returnA~returnB'      # ~ 隔离因变量和自变量（左边因变量，右边自变量）
model = ols(formula,df).fit()    # 根据公式数据建模，拟合
results = anova_lm(model)        # 计算 F 和 P
print (results)
```

输入完后，按回车键，得到如下的分析结果。

```
         df  sum_sq    mean_sq    F        PR(>F)
returnB  1.0 0.000709 0.000709   0.007744  0.93085
Residual 18.0 1.648029 0.091557   NaN       NaN
```

通过观察上面的分析结果，可以看出：$F=0.007744$，p 值 $= 0.93085$，远大于 0.05，因此需要接受原假设（$H_0: \sigma_1^2 = \sigma_2^2$），也就是说，两只基金的收益率方差（波动）显著相同。

练 习 题

1. 某校 A 声称该校学生智商高于平均值（已知总体 IQ 平均值 $\mu=100$，标准差为 $\sigma=15$）。现对该校学生随机抽样，样本数 30 人，经统计该样本 IQ 均值为 112.5。请问：该样本是否显著证明校 A 的声明？（注：基于单侧检验）

1) H_0 和 H_1 是什么？
2) 画出标准 z 分布的 pdf，以及 alpha 为 -5%，-2.5%，2.5%，5% 阈值对应的 z 值。
3) 基于 z 统计量进行参数假设检验。
4) 基于 p 值进行参数假设检验（两种方法，积分和 cdf）。

2. 某公司想要提高销售额。过去的销售数据显示，每笔交易的平均销售额为 100 美元。在对销售人员进行培训后，最近的销售数据（从 25 名销售员的样本中提取）表明，平均销售额为 130 元，标准差为 15 元。培训有效吗？用 5% 的 alpha 值测试验证假设。注：基于单侧检验。

1) 画出自由度为 24 的 t 分布，及其显著性水平为 -5%，-2.5%，2.5%，5% 阈值对应的 t 值；
2) H_0 和 H_1 是什么？
3) 计算样本 t 值，并对 H_0 进行检验。
4) 计算对应的 p 值，并对 H_0 进行检验。

3. 衡量一个人的健康状况的方法之一是测量他的体脂率。平均体脂百分比因年龄而异，但根据一些指南，男性体脂的正常范围是 $15\%\sim20\%$，女性体脂的正常范围是 $20\%\sim25\%$。

我们的样本数据来自一组每周都在健身房锻炼三次的男性和女性。
男性：13.3,6.,20.,8.,14.,19.,18.,25.,16.,24.,15.,1.,15.
女性：22.,16.,21.7,21.,30.,26.,12.,23.2,28.,23.
请问男性和女性的平均体脂率是否相同？

1) 画出这两组样本的频率分布图，并进行统计：均值和标准差；
2) H_0 和 H_1 分别是什么？
3) 基于 t 值完成该题的假设检验。

4. 某机构声称 50ETF 其收益率标准差最多不超过 1.2%,客户 A 为了对该结论进行检验,随机观察了 25 天,经测得该样本的标注差为 1.5%。请问这是否否定了该机构的声明(设 $\alpha=5\%$)?

1) 提出合理的 H_0 和 H_1？该假设检验为单侧还是双侧？左侧还是右侧？
2) 画出该样本条件下卡方 pdf,以及在 $\alpha=5\%$ 下的临界值；
3) 基于卡方值完成该假设检验；
4) 基于 p 值完成该假设检验。

第9章 相关分析与一元回归数据分析的 Python 应用

在得到相关数据资料后,我们要对这些数据进行分析,研究各个变量之间的关系。相关分析是应用非常广泛的一种方法。它是不考虑变量之间的因果关系而只研究变量之间的相关关系的一种统计分析方法。本章首先介绍相关分析的基本理论及具体实例应用。

回归分析是经典的数据分析方法之一,应用范围非常广泛。它是研究分析某一变量受到其他变量影响的分析方法,其基本思想是以被影响为因变量,以影响变量未自变量,研究因变量与自变量之间的因果关系。本章主要介绍简单线性回归分析的基本理论及其具体实例应用。

9.1 相关分析基本理论

简单相关分析(bivariate)是最简单也是最常用的一种相关分析方法,其基本功能是可以研究变量之间的线性相关程度并用适当的统计指标表示出来。

1. 简单相关系数的计算

两个随机变量(X,Y)的 n 个观测值为(x_i,y_i),$i=1,2,\cdots,n$,则(X,Y)之间的相关系数计算公式如下:

$$r = \frac{\sum (x_i - \bar{x})(y_i - \bar{y})}{\sqrt{\sum (x_i - \bar{x})^2 \sum (y_i - \bar{y})^2}}$$

其中 $\bar{x} = \frac{1}{n}\sum_{i=1}^{n} x_i$,$\bar{y} = \frac{1}{n}\sum_{i=1}^{n} y_i$ 分别为随机变量 X 和 Y 的均值。

可以证明:$-1 \leqslant r \leqslant 1$,即$|r| \leqslant 1$,于是有

当$|r|=1$时,实际 y_i 完全落在回归直线上,Y 与 X 完全线性相关;

当$0 < r < 1$时,Y 与 X 有一定的正线性相关,越接近 1 则越好;

当$-1 < r < 0$时,Y 与 X 有一定的负线性相关,越接近-1则越好。

2. 简单相关系数的显著性检验

由于抽样误差的存在,当相关系数不为 0 时,不能说明两个随机变量 X 和 Y 之间的相关系数不为 0,因此需要对相关系数是否为 0 进行检验,即检验相关系数的显著性。

按照假设检验的步骤,简单相关系数显著性检验过程如下:

(1) 先建立原假设 H_0 和备择假设 H_1:

$H_0: r=0$,相关系数为 0

$H_1: r\neq 0$,相关系数不为 0

(2) 建立统计量 $t=r\sqrt{n-2}/\sqrt{1-r^2}$,其中 r 为相关系数,n 为样本容量。

(3) 给定显著水平,一般为 0.05

(4) 计算统计量的值

在 H_0 成立的条件下,$t=r\sqrt{n-2}/\sqrt{1-r^2}$,否定域 $\theta=\{|t|>t_{\alpha/2}(n-2)\}$。

(5) 统计决策

对于给定的显著性水平 α,查 t 分布表得临界值 $t_{\alpha/2}(n-2)$,将 t 值与临界值进行比较:

当 $|t|<t_{\alpha/2}(n-2)$,接受 H_0,表示总体的两变量之间线性相关性不显著;

当 $|t|\geq t_{\alpha/2}(n-2)$,拒绝 H_0,表示总体的两变量之间线性相关性显著(即样本相关系数的绝对值接近 1,并不是由于偶然机会所致)。

有 Pearson、Spearman、Kendall 三种相关性检验技术。Pearson 相关性的精确度最高,但对原始数据的要求最高。Spearman 等级相关和 Kendall 一致性相关的使用范围更广,但精确度较差。

9.2 相关分析的 Python 应用

例 9-1 在研究广告费和销售额之间的关系时,我们搜集了某厂 1—12 月各月广告费和销售额数据,如表 9-1 所示。试分析广告费和销售额之间的相关关系。

表 9-1 广告费和销售额数据　　　　　　　　　　　　　　　　　　万元

月　份	广　告　费	销　售　额
1	35	50
2	50	100
3	56	120
4	68	180
5	70	175
6	100	203
7	130	230
8	180	300
9	200	310
10	230	325
11	240	330
12	250	340

在目录 F:\2glkx\data 下建立 al9-1.xls 数据文件后,取数的命令如下:

```
import pandas as pd
import numpy as np
#读取数据并创建数据表,名称为 data。
```

```
data = pd.read_excel('d:\\data\\a19 - 1.xls')
#查看数据表前 5 行的内容
data.head()
   time  adv  sale
0    1   35    50
1    2   50   100
2    3   56   120
3    4   68   180
4    5   70   175
#取 adv 和 sale 数据
data.corr(method = 'pearson')
```

得到如下结果:

```
          time       adv      sale
time  1.000000  0.977328  0.979796
adv   0.977328  1.000000  0.963682
sale  0.979796  0.963682  1.000000
```

通过观察上面的结果,可以看到变量两两之间的相关系数,adv 和 sale 之间的 pearson 相关系数为 0.963682,也就是说,本例中 adv 和 sale 变量之间相关性很高。

选择 corr()函数的参数 method='spearman'。

```
data.corr(method = 'spearman')
```

得到如下结果:

```
          time       adv      sale
time  1.000000  1.000000  0.993007
adv   1.000000  1.000000  0.993007
sale  0.993007  0.993007  1.000000
```

由上可见,adv 和 sale 之间的 spearman 相关系数为 0.993007。

```
data.corr(method = 'kendall')
          time       adv      sale
time  1.000000  1.000000  0.969697
adv   1.000000  1.000000  0.969697
sale  0.969697  0.969697  1.000000
```

从上可见,adv 和 sale 之间的 kendall 相关系数为 0.969697。

9.3　一元线性回归分析基本理论

9.3.1　一元线性回归分析模型

一元线性回归分析模型如下:

$$Y_i = b_0 + b_1 X_i + \varepsilon_i$$

其中:X 称为自变量,Y 称为因变量,ε 称为残差项或误差项。

给定若干的样本点(X_i, Y_i),利用最小二乘法可以找到这样一条直线,它的截距为$\hat{b}_0$,斜率为$\hat{b}_1$,符号上面的帽子"^"表示"估计值"。因此我们得到回归结果如下:

$$\hat{Y}_i = \hat{b}_0 + \hat{b}_1 X_i$$

截距的含义是：$X=0,Y$ 的值。斜率的含义是：如果 X 增加 1 个单位，Y 增加几个单位。

回归的目的是为了预测因变量 Y，已知截距和斜率的估计值，如果得到了自变量 X 的预测值，我们就很容易求得因变量 Y 的预测值。

例：某公司的分析师根据历史数据，做了公司销售额增长率关于 GDP 增长率的线性回归分析，得到截距为 -3.2%，斜率为 2。国家统计局预测今年 GDP 增长率为 9%。问：该公司今年销售额增长率预计为多少？

答：$Y=-3.2\%+2X=-3.2\%+2*9\%=14.8\%$。

9.3.2 一元线性回归的假设

任何模型都有假设前提，一元线性回归模型有以下 6 条假设：

（1）自变量 X 和因变量 Y 之间存在线性关系。

（2）残差项的期望值为 0。残差=真实的 Y 值与预测的 Y 值之间的差，即预测的误差。期望值为 0 即有些点在回归线的上方，有些点在回归线的下方，且均匀围绕回归直线，这符合常理。

（3）自变量 X 与残差项不相关。残差项本身就是 Y 的变动中不能被 X 的变动所解释的部分。

（4）残差项的方差为常数。这称为同方差性。如果残差项的方差不恒定，称为异方差性。

（5）残差项与残差项之间不相关。如果残差项与残差项之间相关，称为自相关或序列相关。

（6）残差项为正态分布的随机变量。

9.3.3 方差分析

做完了一个一元回归模型之后，我们通常想要知道回归模型做得好不好。方差分析可以用来评价回归模型的好坏。方差分析的结果是一张表，如表 9-2 所示。

表 9-2 方差分析

	自由度	平方和	均方和 MS
回归	$k=1$	回归平方和 RSS	回归均方和 MSR=RSS/k
误差	$n-2$	误差平方和 SSE	误差均方和 MSE=SSE/$(n-2)$
总和	$n-1$	总平方和 SST	

我们可以从方差分析表里求得决定系数和估计的标准误，用来评价回归模型的好坏。

回归的自由度为 k，k 为自变量的个数。我们在一元线性回归，所以自变量的个数为 1。误差的自由度为 $n-2$，n 是样本量。总自由度为以上两个自由度之和。

总平方和 SST 代表总的变动，回归平方和代表可以被回归方程解释（即可以被自变量解释）的变动，误差平方和代表不被回归方程解释（即被残差所解释）的变动。总平方和为以上两个平方和之和。SST=RSS+SSE。

均方和等于各自的平方和除以各自的自由度。

几乎所有的统计软件都能输出方差分析表。有了方差分析表,就能很容易求得决定系数和估计的标准误。

9.3.4 决定系数

决定系数等于回归平方和除以总平方和,公式为

$$R^2 = \frac{\text{RSS}}{\text{SST}} = 1 - \frac{\text{SSE}}{\text{SST}}$$

决定系数的含义是:X 的变动可以解释多少比例的 Y 的变动。例如 0.7 的含义是:X 的变动可以解释 70% 的 Y 的变动。注意:这里是用 X 来解释 Y 的。

所以通俗地说,$R^2 = \dfrac{\text{可以被解释的变动}}{\text{总的变动}} = 1 - \dfrac{\text{不可以被解释的变动}}{\text{总的变动}}$

显然,决定系数越大,表示回归模型越好。

另外,对于一元回归,决定系数还等于自变量和因变量的样本相关系数的平方,即 $R^2 = r^2$。

9.3.5 估计的标准误

估计的标准误 SEE 等于残差均方和的平方根,公式为

$$\text{SEE} = \sqrt{\text{SSE}/(n-2)} = \sqrt{\text{MSE}}$$

SSE 是残差的平方和,MSE 就相当于残差的方差,而 SEE 就相当于残差的标准差。显然,估计的标准误越小,表示回归模型越好。

例:我们做了一个线性回归模型,得到如表 9-3 所示的方差分析表。

表 9-3 方差分析

	自由度	平方和	均方和 MS
回归	1	8000	8000
误差	50	2000	40
总和	51	10000	

决定系数和估计的标准误分别多少?

答:决定系数:0.8,估计的标准误 6.32。

9.3.6 回归系数的假设检验

回归系数的假设检验是指检验回归系数(截距和斜率)是否等于某个常数。通常要检验斜率系数是否等于 0($H_0: b_1 = 0$),这称为斜率系数的显著性检验。如果不能拒绝原假设,即斜率系数没有显著地不等于 0,那就说明自变量 X 和因变量 Y 的线性相关性不大,回归是失败的。

这是一个 t 检验,t 统计量自由度为 $n-2$,计算公式为

$$t = \frac{\hat{b}_1}{s_{\hat{b}}}$$

其中,$s_{\hat{b}}$ 为斜率系数的标准误。

例：我们做了一个线性回归模型，得到 $Y=0.2+1.4X$。截距系数的标准误为 0.4，斜率系数的标准误为 0.2。问：截距和斜率系数的显著性检验结果如何？（设显著性水平为 5%）

答：截距系数的显著性检验：计算 t 统计量：$t=0.2/0.4=0.5<2$（t 检验的临界点），因此我们不能拒绝原假设，即认为截距系数没有显著地不等于 0。

其次是斜率系数的显著性检验：计算 t 统计量：$t=1.4/0.2=7>2$（t 检验的临界点），因此我们拒绝原假设，即认为斜率系数显著不等于 0。这说明我们的回归做得不错。

9.3.7 回归系数的置信区间

置信区间估计与假设检验本质上是一样的，一般公式为：点估计±关键值 * 点估计得标准差。回归系数的置信区间也是这样的。

斜率系数的置信区间为：$\hat{b}_1 \pm t_c s_{\hat{b}}$，其中，$t_c$ 是自由度为 $n-2$ 的 t 关键值。

例如我们做了一个线性回归模型，得到 $Y=0.2+1.4X$。截距系数的标准误为 0.4，斜率系数的标准误为 0.2，求截距和斜率系数的置信度为 95% 的置信区间。

截距系数的置信区间，假设 n 充分大，5% 的显著性水平的 t 关键值一般近似为 2，所以我们得到置信区间为：$0.2\pm2\times0.4$，即 $[-0.6, 1.0]$。

0 包括在置信区间中，所以我们认为截距系数没有显著地不等于 0。

斜率系数的置信区间：$1.4\pm2\times0.2$，即 $[1.0, 1.8]$。

0 没有包括在置信区间中，所以我们认为斜率系数显著地不等于 0。

9.4 一元线性回归数据分析的 Python 应用

简单线性回归分析也称一元线性回归分析，是最简单也是最基本的一种回归分析方法。简单线性回归分析的特色只涉及一个自变量，它主要用来处理一个因变量与一个自变量之间的线性关系，建立变量之间的线性模型并根据模型进行评价和预测。

例 9-2 某公司为研究销售人员数量对新产品销售额的影响，从其下属多家公司中随机抽取 10 个子公司，这 10 个子公司当年新产品销售额和销售人员数量统计数据如表 9-4 所示。试用简单回归分析方法研究销售人员数量对新产品销售额的影响。

表 9-4 新产品销售额和销售人员数量统计数据

地　区	新产品销售额/万元	销售人员数量/人
1	385	17
2	251	10
3	701	44
4	479	30
5	433	22
6	411	15
7	355	11
8	217	5
9	581	31
10	653	36

9.4.1 应用 Python 的 Statsmodels 工具作一元回归分析

在目录 F:\2glkx\data 下建立 a19-2.xls 数据文件后,取数的命令如下:

```
import pandas as pd
import numpy as np
♯读取数据并创建数据表,名称为 data。
data = pd.read_excel('F:\\2glkx\\data\\a19-2.xls')
data.head()
   dq  xse  rs
0  1   385  17
1  2   251  10
2  3   701  44
3  4   479  30
4  5   433  22
```

1. 对数据进行描述性分析

输入如下命令:

```
data.describe()
```

♯此命令的含义是对销售额 xse、人数 rs 等变量进行描述性统计分析。

输入完后,按回车键,得到如下的分析结果。

```
        dq          xse          rs
count   10.00000    10.000000    10.000000
mean    5.50000     446.600000   22.100000
std     3.02765     160.224287   12.705642
min     1.00000     217.000000   5.000000
25%     3.25000     362.500000   12.000000
50%     5.50000     422.000000   19.500000
75%     7.75000     555.500000   30.750000
max     10.00000    701.000000   44.000000
```

通过观察上面的结果,可以得到很多信息,包括 2 个计数,2 个平均值,2 个标准差,2 个最小值,2 个第一四分位数、2 个第 2 四分位数(即中位数)、2 个第三四分位数,2 个最大值等。

更多信息描述如下。

(1) 最小值(smallest)

变量 xse 最小值是 217.0。

变量 rs 最小值是 5.00。

(2) 四分位数

可以看出变量 xse 的第 1 个四分位数(25%)是 362.5,第 3 个四分位数(75%)是 555.5。变量 rs 的第 1 个四分位数(25%)是 12.00,第 3 个四分位数(75%)是 30.75。

(3) 平均值(mean)

变量 xse 平均值的数据值分别是 446.6。

变量 rs 平均值的数据值分别是 22.10。

(4) 最大值(largest)

变量 xse 最大值是 701.0。

变量 rs 最大值是 44.00。

2. 对数据进行相关分析

♯本命令的含义是对新产品销售额、销售人员人数等变量进行相关性分析

data.corr()

输入完后,单击回车键,得到如下的分析结果:

```
        dq        xse        rs
dq  1.000000  0.218510  0.085207
xse 0.218510  1.000000  0.969906
rs  0.085207  0.969906  1.000000
```

通过观察上面的结果,可以看出销售额 xse 和人数 rs 之间的相关系数为 0.969906,这说明两个变量之间存在很强的正相关关系,因此可进一步做回归分析。

3. 一元回归分析的 Python 的 Statsmodels 工具应用

一元回归分析的 Python 的 Statsmodels 工具应用程序代码如下:

```
import statsmodels.api as sm
import pandas as pd
import numpy as np
# 读取数据并创建数据表,名称为 data。
data = pd.read_excel('F:\\2glkx\\data\\al9-2.xls ')
data.head()
   dq  xse  rs
0  1   385  17
1  2   251  10
2  3   701  44
3  4   479  30
4  5   433  22
x = np.array(data[['rs']])
y = np.array(data[['xse']])
# model matrix with intercept
X = sm.add_constant(x)
# least squares fit
model = sm.OLS(y, X)
fit = model.fit()
print(fit.summary())
```

得到如下结果:

```
                            OLS Regression Results
==============================================================================
Dep. Variable:                      y   R-squared:                       0.941
Model:                            OLS   Adj. R-squared:                  0.933
Method:                 Least Squares   F-statistic:                     126.9
Date:                Fri, 20 May 2022   Prob (F-statistic):           3.46e-06
Time:                        12:40:01   Log-Likelihood:                -50.301
No. Observations:                  10   AIC:                             104.6
Df Residuals:                       8   BIC:                             105.2
Df Model:                           1
Covariance Type:            nonrobust
==============================================================================
                 coef    std err          t      P>|t|      [0.025      0.975]
------------------------------------------------------------------------------
const        176.2952     27.327      6.451      0.000     113.279     239.311
x1            12.2310      1.086     11.267      0.000       9.728      14.734
==============================================================================
Omnibus:                        0.718   Durbin-Watson:                   1.407
Prob(Omnibus):                  0.698   Jarque-Bera (JB):                0.588
Skew:                          -0.198   Prob(JB):                        0.745
Kurtosis:                       1.879   Cond. No.                         52.6
==============================================================================
```

通过观察上面的结果，可以看出模型的 F 值 $F=126.9$，P 值 $=3.46e-06$ 为 0，说明该模型整体上是非常显著的。模型的可决系数 R-squared$=0.941$，修正的可决系数 Adjusted R-squared$=0.933$，说明模型的解释能力是很强的。

模型的回归方程为

$$\text{xse} = 12.2310 \text{rs} + 176.2952$$

变量 rs 的系数标准误是 1.086，t 值为 11.267，P 值为 0.000，系数是非常显著的。常数项的系数标准误是 27.327，t 值为 6.451，P 值为 0.000，系数是非常显著的。

```
#画线性回归图
import matplotlib.pyplot as plt
plt.scatter(x, y)
plt.plot(x, fit.fittedvalues)
```

得到一元线性回归的图形如图 9-1 所示。

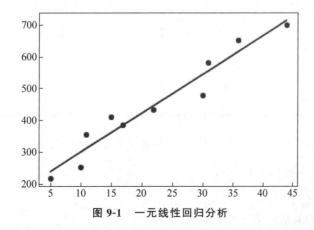

图 9-1　一元线性回归分析

9.4.2 应用 sklearn 工具作一元回归分析

下面应用 sklearn 工具作一元回归分析,输入如下命令:

```
from sklearn import linear_model
x = np.array(data[['rs']])
y = np.array(data[['xse']])
clf = linear_model.LinearRegression()
clf.fit (x,y)
clf.coef_
array([[12.2309863]])
clf.intercept_
array([176.2952027])
clf.score(x,y)
0.9407180505879883
```

可见模型的可决系数 0.9407180505879883,说明模型的解释能力是很强的。模型的回归方程为

$$xse = 12.231rs + 176.295$$

若要求 rs=40 时相应 xse 预测值。

```
#输入自变量人数预测因变量
12.231 * 40 + 176.295
665.535
```

9.5 自相关性诊断的 Python 应用

例 9-3 某公司 1991—2005 年的开发经费和新产品利润数据如表 9-5 所示。利用回归分析开发经费对新产品利润的影响。

表 9-5 开发经费和新产品利润数据　　　　　　　　　　万元

开发费用	新产品利润	开发费用	新产品利润
35	690	103	2033
38	734	113	2268
42	788	119	2451
45	870	133	2819
52	1038	159	3431
65	1280	198	4409
72	1434	260	5885
81	1656		

在目录 F:\2glkx\data 下建立 al9-5.xls 数据文件后,使用的如下命令读取数据。

```
import statsmodels.api as sm
import pandas as pd
import numpy as np
#读取数据并创建数据表,名称为 data。
data = pd.read_excel('F:\\2glkx\\data\\al9-5.xls')
```

第9章 相关分析与一元回归数据分析的Python应用

```
data.head()
    kf   lr
0   35   690
1   38   734
2   42   788
3   45   870
4   52   1038
```

做 OLS 一元线性回归分析

```
x = np.array(data[['lr']])
y = np.array(data[['kf']])
# model matrix with intercept
X = sm.add_constant(x)
# least squares fit
model = sm.OLS(y, X)
fit = model.fit()
print (fit.summary())
```

得到如下结果：

```
                            OLS Regression Results
==============================================================================
Dep. Variable:                      y   R-squared:                       0.998
Model:                            OLS   Adj. R-squared:                  0.997
Method:                 Least Squares   F-statistic:                     5535.
Date:                Fri, 20 May 2022   Prob (F-statistic):           1.74e-18
Time:                        12:47:19   Log-Likelihood:                -37.996
No. Observations:                  15   AIC:                             79.99
Df Residuals:                      13   BIC:                             81.41
Df Model:                           1
Covariance Type:            nonrobust
==============================================================================
         coef     std err         t      P>|t|      [0.025      0.975]
------------------------------------------------------------------------------
const  9.2478      1.495     6.186      0.000      6.018      12.477
x1     0.0433      0.001    74.400      0.000      0.042       0.045
==============================================================================
Omnibus:                        1.182   Durbin-Watson:                   0.474
Prob(Omnibus):                  0.554   Jarque-Bera (JB):                1.011
Skew:                           0.515   Prob(JB):                        0.603
Kurtosis:                       2.255   Cond. No.                     4.54e+03
==============================================================================
```

从上可见,Durbin-Watson 统计量为 0.474,所以存在自相关。

下面使用差分法来解决自相关问题。当模型存在自相关问题时,可以采用差分法来解决自相关问题。差分法的具体计算过程如下：

令 $\Delta y_i = y_i - y_{i-1}$, $\Delta x_{ij} = x_{ij} - x_{i-1,j}$, $i = 1, \cdots, n$, $j = 1, \cdots, p$。利用 Δy_i 和 Δx_{ij} 数据,采取最小二乘法对下述回归模型的参数进行拟合,可以求出经验回归参数 β_j, $j = 1, \cdots, p$。

$$\Delta y_i = \beta_0 + \beta_1 \Delta x_{i1} + \cdots + \beta_p \Delta x_{ip} + \varepsilon_i, \quad i = 1, \cdots, n$$

下面给出差分法消除自相关的 Python 代码。

```
data = data.diff()
data = data.dropna()
x = np.array(data[['lr']])
y = np.array(data[['kf']])
# model matrix with intercept
X = sm.add_constant(x)
# least squares fit
model = sm.OLS(y, X)
fit = model.fit()
print(fit.summary())
```

得到如下结果：

```
                            OLS Regression Results
==============================================================================
Dep. Variable:                      y   R-squared:                       0.985
Model:                            OLS   Adj. R-squared:                  0.984
Method:                 Least Squares   F-statistic:                     777.9
Date:                Fri, 20 May 2022   Prob (F-statistic):           2.79e-12
Time:                        12:48:13   Log-Likelihood:                -29.448
No. Observations:                  14   AIC:                             62.90
Df Residuals:                      12   BIC:                             64.17
Df Model:                           1
Covariance Type:            nonrobust
==============================================================================
                 coef    std err          t      P>|t|      [0.025      0.975]
------------------------------------------------------------------------------
const          0.8469      0.791      1.071      0.305     -0.876       2.570
x1             0.0410      0.001     27.890      0.000      0.038       0.044
==============================================================================
Omnibus:                       12.469   Durbin-Watson:                   2.194
Prob(Omnibus):                  0.002   Jarque-Bera (JB):                8.230
Skew:                           1.508   Prob(JB):                       0.0163
Kurtosis:                       5.239   Cond. No.                         743.
==============================================================================
```

从上可见，Durbin-Watson 统计量为 2.194，自相关问题消除，说明采取差分法能够解决自相关问题。

练 习 题

1. 考察相关性检验（基于 t 统计量）

$$r = \frac{\sum_{i=1}^{n}(X_i - \overline{X})(Y_i - \overline{Y})}{\sqrt{\sum_i (X_i - \overline{X})^2} \sqrt{\sum_i (Y_i - \overline{Y})^2}}$$

$$t = \frac{r\sqrt{n-2}}{\sqrt{1-r^2}} \sim t(n-2)$$

根据数据集 house_price.csv 完成以下任务：

1）试找出和房价（price）相关性最高的一个特征，并按下面步骤对其进行相关性验证

(注：考虑基于 t 统计量，自由度为 $n-2$)。

2) 可视化 X 和 Y 的分布(注：散点图)。

3) 基于 t 统计量进行参数假设检验。

4) 基于 p 值进行参数假设检验(两种方法，积分和 cdf)。

5) 基于 stats.pearsonr 进行相关性检验。

2. 综合性(t 检验，相关性检验，正态检验)考察依然以 house_price.csv 数据集为例，尝试完成以下任务：

1) 完成一元线性回归：其中 X 为 sqft_living，Y 为 price。注：要求基于 sklearn 工具

2) 任务 1 中的残差项是否服从正态分布？请完成检验，并给出结论。

3) 完成一元线性回归：其中 X 为 sqft_living，Y 为 price。并画出 X 和 Y 的散点以及一元回归线图(注：要求基于 Statsmodels 工具)。

多元回归数据分析的 Python 应用

10.1 多元线性回归分析基本理论

多元线性回归分析也叫作多重线性回归分析,是最为常用的一种回归分析方法。多元线性回归分析涉及多个自变量,它用来处理一个因变量与多个自变量之间的线性关系,建立变量之间的线性模型并根据模型进行评价和预测。

10.1.1 多元回归模型

多元线性回归就是用多个自变量来解释因变量。多元线性回归模型如下:

$$Y_i = b_0 + b_1 X_{1i} + b_2 X_{2i} + \cdots + b_k X_{ki} + \varepsilon_i$$

利用最小二乘法可以找到这样一条直线:

$$\hat{Y}_i = \hat{b}_0 + \hat{b}_1 X_1 + \hat{b}_2 X_2 + \cdots + \hat{b}_k X_k$$

如果得到 $\hat{b}_0$ 和多个 $\hat{b}_j (j=1,\cdots,k)$ 以及所有自变量 $X_j (j=1,\cdots,k)$ 的预测值,就可求得因变量 $\hat{Y}_i$ 的值。

例如 某公司的分析师根据历史数据,做了公司销售额增长率关于 GDP 增长率和公司销售人员增长率的线性回归分析,得到截距为 -3.2%,关于 GDP 增长率的斜率为 2,关于公司销售人员增长率的斜率为 1.2,国家统计局预测今年 GDP 增长率为 9%,公司销售部门预计公司销售人员今年将减少 20%。问:该公司今年销售额增长率预计为多少?

答: $Y = -3.2\% + 2X_1 + 1.2X_2 = -3.2\% + 2 \times 9\% + 1.2 \times (-20\%) = -9.2\%$

10.1.2 方差分析

与一元线性回归类似,多元线性回归的方差分析表如表 10-1 所示。

表 10-1 方差分析

	自 由 度	平 方 和	均方和 MS
回归	k	回归平方和 RSS	回归均方和 MSR=RSS/k
误差	$n-k-1$	误差平方和 SSE	误差均方和 MSE=SSE/$(n-k-1)$
总和	$n-1$	总平方和 SST	

我们可以从方差分析表 10-1 中求得决定系数和估计的标准误,用来评价回归模型的好坏。

回归的自由度为 k,k 为自变量的个数。误差的自由度为 $n-k-1$,n 是样本量。总自由度为以上两个自由度之和。

总平方和 SST 依然为等于回归平方和与误差平方和之和。SST=RSS+SSE。

均方和等于各自的平方和除以各自的自由度,如表 10-1 所示。

有了上面的方差分析表,就能很容易求得决定系数和估计的标准误,以判断回归模型的好坏。

10.1.3 决定系数

决定系数等于回归平方和除以总平方和,公式为

$$R^2 = \frac{\text{RSS}}{\text{SST}} = 1 - \frac{\text{SSE}}{\text{SST}}$$

和一元回归一样,多元回归的决定系数的含义仍然是:所有自变量 X 的变动可以解释多少比例的 Y 的变动。决定系数越大,表示回归模型越好。但是对于多元线性回归,随着自变量个数 k 的增加,决定系数总是变大,无论新增的自变量是否对因变量有解释作用。因此,我们就要调整决定系数如下:

$$\overline{R}^2 = 1 - \frac{n-1}{n-k-1}(1-R^2)$$

调整后的决定系数不一定随着自变量个数 K 的增加而增大。因此调整后的决定系数能有效地比较不同自变量个数的回归模型的优劣。

关于调整后的决定系数,还要注意如下两点:

(1) 调整后的决定系数总是小于等于未调整的决定系数。

(2) 调整后的决定系数有可能小于 0。

10.1.4 估计的标准误

估计的标准误 SEE 等于残差均方和的平方根,公式为

$$\text{SEE} = \sqrt{\text{SSE}/(n-k-1)} = \sqrt{\text{MSE}}$$

显然,估计的标准误越小,表示回归模型越好。

10.1.5 回归系数的 t 检验和置信区间

与一元线性回归类似,回归系数的 t 检验是指检验回归系数是否等于某个常数。通常要检验斜率系数是否等于 $0(H_0:b_j=0)$,这称为斜率系数的显著性检验。如果不能拒绝原假设,即斜率系数没有显著地不等于 0,那就说明自变量 X_j 和因变量 Y 的线性相关性不大,回归是失败的。

这是一个 t 检验,t 统计量自由度为 $n-k-1$,计算公式为

$$t = \frac{\hat{b}_j}{s_{\hat{b}_j}}$$

其中,$s_{\hat{b}_j}$ 为斜率系数的标准误。

斜率系数的置信区间为：$\hat{b}_j \pm t_c s_{\hat{b}_j}$，其中，$t_c$ 是自由度为 $n-k-1$ 的 t 关键值。

例如，我们做了一个二元线性回归模型，得到的结果如表 10-2 所示。

表 10-2 变量系数表

变量	系数	统计量
b_0	0.5	1.28
b_1	1.2	2.4
b_2	-0.3	0.92

斜率系数 b_1 的置信度为 95% 的置信区间为多少？

由表 10-2 可见，由 t 统计量 $=2.4=t=\dfrac{\hat{b}_1}{s_{\hat{b}}}=\dfrac{1.2}{s_{\hat{b}}}$ 可以算出：$s_{\hat{b}}=1.2/2.4=0.5$。

$[1.2-2*0.5, 1.2+2*0.5]=[0.2, 2.2]$。

由于 0 没有包含在置信区间中，所以斜率系数 b_1 显著地不等于 0。

10.1.6 回归系数的 F 检验

回归系数的 F 检验就用来检验斜率系数是否全部都等于 0。其原假设是所有斜率系数都等于 0，备择假设是至少有一个斜率系数不等于 0。

$$H_0: b_1=b_2=\cdots=b_k=0 \quad H_a: 至少有一个 b_j \neq 0$$

F 统计量的分子自由度和分母自由度分别为 k 和 $n-k-1$，统计量的计算公式如下：

$$F=\frac{\text{MSR}}{\text{MSE}}=\frac{\text{RSS}/k}{\text{SSE}/(n-k-1)}$$

注意：F 检验看上去是双尾检验，但请当作单尾检验来做，其拒绝区域只在分布的右边一边。

回归系数的 t 检验是对单个斜率系数做检验，而回归系数的 F 检验是对全部斜率系数的检验。如果我们没有拒绝原假设，说明所有的斜率系数都没有显著地不等于 0，即所有自变量和因变量 Y 的线性相关性都不大，回归模型做得不好。如果我们能够拒绝原假设，说明至少有一个斜率系数显著地不等于 0，即至少有一个自变量可以解释 Y，回归模型做得不错。

例如：我们抽取了一个样本量为 43 的样本，做了一个三元线性回归，得到 RSS=4500，SSE=1500。以显著性水平为 0.05 检验是否至少有一个斜率系数显著地不等于 0。假设检验的结果如何？

$$\text{MSR}=\text{RSS}/k=4500/3=1500$$
$$\text{MSE}=\text{SSE}/(n-k-1)=1500/(43-3-1)=38.4$$
$$F=\text{MSR}/\text{MSE}=1500/38.4=39$$

查 F 统计表得关键值为 2.84。

由于 2.84<39，F 统计量落在拒绝区域，因此我们要拒绝原假设。

最后结论：至少有一个斜率系数显著地不等于 0。

10.1.7 虚拟变量

某些回归分析中,需要定性的使用自变量,称为虚拟变量。使用虚拟变量的目的是考察不同类别之间是否存在显著差异。

虚拟变量的取值为 0 或 1,两类时,只需一个虚拟变量,如果 n 类,则需 $n-1$ 个虚拟变量。

例如,在研究工资水平同学历和工作年限的关系时,我们以 Y 表示工作水平,以 X_1 表示学历,以 X_2 表示工作年限,同时引进虚拟变量 D,其取值如下:

$$D = \begin{cases} 1, & 男性 \\ 0, & 女性 \end{cases}$$

则可构造如下理论回归模型:

$$Y = \beta_0 + \beta_1 X_1 + \beta_2 X_2 + \beta_3 D + \varepsilon$$

为了模拟某商品销售量的时间序列的季节影响,我们需要引入 $4-1=3$ 个虚拟变量如下:

$$Q_1 = \begin{cases} 1, 如果为第1季度 \\ 0, 其他情况 \end{cases}; \quad Q_2 = \begin{cases} 1, 如果为第2季度 \\ 0, 其他情况 \end{cases}; \quad Q_3 = \begin{cases} 1, 如果为第3季度 \\ 0, 其他情况 \end{cases}$$

则可构造如下理论回归模型:

$$Y = \beta_0 + \beta_1 Q_1 + \beta_2 Q_2 + \beta_3 Q_3 + \varepsilon$$

10.2 多元线性回归数据分析的 Python 应用

例 10-1 为了检验美国电力行业是否存在规模经济,Nerlove(1963)搜集了 1955 年 145 家美国电力企业的总成本(TC)、产量(Q)、工资率(PL)、燃料价格(PF)及资本租赁价格(PK)的数据,如表 10-3 所示。试以总成本为因变量,以产量、工资率、燃料价格和资本租赁价格为自变量,利用多元线性回归分析方法研究它们之间的关系。

表 10-3 美国电力行业数据

编号	TC (百万美元)	Q (千瓦时)	PL (美元/千瓦时)	PF (美元/千瓦时)	PK (美元/千瓦时)
1	0.082	2	2.09	17.9	183
2	0.661	3	2.05	35.1	174
3	0.99	4	2.05	35.1	171
4	0.315	4	1.83	32.2	166
5	0.197	5	2.12	28.6	233
6	0.098	9	2.12	28.6	195
...	...	...	...	...	...
143	73.05	11796	2.12	28.6	148
144	139.422	14359	2.31	33.5	212
145	119.939	16719	2.3	23.6	162

在目录 F:\2glkx\data 下建立 al10-1.xls 数据文件后,取数的命令如下:

```
import pandas as pd
import numpy as np
# 读取数据并创建数据表,名称为 data。
data = pd.read_excel('F:\\2glkx\\data\\al10 - 1.xls ')
data.head()
# 前 5 条记录数据
   TC     Q   PL    PF   PK
0  0.082  2  2.09  17.9  183
1  0.661  3  2.05  35.1  174
2  0.990  4  2.05  35.1  171
3  0.315  4  1.83  32.2  166
4  0.197  5  2.12  28.6  233
```

1. 对数据进行描述性分析

输入如下命令:

```
data.describe()
```

此命令的含义是对总成本(TC)和产量(Q)、工资率(PL)、燃料价格(PF)、资本租赁价格(PK)等变量进行描述性统计分析。

输入完后,按回车键,得到如下的分析结果。

	TC	Q	PL	PF	PK
count	145.000000	145.000000	145.000000	145.000000	145.000000
mean	12.976097	2133.082759	1.972069	26.176552	174.496552
std	19.794577	2931.942131	0.236807	7.876071	18.209477
min	0.082000	2.000000	1.450000	10.300000	138.000000
25%	2.382000	279.000000	1.760000	21.300000	162.000000
50%	6.754000	1109.000000	2.040000	26.900000	170.000000
75%	14.132000	2507.000000	2.190000	32.200000	183.000000
max	139.422000	16719.000000	2.320000	42.800000	233.000000

通过观察上面的结果,可以得到很多信息,包括 5 个计数、5 个平均值、5 个标准差、5 个最小值、5 个第一百分位数、5 个第二百分位数、5 个第三百分位数、5 个最大值等。

通过观察上面的结果,可以得到很多信息,如 5 个最小值、第一百分位数、中位数、平均值、最大值等。更多的信息描述如下。

(1) 5 个最小值(smallest)

变量总成本(TC)最小值是 0.082。

变量产量(Q)最小值是 2。

变量工资率(PL)最小值是 1.450。

燃料价格(PF)最小值是 10.30。

资本租赁价格(PK)最小值是 138.0。

(2) 5 个百分位数

5 个变量的第一百分位数分别是:2.382,279,1.760,21.30,162.0。

5个变量的第三百分位数分别是 14.132,2507,2.190,32.20,233.0。

(3) 5个平均值(mean)

5个变量的平均值分别是：12.976,2133,1.972,26.18,174.5。

(5) 5个最大值(largest)

5个变量的最大值分别是：139.422,16719,2.320,42.80,233.0。

2. 用数据框对数据做相关分析

```
data.corr()
```

输入完后,按回车键,得到如下的分析结果：

```
         TC         Q        PL        PF        PK
TC  1.000000  0.952504  0.251338  0.033935  0.027202
Q   0.952504  1.000000  0.171450 -0.077349  0.002869
PL  0.251338  0.171450  1.000000  0.313703 -0.178145
PF  0.033935 -0.077349  0.313703  1.000000  0.125428
PK  0.027202  0.002869 -0.178145  0.125428  1.000000
```

通过观察上面的结果,可以看出总成本(TC)和产量(Q)、工资率(PL)、燃料价格(PF)、资本租赁价格(PK)之间的相关系数分别为 0.952504、0.251338、0.033935、0.027202,这说明总成本 TC 与 Q 高度相关,而与其他的变量 PL,PF,PK 相关性要弱一些,尤其是与 PF 的相关性更弱。所以我们可以回归分析。

3. 多元回归分析的 Python 的 Statsmodels 工具应用

多元回归分析的 Python 的 Statsmodels 工具应用程序代码如下：

```
import statsmodels.api as sm
import pandas as pd
import numpy as np
#读取数据并创建数据表,名称为data。
data = pd.read_excel('F:\\2glkx\\data\\al10-1.xls ')
data.head()
      TC   Q    PL    PF   PK
0  0.082   2  2.09  17.9  183
1  0.661   3  2.05  35.1  174
2  0.990   4  2.05  35.1  171
3  0.315   4  1.83  32.2  166
4  0.197   5  2.12  28.6  233
vars = ['TC','Q','PL','PF','PK']
df = data[vars]
#显示最后5条记录数据
print(df.tail())
          TC      Q    PL    PF   PK
140   44.894   9956  1.68  28.8  203
141   67.120  11477  2.24  26.5  151
142   73.050  11796  2.12  28.6  148
143  139.422  14359  2.31  33.5  212
144  119.939  16719  2.30  23.6  162
```

下面生成设计矩阵。由于要建立的模型是 y=BX,因此需要分别求得 y 和 X 矩阵,而

dmatrices 就是做这个的,命令如下:

```
from patsy import dmatrices
y, X = dmatrices('TC~Q + PL + PF + PK', data = df, return_type = 'dataframe')
print (y.head())
print (X.head())
```

得到如下数据:

```
      TC
0  0.082
1  0.661
2  0.990
3  0.315
4  0.197
   Intercept    Q    PL    PF     PK
0        1.0  2.0  2.09  17.9  183.0
1        1.0  3.0  2.05  35.1  174.0
2        1.0  4.0  2.05  35.1  171.0
3        1.0  4.0  1.83  32.2  166.0
4        1.0  5.0  2.12  28.6  233.0
```

下面用 OLS 做普通最小二乘,用 fit 方法对回归方程进行估计,用 summary 保存计算的结果。

```
import statsmodels.api as sm
model = sm.OLS(y, X)
fit = model.fit()
print (fit.summary())
```

得到如下结果:

```
                            OLS Regression Results
==============================================================================
Dep. Variable:                     TC   R-squared:                       0.923
Model:                            OLS   Adj. R-squared:                  0.921
Method:                 Least Squares   F-statistic:                     418.1
Date:                Fri, 20 May 2022   Prob (F-statistic):           9.26e-77
Time:                        15:19:22   Log-Likelihood:                -452.47
No. Observations:                 145   AIC:                             914.9
Df Residuals:                     140   BIC:                             929.8
Df Model:                           4
Covariance Type:            nonrobust
==============================================================================
                 coef    std err          t      P>|t|      [0.025      0.975]
------------------------------------------------------------------------------
Intercept    -22.2210      6.587     -3.373      0.001     -35.245      -9.197
Q              0.0064      0.000     39.258      0.000       0.006       0.007
PL             5.6552      2.176      2.598      0.010       1.352       9.958
PF             0.2078      0.064      3.242      0.001       0.081       0.335
PK             0.0284      0.027      1.073      0.285      -0.024       0.081
==============================================================================
Omnibus:                      135.057   Durbin-Watson:                   1.560
Prob(Omnibus):                  0.000   Jarque-Bera (JB):             4737.912
Skew:                           2.907   Prob(JB):                         0.00
Kurtosis:                      30.394   Cond. No.                     5.29e+04
==============================================================================
```

通过观察上面的分析结果可以看出：模型的 F 值 $F=418.1$，p 值 $=9.26e-77\approx 0.0000$，说明模型整体上是非常显著的。模型的可决系数 $R-\text{squared}=0.923$，修正的可决系数 $\text{Adj } R-\text{squared}=0.921$，说明模型的解释能力是可以的。

模型的回归方程如下。

$$TC = 0.0064 \cdot Q + 5.6552 \cdot PL + 0.2078 \cdot PF + 0.0284 \cdot PK - 22.2210$$

变量 Q 的系数标准误是 0.000，t 值为 39.258，P 值为 0.000，系数是非常显著的。变量 PL 系数标准误是 2.176，t 值为 2.598，P 值为 0.010，系数是非常显著的。变量 PF 系数标准误是 0.064，t 值为 3.242，P 值为 0.001，系数是非常显著的。变量 PK 数标准误是 0.027，t 值为 1.073，P 值为 0.285，系数是非常不显著的。常数项的系数标准误是 6.587，t 值为 -3.373，P 值为 0.001，系数是非常显著的。

综合上面的分析，可以看出：美国电力企业的总成本(TC)受到产量(Q)、工资率(PL)、燃料价格(PF)、资本租赁价格(PK)的影响，美国电力行业存在规模经济。

读者应注意上面的模型中，PK 的系数是不显著的。从前面的相关分析也可以看到，TC 与 PK 的相关系数很弱，只有 0.027202。下面把该变量剔除后重新进行回归分析，命令如下。

```
from patsy import dmatrices
y, X = dmatrices('TC~Q + PL + PF', data = df, return_type = 'dataframe')
import statsmodels.api as sm
model = sm.OLS(y, X)
fit = model.fit()
print(fit.summary())
```

输入完上述命令后，按回车键，则得到如下的分析结果。

```
                            OLS Regression Results
==============================================================================
Dep. Variable:                     TC   R-squared:                       0.922
Model:                            OLS   Adj. R-squared:                  0.920
Method:                 Least Squares   F-statistic:                     556.5
Date:                Fri, 20 May 2022   Prob (F-statistic):           6.39e-78
Time:                        15:21:50   Log-Likelihood:                -453.06
No. Observations:                 145   AIC:                             914.1
Df Residuals:                     141   BIC:                             926.0
Df Model:                           3
Covariance Type:            nonrobust
==============================================================================
                 coef    std err          t      P>|t|      [0.025      0.975]
------------------------------------------------------------------------------
Intercept     -16.5443      3.928     -4.212      0.000     -24.309      -8.780
Q               0.0064      0.000     39.384      0.000       0.006       0.007
PL              5.0978      2.115      2.411      0.017       0.917       9.278
PF              0.2217      0.063      3.528      0.001       0.097       0.346
==============================================================================
Omnibus:                      142.387   Durbin-Watson:                   1.590
Prob(Omnibus):                  0.000   Jarque-Bera (JB):             5466.347
Skew:                           3.134   Prob(JB):                         0.00
Kurtosis:                      32.419   Cond. No.                     3.42e+04
==============================================================================
```

从上面的回归分析结果可见,模型整体依旧是非常显著的。模型的可决系数以及修正的可决系数变化不大,说明模型的解释能力几乎没有变化。其他变量(含常数项的系数)都非常显著,模型接近完美。可以把回归结果作为最终的回归模型方程,即

$$TC = 0.0064 \cdot Q + 5.0978 \cdot PL + 0.2217 \cdot PF - 16.5443$$

从上面的分析可以看出美国电力企业的总成本受到产量、工资率、燃料价格的影响。总成本随着这些变量的升高而升高、降低而降低。

值得注意的是:产量的增加引起总成本的相对变化是很小的,所以,从经济意义上说,美国电力行业存在规模经济。

10.3　多元回归分析的 Scikit-learn 工具应用

1. 使用 Pandas 来读取数据

Pandas 是一个用于数据探索、数据处理、数据分析的 Python 库。

```
import pandas as pd
# read csv file directly from a URL and save the results
data = pd.read_csv('F:\\2glkx\\data\\Advertising.csv')
# display the first 5 rows
data.head()
     TV     radio  newspaper  sales
0  230.1    37.8     69.2     22.1
1   44.5    39.3     45.1     10.4
2   17.2    45.9     69.3      9.3
3  151.5    41.3     58.5     18.5
4  180.8    10.8     58.4     12.9
```

上面显示的结果类似一个电子表格,这个结构称为 Pandas 的数据帧(data frame)。

Pandas 的两个主要数据结构:Series 和 DataFrame:

(1) Series 类似于一维数组,它有一组数据以及一组与之相关的数据标签(即索引)组成。

(2) DataFrame 是一个表格型的数据结构,它含有一组有序的列,每列可以是不同的值类型。DataFrame 既有行索引也有列索引,它可以被看作由 Series 组成的字典。

```
# display the last 5 rows
data.tail()
        TV    radio  newspaper  sales
195   38.2     3.7     13.8      7.6
196   94.2     4.9      8.1      9.7
197  177.0     9.3      6.4     12.8
198  283.6    42.0     66.2     25.5
199  232.1     8.6      8.7     13.4
# check the shape of the DataFrame(rows, colums)
data.shape
(200, 4)
```

上面四个变量解释:

TV——把产品推向市场在电视上的广告费用(以万元为单位);

radio——用在广播媒体上的广告费用(单位同上);

newspaper——用于报纸媒体的广告费用(单位同上);

sales——对应产品的销售金额(单位同上)。

在这个实例中,我们通过不同的广告投入,预测产品的销售金额。sales 变量是一个连续的值,所以这个问题是一个回归问题。数据集一共有 200 个观测值,每一组观测对应一个市场的情况。

```
import seaborn as sns    # seaborn 程序包需要先安装
# 安装命令: pip install seaborn
sns.pairplot(data, x_vars = ['TV','radio','newspaper'], y_vars = 'sales', size = 7, aspect = 0.8)
```

得到如图 10-1 所示的图形。

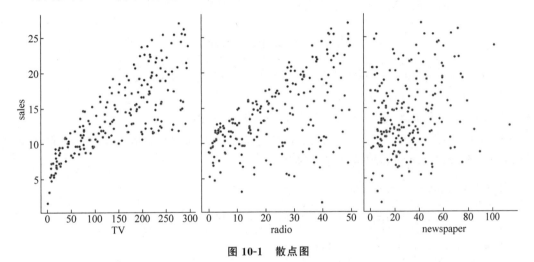

图 10-1　散点图

seaborn 的 pairplot 函数绘制 X 的每一维度和对应 Y 的散点图。通过设置 size 和 aspect 参数来调节显示的大小和比例。可以从图中看出,TV 特征和销量是有比较强的线性关系的,而 radio 和 sales 线性关系弱一些,newspaper 和 sales 线性关系更弱。通过加入一个参数 kind='reg',seaborn 可以添加一条最佳拟合直线和 95% 的置信区间。

```
sns.pairplot(data, x_vars = ['TV','radio','newspaper'], y_vars = 'sales', size = 7, aspect = 0.8,
kind = 'reg')
```

可以得到如图 10-2 所示的图形。

2. 线性回归模型

优点:快速、没有调节参数、易解释、可理解。

缺点:相比其他复杂一些的模型,其预测准确率不是太高,因为它假设特征和响应之间存在确定的线性关系,这种假设对于非线性的关系,线性回归模型显然不能很好地对这种数据建模。

线性模型表达式:$y=\beta_0+\beta_1 x_1+\beta_2 x_2+\cdots+\beta_n x_n$。

其中:y 是响应,β_0 是截距,β_1 是 x_1 的系数,依此类推。

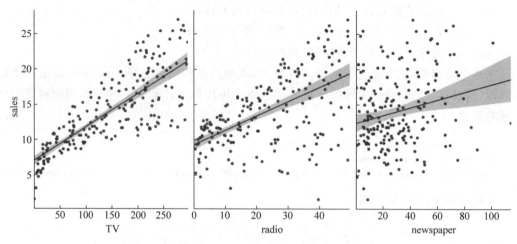

图 10-2　带有回归线的散点图

在这个实例中：$y = \beta_0 + \beta_1 \cdot TV + \beta_2 \cdot radio + \cdots + \beta_n \cdot newspaper$

（1）使用 Pandas 来构建 **X** 和 **y**

scikit-learn 要求 **X** 是一个特征矩阵，**y** 是一个 NumPy 向量。

Pandas 构建在 NumPy 之上，因此，**X** 可以是 Pandas 的 DataFrame，**y** 可以是 Pandas 的 Series，Scikit-learn 可以理解这种结构。

```
# create a python list of feature names
feature_cols = ['TV', 'radio', 'newspaper']
# use the list to select a subset of the original DataFrame
X = data[feature_cols]
# equivalent command to do this in one line
X = data[['TV', 'radio', 'newspaper']]
# print the first 5 rows
X.head()
    TV     radio  newspaper
0   230.1  37.8   69.2
1   44.5   39.3   45.1
2   17.2   45.9   69.3
3   151.5  41.3   58.5
4   180.8  10.8   58.4
# check the type and shape of X
print (type(X))
print (X.shape)
<class 'pandas.core.frame.DataFrame'>
(200, 3)
# select a Series from the DataFrame
y = data['sales']
# equivalent command that works if there are no spaces in the column name
y = data.sales
# print the first 5 values
y.head()
0    22.1
1    10.4
2     9.3
3    18.5
4    12.9
```

```
Name: sales, dtype: float64
print (type(y))
print (y.shape)
<class 'pandas.core.series.Series'>
(200,)
```

(2) 构造训练集和测试集

```
from sklearn.cross_validation import train_test_split
X_train, X_test, y_train, y_test = train_test_split(X, y, random_state = 1)
# default split is 75% for training and 25% for testing
print (X_train.shape)
print (y_train.shape)
print (X_test.shape)
print (y_test.shape)
(150, 3)
(150,)
(50, 3)
(50,)
```

(3) 线性回归分析的 Scikit-learn 工具应用

```
from sklearn.linear_model import LinearRegression
linreg = LinearRegression()
linreg.fit(X_train, y_train)
LinearRegression(copy_X = True, fit_intercept = True, n_jobs = 1, normalize = False)
print (linreg.intercept_)
print (linreg.coef_)
2.87696662232
[ 0.04656457  0.17915812  0.00345046]
# pair the feature names with the coefficients
zip(feature_cols, linreg.coef_)
[('TV', 0.046564567874150288),
 ('radio', 0.179158122450888841),
 ('newspaper', 0.0034504647111803788)]
```

因此回归直线方程为

$$y = 2.88 + 0.0466 \cdot TV + 0.179 \cdot radio + 0.00345 \cdot newspaper$$

如何解释各个特征对应的系数的意义？

对于给定了 radio 和 newspaper 的广告投入，如果在 TV 广告上每多投入 1 个单位，对应销量将增加 0.0466 个单位。更明确一点说，假如其他两个媒体投入固定，在 TV 广告上每增加 1 万元，公司的销售量将增加 466 元。

(4) 预测

```
y_pred = linreg.predict(X_test)
print (y_pred)
[ 21.70910292  16.41055243   7.60955058  17.80769552  18.6146359
  23.83573998  16.32488681  13.43225536   9.17173403  17.333853
  14.44479482   9.83511973  17.18797614  16.73086831  15.05529391
  15.61434433  12.42541574  17.17716376  11.08827566  18.00537501
   9.28438889  12.98458458   8.79950614  10.42382499  11.3846456
  14.98082512   9.78853268  19.39643187  18.18099936  17.12807566
  21.54670213  14.69809481  16.24641438  12.32114579  19.92422501
  15.32498602  13.88726522  10.03162255  20.93105915   7.44936831
```

3.64695761   7.22020178   5.9962782   18.43381853   8.39408045
14.08371047   15.02195699   20.35836418   20.57036347   19.60636679]

3. 回归问题的评价测度

下面介绍三种常用的针对回归问题的评价测度。

```
# define true and predicted response values
true = [100, 50, 30, 20]
pred = [90, 50, 50, 30]
```

(1) 平均绝对误差(mean absolute error, MAE)

$$\mathrm{MAE} = \frac{\sum |y_i - \hat{y}_i|}{n}$$

(2) 均方误差(mean squared error, MSE)

$$\mathrm{MSE} = \frac{\sum (y_i - \hat{y}_i)^2}{n}$$

(3) 均方根误差(root mean squared error, RMSE)

$$\mathrm{RMSE} = \sqrt{\frac{\sum (y_i - \hat{y}_i)^2}{n}}$$

```
from sklearn import metrics
import numpy as np
# calculate MAE by hand
print("MAE by hand:",(10 + 0 + 20 + 10)/4.)
# calculate MAE using scikit-learn
print ("MAE:",metrics.mean_absolute_error(true, pred))
# calculate MSE by hand
print ("MSE by hand:",(10**2 + 0**2 + 20**2 + 10**2)/4.)
# calculate MSE using scikit-learn
print ("MSE:",metrics.mean_squared_error(true, pred))
# calculate RMSE by hand
print ("RMSE by hand:",np.sqrt((10**2 + 0**2 + 20**2 + 10**2)/4.))
# calculate RMSE using scikit-learn
print ("RMSE:",np.sqrt(metrics.mean_squared_error(true, pred)))
```

得到如下结果：

```
MAE by hand: 10.0
MAE: 10.0
MSE by hand: 150.0
MSE: 150.0
RMSE by hand: 12.2474487139
RMSE: 12.2474487139
```

计算 sales 预测的 RMSE：

```
print (np.sqrt(metrics.mean_squared_error(y_test, y_pred)))
1.40465142303
```

4. 特征选择

在前面图 10-1 所示的图形展示中,我们看到 Newspaper 和销量之间的线性关系比较弱,现在我们移除这个特征,看看线性回归预测的结果的 RMSE 如何。

```
feature_cols = ['TV', 'radio']
X = data[feature_cols]
y = data.sales
X_train, X_test, y_train, y_test = train_test_split(X, y, random_state = 1)
linreg.fit(X_train, y_train)
y_pred = linreg.predict(X_test)
print (np.sqrt(metrics.mean_squared_error(y_test, y_pred)))
```

将 newspaper 这个特征移除之后,得到 RMSE 变小了,说明 Newspaper 特征不适合作为预测销量的特征,这样可以得到新的模型。还可以通过不同的特征组合得到新的模型,看看最终的误差如何。

10.4 稳健线性回归分析 Python 应用

以职业声望数据集为例,其中 income(收入)、education(教育)、prestige(声望)为分析变量。

准备工作如下:

```
from __future__ import print_function
from statsmodels.compat import lmap
import numpy as np
from scipy import stats
import matplotlib.pyplot as plt
import statsmodels.api as sm
from statsmodels.graphics.api import abline_plot
from statsmodels.formula.api import ols, rlm
##取数据集
prestige = sm.datasets.get_rdataset("Duncan", "car", cache = True).data
##显示前5条
print(prestige.head(5))
type    income  education   prestige
accountant  prof    62      86      82
pilot       prof    72      76      83
architect   prof    75      92      90
author      prof    55      90      76
chemist     prof    64      86      90
##稳健线性回归分析
rlm_model = rlm('prestige ~ income + education', prestige).fit()
print(rlm_model.summary())
```

结果如下:

```
                    Robust linear Model Regression Results
==============================================================================
Dep. Variable:                prestige   No. Observations:                   45
Model:                             RLM   Df Residuals:                       42
Method:                           IRLS   Df Model:                            2
```

```
Norm:                              HuberT
Scale Est.:                        mad
Cov Type:                          H1
Date:                   Fri, 28 Oct 2021
Time:                           16:24:51
No. Iterations:                     18
==============================================================
                coef    std err       t     P>|z|   [95.0% Conf. Int.]
Intercept    -7.1107     3.879   -1.833    0.067    -14.713    0.492
income        0.7015     0.109    6.456    0.000      0.489    0.914
education     0.4854     0.089    5.441    0.000      0.311    0.660
```

10.5 逻辑 Logistic 回归分析 Python 应用

1. 相关理论

线性回归模型是定量分析中最常用的统计分析方法,但线性回归分析要求响应变量是连续型变量。在实际研究中,尤其适合在社会、经济数据的统计分析中,要研究非连续型的响应变量,即分类响应变量。

在研究两元分类响应变量与诸多自变量间的相互关系时,常选用 Logistic 回归模型。

将二元分类响应变量 Y 的一个结果记为"成功",另一个结果记为"失败",分别用 0 或 1 表示。对响应变量 Y 有影响的 p 个自变量(解释变量)记为 $X_1,\cdots,X_p$。在 m 个自变量的作用下出现"成功"的条件概率记为 $p(Y=1|X_1,\cdots,X_p)$,那么 Logistic 回归模型表示为

$$p = \frac{\exp(\beta_0 + \beta_1 x_1 + \cdots + \beta_p x_p)}{1 + \exp(\beta_0 + \beta_1 x_1 + \cdots + \beta_p x_p)} \tag{10-1}$$

其中,β_0 称为常数项,$\beta_1,\cdots,\beta_p$ 称为 Logistic 回归模型的回归系数。

从式(10-1)可以看出,Logistic 回归模型是一个非线性的回归模型,自变量 $x_j, j=1,\cdots,p$ 可以是连续变量,也可以是分类变量或哑变量。对自变量 x_j 任意取值 $\beta_0 + \beta_1 x_1 + \cdots + \beta_p x_p$ 总落在 $(-\infty,\infty)$ 中,式(10-1)的比值即 p 值,总在 0 到 1 之间变化,这就是 Logistic 回归模型的合理性所在。

对公式(1)做 logit 变换,Logistic 回归模型可以写成下列线性形式:

$$\text{logit}(p) = \ln\left(\frac{p}{1-p}\right) = \beta_0 + \beta_1 x_1 + \cdots + \beta_p x_p \tag{10-2}$$

这样就可以使用线性回归模型对参数 $\beta_j, j=1,\cdots,p$ 进行估计。

2. Python 应用

程序包的准备:

```
import numpy as np
import statsmodels.api as sm
```

程序包内含数据导入:

```
spector_data = sm.datasets.spector.load()
spector_data.exog = sm.add_constant(spector_data.exog, prepend=False)
```

数据展示：

```
print(spector_data.exog[:5,:])
[[  2.66  20.    0.    1.  ]
 [  2.89  22.    0.    1.  ]
 [  3.28  24.    0.    1.  ]
 [  2.92  12.    0.    1.  ]
 [  4.    21.    0.    1.  ]]
print(spector_data.endog[:5])
[ 0.  0.  0.  0.  1.]
```

逻辑回归分析代码如下：

```
logit_mod = sm.Logit(spector_data.endog, spector_data.exog)
logit_res = logit_mod.fit(disp = 0)
print('Parameters: ', logit_res.params)
```

结果如下：

('Parameters: ', array([2.82611259,   0.09515766,   2.37868766, -13.02134686]))

10.6　广义线性回归分析 Python 应用

1. 相关理论

Logistic 回归模型属于广义线性模型的一种，它是通常的正态线性回归模型的推广，它要求响应变量只能通过线性形式依赖于解释变量。上述推广体现在两个方面：

（1）通过一个连续函数 $\varphi(E(Y)) = \beta_0 + \beta_1 x_1 + \cdots + \beta_p x_p$；

（2）通过一个误差函数，说明广义线性模型的最后一部分随即项。

表 10-4 给出了广义线性模型中常见的连续函数和误差函数。可见，若连接函数为恒等变换，误差函数为正态分布，则得到通常的正态线性模型。

表 10-4　常见的连接函数和误差函数

变　换	连 接 函 数	回 归 模 型	典型误差函数
恒等	$\varphi(x) = x$	$E(y) = X'\beta$	正态分布
logit	$\varphi(x) = \mathrm{log}it(x)$	$\mathrm{ln}git(E(y)) = X'\beta$	二项分布
对数	$\varphi(x) = \ln(x)$	$\ln(E(y)) = X'\beta$	泊松分布
逆（倒数）	$\varphi(x) = 1/x$	$1/E(y) = X'\beta$	伽马分布

Python 的 Statsmodels 程序包提供了各种拟合和计算广义线性模型的函数。

正态分布拟合和计算调用格式为：

```
import statsmodels.api as sm
gauss_log = sm.GLM(lny,X,family = sm.families.Gaussian())
res = gauss_log.fit()
print(res.summary())
```

二项分布拟合和计算调用格式为：

```
import statsmodels.api as sm
glm_binom = sm.GLM(data.endog, data.exog, family = sm.families.Binomial())
res = glm_binom.fit()
print(res.summary())
```

泊松分布拟合和计算调用格式为:

```
import statsmodels.api as sm
glm_poisson = sm.GLM(data.endog, data.exog, family = sm.families.Poisson())
res = glm_poisson.fit()
print(res.summary())
```

伽马分布拟合和计算调用格式为:

```
import statsmodels.api as sm
glm_gamma = sm.GLM(data2.endog, data2.exog, family = sm.families.Gamma())
res = glm_gamma.fit()
print(res.summary())
```

下面以二项分布函数为例,来说明 Python 广义回归分析的应用。

2. Python 应用

程序包的准备:

```
import numpy as np
import statsmodels.api as sm
from scipy import stats
from matplotlib import pyplot as plt
```

程序包内含数据导入:

```
data = sm.datasets.star98.load()
data.exog = sm.add_constant(data.exog, prepend = False)
```

数据展示:

```
print(spector_data.exog[:5,:])
[[ 452.   355.]
 [ 144.    40.]
 [ 337.   234.]
 [ 395.   178.]
 [   8.    57.]]
print(data.exog[:2,:])
[[ 3.43973000e+01  2.32993000e+01  1.42352800e+01  1.14111200e+01
   1.59183700e+01  1.47064600e+01  5.91573200e+01  4.44520700e+00
   2.17102500e+01  5.70327600e+01  0.00000000e+00  2.22222200e+01
   2.34102872e+02  9.41688110e+02  8.69994800e+02  9.65065600e+01
   2.53522420e+02  1.23819550e+03  1.38488985e+04  5.50403520e+03
   1.00000000e+00]
 [ 1.73650700e+01  2.93283800e+01  8.23489700e+00  9.31488400e+00
   1.36363600e+01  1.60832400e+01  5.95039700e+01  5.26759800e+00
   2.04427800e+01  6.46226400e+01  0.00000000e+00  0.00000000e+00
   2.19316851e+02  8.11417560e+02  9.57016600e+02  1.07684350e+02
   3.40406090e+02  1.32106640e+03  1.30502233e+04  6.95884680e+03
   1.00000000e+00]]
```

二项分布函数的广义回归分析代码如下：

```
glm_binom = sm.GLM(data.endog, data.exog, family = sm.families.Binomial())
res = glm_binom.fit()
print(res.summary())
```

得到如下结果：

```
              Generalized Linear Model Regression Results
================================================================
Dep. Variable:         ['y1', 'y2']    No. Observations:       303
Model:                          GLM    Df Residuals:           282
Model Family:              Binomial    Df Model:                20
Link Function:                logit    Scale:                  1.0
Method:                        IRLS    Log-Likelihood:      -2998.6
Date:                Tue, 21 Jun 2021  Deviance:              4078.8
Time:                        13:14:17  Pearson chi2:            9.60
No. Iterations:                    5
================================================================
        coef     std err        z      P>|z|     [0.025    0.975]
----------------------------------------------------------------
x1    -0.0168     0.000    -38.749    0.000    -0.018    -0.016
x2     0.0099     0.001     16.505    0.000     0.009     0.011
x3    -0.0187     0.001    -25.182    0.000    -0.020    -0.017
x4    -0.0142     0.000    -32.818    0.000    -0.015    -0.013
x5     0.2545     0.030      8.498    0.000     0.196     0.313
x6     0.2407     0.057      4.212    0.000     0.129     0.353
x7     0.0804     0.014      5.775    0.000     0.053     0.108
x8    -1.9522     0.317     -6.162    0.000    -2.573    -1.331
x9    -0.3341     0.061     -5.453    0.000    -0.454    -0.214
x10   -0.1690     0.033     -5.169    0.000    -0.233    -0.105
x11    0.0049     0.001      3.921    0.000     0.002     0.007
x12   -0.0036     0.000    -15.878    0.000    -0.004    -0.003
x13   -0.0141     0.002     -7.391    0.000    -0.018    -0.010
x14   -0.0040     0.000     -8.450    0.000    -0.005    -0.003
x15   -0.0039     0.001     -4.059    0.000    -0.006    -0.002
x16    0.0917     0.015      6.321    0.000     0.063     0.120
x17    0.0490     0.007      6.574    0.000     0.034     0.064
x18    0.0080     0.001      5.362    0.000     0.005     0.011
x19    0.0002   2.99e-05     7.428    0.000     0.000     0.000
x20   -0.0022     0.000     -6.445    0.000    -0.003    -0.002
const  2.9589     1.547      1.913    0.056    -0.073     5.990
================================================================
```

练 习 题

1. 考察多元线性回归系数的 t 检验和 F 检验

已知数据集 510050.csv 为 50etf 的市场行情数据，现有研究员甲提出了两个因子，分别是：

a) 动量类因子，计算公式：$factor\_a_t = \ln \dfrac{adj\_close_t}{adj\_close_{t-2}}$，其中 adj_close_t 为第 t 天收盘价、最高价和最低价三者的均值。

b) 反转类因子,计算公式:$factor\_b = \ln\dfrac{close_t}{close_{t-21}}t$,其中 $close_t$ 表示第 t 天收盘价。

1) 生成一个 DataFrame 对象,含有 3 列,因子 fator_a,factor_b 以及当天对应的对数收益率 return。如下所示。

	factor_a	factor_b	return
2021-01-04	NaN	NaN	NaN
2021-01-05	NaN	NaN	0.010541
2021-01-06	0.020902	NaN	0.015063
2021-01-07	0.034090	NaN	0.020447
2021-01-08	0.021367	NaN	-0.005608
...	...	...	...
2022-04-25	-0.035501	-0.085288	-0.048754
2022-04-26	-0.039930	-0.079349	0.000751
2022-04-27	0.001237	-0.044676	0.018595
2022-04-28	0.022055	-0.031157	0.012814
2022-04-29	0.028634	-0.010684	0.015879

2) 基于 Statsmodels 库对上述数据集建立多元线性回归模型,其中 X 为'factor_a'和'factor_b',y 为'return'。为于便捷,将数据集按照训练集 80%,测试集 20% 进行划分。

2. 考察稳健线性回归(又称 huber regression),完成如下任务:

1) 基于 sklearn.datasets.make_regression 生成一个数据集,该数据集观测数 200 个,特征 1 个。同时,试着将 noise 设为 0,10,100,并画出对应的散点图。

2) 依然基于 make_regression 方法,生成样本观测值为 200,noise 为 5,特征为 1,同时要求返回真实回归系数。

3) 为任务(2)的数据集"人为制造"5 个异常观测值,并画出对应的散点图。

4) 基于任务(3)的数据集分别建模:Linear Regression 和 Huber Regression。并且:

① 可视化模型预测值与真实值的对比;

② 基于 MAE 和 MSE 来衡量两个模型。

第11章 机器学习数据分析的 Python 应用

机器学习算法是实现人工智能最基本的工具和手段。因此,本章先介绍10种机器学习算法的 Python 代码模板,然后介绍这10种机器学习算法的应用实例。

11.1 机器学习算法分类

一般来说,机器学习算法有三类。

1. 监督式学习算法

这个算法由一个目标变量或结果变量(或因变量)组成。这些变量由已知的一系列预示变量(自变量)预测而来。利用这一系列变量,可以生成一个将输入值映射到期望输出值的函数。这个训练过程会一直持续,直到模型在训练数据上获得期望的精确度。监督式学习的例子有:回归、决策树、随机森林、K-最近邻算法、逻辑回归等。

2. 非监督式学习算法

这个算法没有任何目标变量或结果变量要预测或估计。它用在不同的组内聚类分析。这种分析方式被广泛地用来细分客户,根据干预的方式分为不同的用户组。非监督式学习的例子有:关联算法和 K-均值算法等。

3. 强化学习算法

这个算法训练机器进行决策。原理是这样的:机器被放在一个能让它通过反复试错来训练自己的环境中。机器从过去的经验中进行学习,并且尝试利用了解最透彻的知识作出精确的商业判断。强化学习的例子有马尔可夫决策过程。

11.2 常见的机器学习算法

常见的机器学习算法有:(1)线性回归(2)逻辑回归(3)决策树(4)支持向量机(SVM)(5)朴素贝叶斯(6)K-最近邻算法(7)K 均值算法(8)随机森林算法(9)降维算法(10) Gradient Boost 和 Adaboost 算法。

下面我们对以上机器学习算法逐一介绍,并给出其主要的 Python 代码应用。

11.3 线性回归及其 Python 应用

线性回归通常用于根据连续变量估计实际数值(房价、呼叫次数、总销售额等)。我们通过拟合最佳直线来建立自变量和因变量的关系。这条最佳直线叫作回归线,并且用 $y=ax+b$ 这条线性等式来表示。

假设在不问对方体重的情况下,让一个五年级的孩子按体重从轻到重的顺序对班上的同学排序,你觉得这个孩子会怎么做?他很可能会目测同学的身高和体型,综合这些可见的参数来排列他们。这是现实生活中使用线性回归的例子。实际上,这个孩子发现了身高和体型、体重有一定的关系,这个关系如下面的等式。

$$y=ax+b$$

式中:y 为因变量;x 为自变量;a 为斜率;b 为截距。

系数 a 和 b 可以通过最小二乘法获得。

如图 11-1 所示。

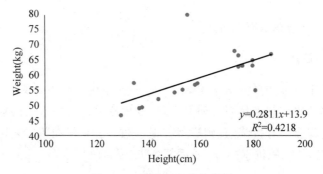

图 11-1　体重与身高的关系

我们找出最佳拟合直线 $y=0.2811x+13.9$。已知身高(Height),我们可以通过这个公式求出体重(Weight)。

线性回归的两个主要类型是一元线性回归和多元线性回归。一元线性回归的特点是只有一个自变量;多元线性回归的特点正如其名,存在多个自变量。找最佳拟合直线的时候,可以拟合到多项或者曲线回归。这些就被叫作多项或曲线回归。

线性回归的 Python 代码模板如下:

```
from sklearn.linear_model import LinearRegression        # 线性回归 #
module = LinearRegression()
module.fit(x, y)
module.score(x, y)
## module.predict(test)
```

线性回归的 Python 代码应用实例:

```
import pandas as pd
import numpy as np
```

读取数据并创建数据表,名称为 data。

```
data = pd.DataFrame(pd.read_excel('F:\\2glkx\\data\\sgtz.xlsx'))
data.head()
x = np.array(data[['sg']])
y = np.array(data[['tz']])
from sklearn.linear_model import LinearRegression        ＃ 线性回归 ＃
module = LinearRegression()
module.fit(x, y)
module.score(x, y)
module.coef_
module.intercept_
＃＃身高 1.90 米体重预测
module.intercept_ + module.coef_ * 1.9
array([[68.96135402]])
```

11.4　逻辑回归及其 Python 应用

逻辑回归是一个分类算法而不是一个回归算法。该算法可根据已知的一系列因变量估计离散数值（比方说二进制数值 0 或 1，是或否，真或假）。简单来说，它通过将数据拟合进一个逻辑函数来预估一个事件出现的概率。因为它预估的是概率，所以它的输出值大小在 0 和 1 之间（正如所预计的一样）。如图 11-2 所示。

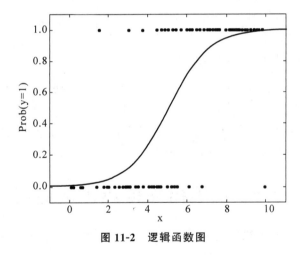

图 11-2　逻辑函数图

我们再通过一个简单的例子来理解这个算法。

假设朋友让你解开一个谜题。只会有两个结果：你解开了或是没有解开。想象你要解答很多道题来找出你所擅长的主题。这个研究的结果就会像是这样：假设题目是一道十年级的三角函数题，你有 70％ 的可能会解开这道题。然而，若题目是个五年级的历史题，你只有 30％ 的可能性回答正确。这就是逻辑回归能提供给你的信息。

从数学上看，在结果中，概率的对数使用的是预测变量的线性组合模型。

$$\text{odds} = p/(1-p) = \text{事件发生的概率} / \text{事件没发生的概率}$$

$$\ln(\text{odds}) = \ln(p/(1-p))$$

$$\text{logit}(p) = \ln(p/(1-p)) = b_0 + b_1 x_1 + b_2 x_2 + \cdots + b_k x_k$$

在上面的式子里，p是我们感兴趣的特征出现的概率。它选用使观察样本值的可能性最大化的值作为参数，而不是通过计算误差平方和的最小值（就如一般的回归分析用到的一样）。

逻辑回归的Python代码模板如下：

```
from sklearn.linear_model import LinearRegression      # 线性回归 #
module = LinearRegression()
module.fit(x, y)
module.score(x, y)
## module.predict(test)
```

逻辑回归的Python应用实例：

```
## 数据准备 x_train, x_test, y_train, y_test
from sklearn.datasets import load_iris
from sklearn.model_selection import train_test_split
from sklearn.linear_model import LogisticRegression
from sklearn.metrics import accuracy_score, mean_squared_error, r2_score
iris_sample = load_iris()
x_train, x_test, y_train, y_test = train_test_split(iris_sample.data, iris_sample.target,
test_size = 0.25, random_state = 123)
from sklearn.linear_model import LogisticRegression      # 逻辑回归 #
module = LogisticRegression()
module.fit(x_train, y_train)
module.score(x_train, y_train)
# module.predict(x_test)
print ('预测值: ', module.predict(x_test))
print ('实际值: ', y_test)
预测值: [1 2 2 1 0 2 1 0 0 1 2 0 1 2 2 2 0 0 1 0 0 1 0 2 0 0 2 2 0 2 2 0 0 1 1 2 0]
实际值: [1 2 2 1 0 2 1 0 0 1 2 0 1 2 2 2 0 0 1 0 0 2 0 2 0 0 0 2 2 0 2 2 0 0 1 1 2 0]
```

进一步，我们可以尝试更多的方法来改进这个模型：（1）加入交互项；（2）精简模型特性；（3）使用正则化方法；（4）使用非线性模型。

11.5 决策树及其Python应用

决策树这种监督式学习算法通常被用于分类问题。它同时适用于分类变量和连续因变量。在这个算法中，我们将总体分成两个或更多的同类群。根据最重要的属性或者自变量来分成尽可能不同的组别。

图11-3为一个决策树的示例。在图11-3中可以看到，根据多种属性，人群被分成了不同的四个小组，来判断"他们会不会去玩"。为了把总体分成不同组别，需要用到许多技术，比如Gini、Information Gain、Chi-square、entropy。

决策树的Python代码模板如下：

```
from sklearn import tree                                 # 决策树分类器 #
module = tree.DecisionTreeClassifier(criterion = 'gini')
module.fit(x, y)
module.score(x, y)
module.predict(test)
```

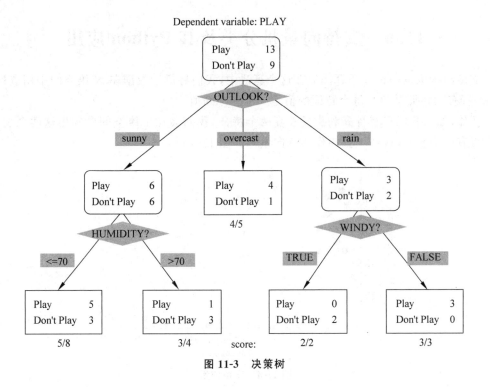

图 11-3 决策树

下面是一个决策树的应用实例：

```
from sklearn import datasets
from sklearn import tree
#from sklearn.cross_validation import train_test_split
data = datasets.load_iris()['data']
target = datasets.load_iris()['target']
#导入数据,data是鸢yuan尾花的花萼e宽度长度、花瓣ban长度宽度,target是该鸢尾花的品种,有0,1,2三种类型
trainx,testx,trainy,testy = train_test_split(data,target,test_size = 0.2)
#造一个大象,将源数据拆分成训练集和测试集,测试集是总数据的20%
clf = tree.DecisionTreeClassifier(criterion = 'gini')
#创建一个名为clf的冰箱,创建一个模型,参数全部用默认
clf.fit(trainx,trainy)
#把大象塞进冰箱,训练这个模型
print ('预测值: ',clf.predict(testx))
#看看训练完的冰箱的工作能力
print ('实际值: ',testy)
#看看实际的值
print ('预测准确率: %2.2f%%'%(clf.score(testx,testy)*100))
#输出准确率
```

计算结果如下：

预测值:[2 1 2 1 0 1 0 0 1 1 0 2 2 1 2 1 0 1 2 1 2 0 0 1 1 2 2 1 0 1]
实际值:[2 1 2 1 0 1 0 0 1 1 0 2 2 1 2 1 0 1 1 2 2 0 0 1 1 2 2 1 0 1]
预测准确率:93.33%

11.6　支持向量机分类及其 Python 应用

支持向量机是一种分类算法。在这个算法中,我们将每个数据在 N 维空间中用点标出(N 是所有的特征总数),每个特征的值是一个坐标的值。

例如,如果我们只有身高和头发长度两个特征,我们会在二维空间中标出这两个变量,每个点有两个坐标(这些坐标叫作支持向量),如图 11-4 所示。

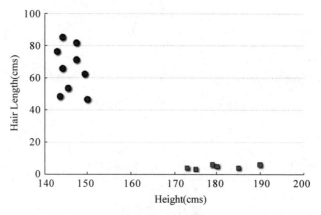

图 11-4　支持向量

现在,我们会找到将两组不同数据分开的一条直线。两个分组中距离最近的两个点到这条线的距离同时最优化,如图 11-5 所示。

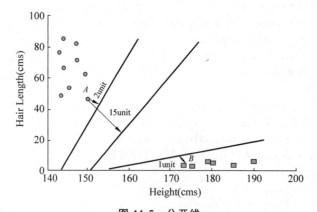

图 11-5　分开线

图 11-5 中的黑线将数据分类优化成两个小组,两组中距离最近的点(图中 A、B 点)到达黑线的距离满足最优条件。这条直线就是我们的分割线。接下来,测试数据落到直线的哪一边,我们就将它分到哪一类去。

SVM 的 Python 代码模板如下:

```
from sklearn import svm                    #支持向量机
module = svm.SVC()
module.fit(x, y)
module.score(x, y)
```

```
module.predict(test)
module.predict_proba(test)
```

SVM 的 Python 应用实例：

```
from sklearn import datasets
from sklearn.model_selection import train_test_split
from sklearn.svm import LinearSVC
# Load iris dataset
iris = datasets.load_iris()
X = iris.data[:, :2]
y = iris.target
# Split data into train and test sets
X_train, X_test, y_train, y_test = train_test_split(X, y, test_size=0.3)
# Train SVM model
svm = LinearSVC()
svm.fit(X_train, y_train)
# Evaluate model performance on test set
accuracy = svm.score(X_test, y_test)
print("Accuracy:", accuracy)
Accuracy: 0.8
```

11.7 朴素贝叶斯分类及其 Python 应用

1. 朴素贝叶斯基本理论

在预示变量间相互独立的前提下，根据贝叶斯定理可以得到朴素贝叶斯这个分类方法。用更简单的话来说，一个朴素贝叶斯分类器假设一个分类的特性与该分类的其他特性不相关。举例来说，如果一个水果又圆又红并且直径大约是 8cm，那么这个水果可能会是苹果。即便这些特性互相依赖或者依赖于别的特性的存在，朴素贝叶斯分类器还是会假设这些特性分别独立地暗示这个水果是个苹果。

朴素贝叶斯模型易于建造，且对于大型数据集非常有用。虽然简单，但是朴素贝叶斯的表现却超越了非常复杂的分类方法。

贝叶斯定理提供了一种从 $P(c)$、$P(x)$ 和 $P(x|c)$ 计算后验概率 $P(c|x)$ 的方法。请看以下等式：

$$P(c|x) = \frac{P(x|c)P(c)}{P(x)}$$

这里，$P(c|x)$ 是已知预示变量（属性）的前提下，类（目标）的后验概率，$P(c)$ 是类的先验概率；$P(x|c)$ 是可能性，即已知类的前提下，预示变量的概率，$P(x)$ 是预示变量的先验概率。

我们用一个实例来理解这个概念。设有一个天气的训练集和对应的目标变量"Play"。我们需要根据天气情况，将"玩耍"和"不玩"的参与者进行分类。执行步骤如下：

步骤 1：把数据集转换成频率表。

步骤 2：利用类似"当 Overcast 可能性为 0.29 时，玩耍的可能性为 0.64"这样的概率，创造 Likelihood 表格。如图 11-6 所示。

Weather	Play
Sunny	No
Overcast	Yes
Rainy	Yes
Sunny	Yes
Sunny	Yes
Overcast	Yes
Rainy	No
Rainy	No
Sunny	Yes
Rainy	Yes
Sunny	No
Overcast	Yes
Overcast	Yes
Rainy	No

Frequency Table		
Weather	No	Yes
Overcast		4
Rainy	3	2
Sunny	2	3
Grand Total	5	9

Likelihood table				
Weather	No	Yes		
Overcast		4	=4/14	0.29
Rainy	3	2	=5/14	0.36
Sunny	2	3	=5/14	0.36
All	5	9		
	=5/14	=9/14		
	0.36	0.64		

图 11-6　表格

步骤 3：使用朴素贝叶斯等式来计算每一类的后验概率。后验概率最大的类就是预测的结果。

问题：如果天气晴朗，参与者就能玩耍。这个陈述正确吗？

我们可以使用讨论过的方法解决这个问题。于是 $P(会玩|晴朗)=P(晴朗|会玩)\times P(会玩)/P(晴朗)$。

我们有 $P(晴朗|会玩)=3/9=0.33$，$P(晴朗)=5/14=0.36$，$P(会玩)=9/14=0.64$。

现在，$P(会玩|晴朗)=0.33\times 0.64/0.36=0.60$，有更大的概率。

朴素贝叶斯使用了一个相似的方法，通过不同属性来预测不同类别的概率。这个算法通常被用于文本分类，以及涉及多个类的问题。

2. 朴素贝叶斯的优缺点

优点：

（1）算法逻辑简单，易于实现（算法思路很简单，只要使用贝叶斯公式转化即可）；

（2）分类过程中时空开销小（假设特征相互独立，只会涉及二维存储）。

缺点：

朴素贝叶斯假设属性之间相互独立，这种假设在实际过程中往往是不成立的。在属性之间相关性越大，分类误差也就越大。

3. 朴素贝叶斯实战

Sklearn 中有三种不同类型的朴素贝叶斯。

（1）高斯分布型：用于 classification 问题，假定属性/特征服从正态分布的。

（2）多项式型：用于离散值模型里。比如文本分类问题里面我们提到过，我们不光看词语是否在文本中出现，也得看出现次数。如果总词数为 n，出现词数为 m 的话，有点像掷骰子 n 次出现 m 次这个词的场景。

（3）伯努利型：最后得到的特征只有 0（没出现）和 1（出现过）。

朴素贝叶斯 naive_bayes 的 Python 代码模板如下：

from sklearn.naive_bayes import GaussianNB　　　　　＃朴素贝叶斯分类器＃
module = GaussianNB()
module.fit(x, y)
predicted = module.predict(test)

我们使用 iris 数据集进行分类，朴素贝叶斯 Python 代码应用实例：

from sklearn.naive_bayes import GaussianNB
from sklearn.model_selection import cross_val_score
from sklearn import datasets
iris = datasets.load_iris()
gnb = GaussianNB()
scores = cross_val_score(gnb, iris.data, iris.target, cv = 10)
print("Accuracy: %.3f" % scores.mean())

输出：Accuracy：0.953

11.8　KNN 分类（K-最近邻算法）及其 Python 应用

该算法可用于分类问题和回归问题。然而，在业界内，K-最近邻算法更常用于分类问题。K-最近邻算法是一个简单的算法。它储存所有的案例，通过周围 k 个案例中的大多数情况划分新的案例。根据一个距离函数，新案例会被分配到它的 K 个近邻中最普遍的类别中去。

这些距离函数可以是欧式距离、曼哈顿距离、明氏距离或者是汉明距离。前三个距离函数用于连续函数，第四个距离函数（汉明函数）则被用于分类变量。如果 $K=1$，新案例就直接被分到离其最近的案例所属的类别中。有时候，使用 KNN 建模时，选择 K 的取值是一个挑战。如图 11-7 所示。

KNN 在现实生活中被广泛地应用。例如：想要了解一个陌生的人，你也许会去找他的好朋友或者他的圈子来获得他的信息。

K-最近邻算法 KNN 的 Python 代码模板如下：

from sklearn.neighbors import KNeighborsClassifier
　　　　　　　　　　　　　　　　　　＃K 近邻＃
from sklearn.neighbors import KNeighborsRegressor
module = KNeighborsClassifier(n_neighbors = 6)
module.fit(x, y)
predicted = module.predict(test)
predicted = module.predict_proba(test)

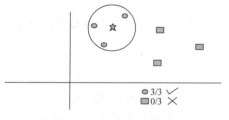

图 11-7　K-最近邻算法

下面是一个 KNN 的应用实例。

以鸢尾花数据集为例，鸢尾花数据集内包括 3 类鸢尾，包括山鸢尾、变色鸢尾和维吉尼亚鸢尾，每个记录都有 4 个特征：花萼长度、花萼宽度、花瓣长度和花瓣宽度。

数据集导入与分析：

```
from sklearn.datasets import load_iris
from sklearn.model_selection import train_test_split
from sklearn.neighbors import KNeighborsClassifier
import numpy as np
# 加载数据集
dataset = load_iris()
# 划分数据
X_train, X_test, y_train, y_test = train_test_split(dataset['data'],dataset['target'],random_state = 0)
# random_state 的作用相当于随机种子,是为了保证每次分割的训练集和测试集都是一样的
# 设置邻居数,即 n_neighbors 的大小
knn = KNeighborsClassifier(n_neighbors = 5)
# 构建模型
knn.fit(X_train,y_train)
# 得出分数
print("score:{:.2f}".format(knn.score(X_test,y_test)))

# 我们也可以对某一数据进行测试
# 尝试一条测试数据
X_try = np.array([[5,4,1,0.7]])
# 对 X_try 预测结果
prediction = knn.predict(X_try)
print("prediction = ",prediction)
```

得出结果：

```
prediction = [0]
```

即这朵花是山鸢尾。

11.9　K-均值算法及其 Python 应用

K-均值算法是一种非监督式学习算法,它能解决聚类问题。使用 K-均值算法来将一个数据归入一定数量的集群(假设有 k 个集群)的过程是简单的。一个集群内的数据点是均匀齐次的,并且异于别的集群。

1. K-均值算法形成集群的原理

1) K-均值算法给每个集群选择 k 个点。这些点称作质心。
2) 每一个数据点与距离最近的质心形成一个集群,也就是 k 个集群。
3) 根据现有的类别成员,找出每个类别的质心。现在我们有了新质心。
4) 当我们有新质心后,重复步骤 2)和步骤 3)。找到距离每个数据点最近的质心,并与新的 k 集群联系起来。重复这个过程,直到数据都收敛了,也就是当质心不再改变。

2. 如何决定 K 值

K-均值算法涉及集群,每个集群有自己的质心。一个集群内的质心和各数据点之间距

离的平方和形成了这个集群的平方值之和。同时,当所有集群的平方值之和加起来的时候,就组成了集群方案的平方值之和。

我们知道,当集群的数量增加时,K 值会持续下降。但是,如果你将结果用图表来表示,你会看到距离的平方总和快速减少。到某个值 k 之后,减少的速度就大大下降了。在此,我们可以找到集群数量的最优值。如图 11-8 所示。

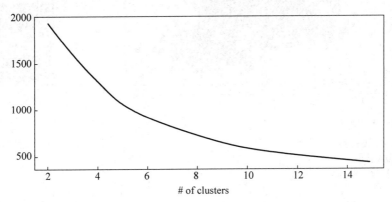

图 11-8　集群数量的最优值

K-均值算法的 Python 代码模板:

```
from sklearn.cluster import KMeans          ♯kmeans 聚类♯
module = KMeans(n_clusters = 3, random_state = 0)
module.fit(x, y)
module.predict(test)
```

K-均值算法实例:

```
import matplotlib.pyplot as plt
import sklearn.datasets as ds
import matplotlib.colors
♯造数据
N = 800
centers = 4
♯ 生成 2000 个(默认)2 维样本点集合,中心点 5 个
data,y = ds.make_blobs(N,centers = centers,random_state = 0)
♯原始数据分布
♯在使用 matplotliblib 画图的时候经常会遇见中文或者是负号无法显示的情况,我们会添加下面两句话:
♯pylot 使用 rc 配置文件来自定义图形的各种默认属性,称之为 rc 配置或 rc 参数.通过 rc 参数可以修改默认的属性,包括窗体大小、每英寸的点数、线条宽度、颜色、样式、坐标轴、坐标和网络属性、文本、字体等。
matplotlib.rcParams['font.sans-serif'] = [u'SimHei']
matplotlib.rcParams['axes.unicode_minus'] = False
cm = matplotlib.colors.ListedColormap(list('rgbm'))
plt.scatter(data[:,0],data[:,1],c = y,cmap = cm)
plt.title(u'原始数据分布')
plt.grid()
plt.show()
```

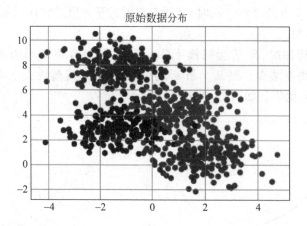

原始数据分布

扫码看彩图

```
'''
sklearn.cluster.KMeans(
    n_clusters = 8,
    init = 'k - means++',
    n_init = 10,
    max_iter = 300,
    tol = 0.0001,
    precompute_distances = 'auto',
    verbose = 0,
    random_state = None,
    copy_x = True,
    n_jobs = 1,
    algorithm = 'auto' )
```

参数说明：

（1）n_clusters：簇的个数，即要聚成几类。

（2）init：初始簇中心的获取方法。

（3）n_init：获取初始簇中心的更迭次数，为了弥补初始质心的影响，算法默认会初始10次质心，实现算法，然后返回最好的结果。

（4）max_iter：最大迭代次数（因为 kmeans 算法的实现需要迭代）。

（5）tol：容忍度，即 kmeans 运行准则收敛的条件。

（6）precompute_distances：是否需要提前计算距离，这个参数会在空间和时间之间做权衡，如果是 True 会把整个距离矩阵都放到内存中，auto 会默认在数据样本大于 featurs * samples 的数量大于 12e6 的时候 False，False 时核心实现的方法是利用 CPython 来实现的。

（7）verbose：冗长模式（不太懂是啥意思，反正一般不去改默认值）。

（8）random_state：随机生成簇中心的状态条件。

（9）copy_x：对是否修改数据的一个标记，如果 True，即复制了就不会修改数据。bool 在 scikit-learn 很多接口中都会有这个参数的，就是是否对输入数据继续 copy 操作，以便不修改用户的输入数据。这个要理解 Python 的内存机制才会比较清楚。

（10）n_jobs：并行设置。

（11）algorithm：kmeans 的实现算法，有：'auto'，'full'，'elkan'，其中'full'表示用 EM 方式实现。

```
'''
# K - Means
from sklearn.cluster import KMeans
# n_clusters = k
model = KMeans(n_clusters = 3, init = 'k - means++')
# model.fit_predict 相当于两个动作的合并：model.fit(data) + model.predict(data),
# 可以一次性得到聚类预测之后的标签, 免去了中间过程。
y_pre = model.fit_predict(data)
plt.scatter(data[:,0], data[:,1], c = y_pre, cmap = cm)
plt.title(u'K - Means 聚类')
plt.grid()
plt.show()
```

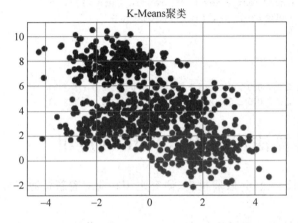

扫码看彩图

11.10 随机森林算法及其 Python 应用

随机森林是表示决策树总体的一个专有名词。在随机森林算法中，我们有一系列的决策树(因此又名"森林")。为了根据一个新对象的属性将其分类，每一个决策树有一个分类，称之为这个决策树"投票"给该分类。这个森林选择获得森林里(在所有树中)获得票数最多的分类。

每棵树是像这样种植养成的：

(1) 如果训练集的案例数是 N，则从 N 个案例中用重置抽样法随机抽取样本。这个样本将作为"养育"树的训练集。

(2) 假如有 M 个输入变量，则定义一个数字 $m \ll M$。m 表示，从 M 中随机选中 m 个变量，这 m 个变量中最好的切分会被用来切分该节点。在种植森林的过程中，m 的值保持不变。

(3) 尽可能大地种植每一棵树，全程不剪枝。

随机森林算法 Python 代码模板：

```
# Import Library
from sklearn.ensemble import RandomForestClassifier
# Assumed you have, X (predictor) and Y (target) for training data set and x_test(predictor) of test_dataset
# Create Random Forest object
model = RandomForestClassifier()
# Train the model using the training sets and check score
model.fit(X, y)
```

```
# Predict Output
predicted = model.predict(x_test)
```

随机森林 Python 应用实例：

```
## 数据准备 x_train, x_test, y_train, y_test
from sklearn.datasets import load_iris
from sklearn.model_selection import train_test_split
from sklearn.linear_model import LogisticRegression
from sklearn.metrics import accuracy_score, mean_squared_error, r2_score
iris_sample = load_iris()
x_train, x_test, y_train, y_test = train_test_split(
    iris_sample.data, iris_sample.target, test_size = 0.25, random_state = 123)
from sklearn.ensemble import RandomForestClassifier    # 随机森林 #
module = RandomForestClassifier()
module.fit(x_train, y_train)
print ('预测值：', module.predict(x_test))
print ('实际值：', y_test)
预测值：[1 2 2 1 0 2 1 0 0 1 2 0 1 2 2 2 0 0 1 0 0 1 0 2 0 0 0 2 2 0 2 1 0 0 1 1 2 0]
实际值：[1 2 2 1 0 2 1 0 0 1 2 0 1 2 2 2 0 0 1 0 0 2 0 2 0 0 0 2 2 0 2 2 0 0 1 1 2 0]
```

11.11　降维算法代码及其 Python 应用

近年来，信息捕捉都呈指数增长。公司、政府机构、研究组织在应对着新资源以外，还需捕捉详尽的信息。

例如：电子商务公司更详细地捕捉关于顾客的资料：个人信息、网络浏览记录、他们的喜恶、购买记录、反馈以及别的许多信息，比你身边的杂货店售货员更加关注你。

作为一个数据科学家，我们提供的数据包含许多特点，以便为建立一个经得起考验的模型提供很好的材料，但有一个挑战：如何从 1000 或者 2000 个变量中分辨出最重要的变量呢？在这种情况下，降维算法和别的一些算法（比如决策树、随机森林、PCA、因子分析）帮助我们根据相关矩阵、缺失的值的比例和别的要素来找出这些重要变量。

降维算法 Python 代码模板如下：

```
# Import Library
from sklearn import decomposition
# Assumed you have training and test data set as train and test
# Create PCA obejectpca= decomposition.PCA(n_components = k) # default value of k = min(n_sample, n_features)
# For Factor analysis
# fa= decomposition.FactorAnalysis()
# Reduced the dimension of training dataset using PCA
train_reduced = pca.fit_transform(train)
# Reduced the dimension of test dataset
test_reduced = pca.transform(test)
# For more detail on this, please refer this link.
```

下面是一个降维算法的主成分分析 PCA 算法的 Python 应用实例。

1. 主成分分析 PCA 降维流程

总地来说，对 n 维的数据进行 PCA 降维，达到 k 维：

(1) 对原始数据减均值进行归一化处理;
(2) 求协方差矩阵;
(3) 求协方差矩阵的特征值和对应的特征向量;
(4) 选取特征值最大的 k 个值对应的特征向量;
(5) 经过预处理后的数据乘以选择的特征向量,获得降维结果。

2. 实验数据

数据文件 11-1.txt,数据如下:

```
array([[5.1, 3.5, 1.4, 0.2],
       [4.9, 3. , 1.4, 0.2],
       [4.7, 3.2, 1.3, 0.2],
       [4.6, 3.1, 1.5, 0.2],
       [5.0, 3.6, 1.4, 0.2],
       [5.4, 3.9, 1.7, 0.4],
       [4.6, 3.4, 1.4, 0.3],
       [5. , 3.4, 1.5, 0.2]])
```

shape 为(8,4),即 8 条特征数为 4 的数据。

3. 使用 Python3.X 实现主成分分析 PCA

(1) 导入数据

```
import numpy as np
import pandas as pd
XMat = np.array(pd.read_csv("D:/data/data.txt",sep = "",header = None)).astype(np.float)
XMat
XMat.shape
(8, 4)
```

(2) 去除平均值

求 XMat 每列的平均值:

```
average = np.mean(XMat, axis = 0)
average
array([4.9125, 3.3875, 1.45  , 0.2375])
```

扩展均值 shape 由(1,4)到(8,4):

```
# avgs 为 average 的前 m = 8 行,因为 average 只有 1 行,因此这 8 行是一样的
# np.tile(average, (m, 1))表示是二维的,m 行 4 列
m, n = np.shape(XMat)
avgs = np.tile(average, (m, 1))
print(avgs.shape)
avgs
array([[4.9125, 3.3875, 1.45  , 0.2375],
       [4.9125, 3.3875, 1.45  , 0.2375],
       [4.9125, 3.3875, 1.45  , 0.2375],
       [4.9125, 3.3875, 1.45  , 0.2375],
       [4.9125, 3.3875, 1.45  , 0.2375],
       [4.9125, 3.3875, 1.45  , 0.2375],
       [4.9125, 3.3875, 1.45  , 0.2375],
       [4.9125, 3.3875, 1.45  , 0.2375]])
```

XMat 减去其每列均值:

```
data_adjust = XMat - avgs
data_adjust
```

(3) 求 XMat 协方差矩阵的特征值和特征向量

因为是 4 列的数据即 4 维特征,因此协方差是 4×4 的。

```
covX = np.cov(data_adjust.T)
covX
```

可以得到协方差矩阵如下:

```
array([[0.07553571, 0.06017857, 0.02071429, 0.00946429],
       [0.06017857, 0.08410714, 0.02071429, 0.01482143],
       [0.02071429, 0.02071429, 0.01428571, 0.00642857],
       [0.00946429, 0.01482143, 0.00642857, 0.00553571]])
```

我们用上面协方差矩阵可以求出特征值和特征向量。

```
featValue, featVec =  np.linalg.eig(covX)
featValue
featVec
array([0.14895862, 0.02011245, 0.00148272, 0.00891049])
array([[-0.65876556, -0.72856118, -0.11472948, -0.1485385 ],
       [-0.70934639,  0.66003523,  0.1429499 , -0.20185767],
       [-0.21646919, -0.04883532,  0.40427725,  0.88730835],
       [-0.12647812,  0.17654239, -0.89608168,  0.38713523]])
```

特征值 0.14895862 对应特征向量为第一条列向量 $[-0.65876556, -0.70934639, -0.21646919, -0.12647812]$,这里的特征向量都归一化为单位向量。

(4) 选择最大的 k 个特征值对应的 k 个特征向量

按照特征值从大到小排序,index 显示位置:

```
index = np.argsort(-featValue)
index
#下面是从小到大
np.argsort(featValue)
array([0, 1, 3, 2], dtype=int64)
```

因为特征向量是列向量,这里转化成行向量:

```
k = 2
selectVec = np.matrix(featVec.T[index[:k]])
selectVec
matrix([[-0.65876556, -0.70934639, -0.21646919, -0.12647812],
        [-0.72856118,  0.66003523, -0.04883532,  0.17654239]])
```

(5) 将样本点投影到选取的特征向量上

即数据集乘以特征向量的转置:

```
finalData = data_adjust * selectVec.T  # (8, 4) * (4, 2) = (8, 2)
finalData.shape
finalData
matrix([[-1.87753623e-01, -6.65298313e-02],
        [ 2.98672686e-01, -2.50835210e-01],
```

```
[  3.10203440e-01,   3.17676037e-02],
[  4.03720796e-01,   2.88531340e-02],
[ -1.92811706e-01,   7.23298094e-02],
[ -7.59358232e-01,  -4.26211362e-04],
[  1.99915986e-01,   2.49401474e-01],
[ -7.25893469e-02,  -6.45607687e-02]])
```

(6) 计算重构误差

还原对应投影后的数据：

```
reconData = (finalData * selectVec) + average
print(reconData.shape)
reconData
```

根据公式 $\dfrac{\dfrac{1}{m}\sum_{i=1}^{m}||x^{(i)}-x_{\text{approx}}||^2}{\dfrac{1}{m}\sum_{i=1}^{m}||x^{(i)}||^2} \leqslant 0.01\,(1\%)$

其中，m 是样本个数，即数据的行数 8。x 是经过去均值处理的原始数据，这里是 data_adjust。x_{approx} 是经过重构后还原的数据，这里是 reconData。

求误差平方和，计算 err1：

```
errMat = XMat - reconData
err1 = np.sum(np.array(errMat)**2) / m
err1
0.009094059870400649
```

计算 err2：

```
err2 = np.sum(data_adjust**2) /m
err2
0.15703125
```

计算 η(eta)：

```
eta = err1/err2
eta
0.05791242106523796
0.05791242106523796
```

因此 $1-\eta=0.942087578934762$ 左右，说明该数据取 $k=2$ 进行 PCA 降维时，能保留 94％以上的信息。

11.12 Gradient Boosting 和 AdaBoost 算法及其 Python 应用

当我们要处理很多数据来做一个有高预测能力的预测时，用到 Gradient Boosting 和 AdaBoost 这两种 Boosting 算法。Boosting 算法是一种集成学习算法。它结合了建立在多个基础估计值基础上的预测结果，来增进单个估计值的可靠程度。除了 Gradient Boosting 和 AdaBoost 算法外，还有 XGBRegressor 算法等。

Gradient Boosting 的 Python 代码模板如下：

```
from sklearn.ensemble import GradientBoostingClassifier
# Gradient Boosting 和 AdaBoost 算法 #
from sklearn.ensemble import GradientBoostingRegressor
module = GradientBoostingClassifier(n_estimators = 100, learning_rate = 0.1, max_depth = 1, random_state = 0)
module.fit(x, y)
module.predict(test)
```

Gradient Boosting 应用实例：

```
from sklearn.ensemble import GradientBoostingClassifier
module = GradientBoostingClassifier(n_estimators = 100, learning_rate = 0.1, max_depth = 1, random_state = 0)
## 数据准备 x_train, x_test, y_train, y_test
from sklearn.datasets import load_iris
from sklearn.model_selection import train_test_split
iris_sample = load_iris()
x_train, x_test, y_train, y_test = train_test_split(
iris_sample.data, iris_sample.target, test_size = 0.25, random_state = 123)
module.fit(x_train, y_train)
module.score(x_train, y_train)
module.predict(x_test)
```

得到如下结果：

```
array([1, 2, 2, 1, 0, 1, 1, 0, 0, 1, 2, 0, 1, 2, 2, 2, 0, 0, 1, 0, 0, 1,
       0, 2, 0, 0, 0, 2, 2, 0, 2, 1, 0, 0, 1, 1, 2, 0])
y_test
```

得到如下结果：

```
array([1, 2, 2, 1, 0, 2, 1, 0, 0, 1, 2, 0, 1, 2, 2, 2, 0, 0, 1, 0, 0, 2,
       0, 2, 0, 0, 0, 2, 2, 0, 2, 2, 0, 0, 1, 1, 2, 0])
```

可见，预测的结果与实际的结果一致。

练 习 题

对本章例题，使用 Python 重新操作一遍。

时间序列数据分析的 Python 应用

12.1 时间序列分析相关基本概念

1. 时间序列

对某一个或者一组变量 $x(t)$ 进行观察测量,将在一系列时刻 $t_1,t_2,\cdots,t_n$ 所得到的离散数字组成的序列集合,称之为时间序列。

2. 时间序列分析

根据系统观察得到的时间序列数据,通过曲线拟合和参数估计来建立数学模型的理论和方法。时间序列分析常用于国民宏观经济控制、市场潜力预测、气象预测、农作物害虫灾害预报等各个方面。

3. 基本特征

趋势:是时间序列在长时期内呈现出来的持续向上或持续向下的变动。

季节变动:是时间序列在一年内重复出现的周期性波动。它是诸如气候条件、生产条件、节假日或人们的风俗习惯等各种因素影响的结果。

循环波动:是时间序列呈现出的非固定长度的周期性变动。循环波动的周期可能会持续一段时间,但与趋势不同,它不是朝着单一方向的持续变动,而是涨落相同的交替波动。

不规则波动:是时间序列中除去趋势、季节变动和周期波动之后的随机波动。不规则波动通常总是夹杂在时间序列中,致使时间序列产生一种波浪形或震荡式的变动。只含有随机波动的序列也称为平稳序列。

12.2 时间序列分析数据的可视化图形

图形分析方法可直接可视化时间序列分析的数据,也可以可视化时间序列的统计特征。可视化数据即绘制时间序列的折线图,看曲线是否围绕某一数值上下波动(判断均值是否稳定),看曲线上下波动幅度变化大不大(判断方差是否稳定),看曲线不同时间段波动的频率变化大不大(判断协方差是否稳定),以此来判断时间序列是否是平稳的。

以下绘制几张图,大家来直观判断一下哪些是平稳的,哪些是非平稳的。

1. 时间序列分析数据可视化图形 Python 代码

```python
import numpy as np
import pandas as pd
import akshare as ak      # 需按照 akshare
from matplotlib import pyplot as plt
np.random.seed(123)
# -------------- 准备数据 --------------
# 白噪声
white_noise = np.random.standard_normal(size = 1000)
# 随机游走
x = np.random.standard_normal(size = 1000)
random_walk = np.cumsum(x)
# -------------- 绘制图形 --------------
fig, ax = plt.subplots(2, 2)
ax1 = plt.subplot(221)
plt.plot(white_noise)
plt.title('white_noise')
ax2 = plt.subplot(222)
plt.plot(random_walk)
plt.title('random_walk')

plt.xticks(rotation = 30)                                  # 调整标注倾斜角度
plt.subplots_adjust(wspace = 0.5, hspace = 0.5)            # 调整子图间间距
# plt.tight_layout()                                       # 调整子图间间距另一种方法
plt.show()
```

运行上述 Python 代码，可得到如图 12-1 所示的图形。

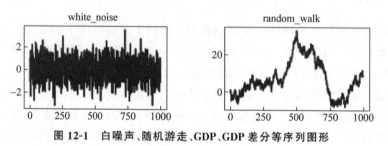

图 12-1　白噪声、随机游走、GDP、GDP 差分等序列图形

从图 12-1 可见：

（1）白噪声，曲线围绕 0 值上下波动，波动幅度前后、上下一致，为平稳序列。

（2）随机游走，曲线无确定趋势，均值、方差波动较大，非平稳序列。

2. 可视化统计特征——自相关性

可视化统计特征，是指绘制时间序列的自相关图和偏自相关图，根据自相关图的表现来判断序列是否平稳。

自相关，也叫序列相关，是一个信号与自身不同时间点的相关度，或者说与自身的延迟拷贝——或滞后的相关性，是延迟的函数。不同滞后期得到的自相关系数，叫作自相关图。

(这里有一个默认假设,即序列是平稳的,平稳序列的自相关性只和时间间隔 k 有关,不随时间 t 的变化而变化,因而可以称自相关函数是延迟(k)的函数),如图12-2所示。

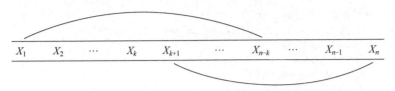

图 12-2 自相关

平稳序列通常具有短期相关性,对于平稳的时间序列,自相关系数往往会迅速退化到 0 (滞后期越短相关性越高,滞后期为 0 时,相关性为 1);而对于非平稳的数据,退化会发生得更慢,或存在先减后增或者周期性的波动等变动。

自相关的计算公式为根据滞后期 k 将序列拆成等长的两个序列,计算这两个序列的相关性得到滞后期为 k 时的自相关性。

例如:给定如下的 X, A, B 等数据,可计算出自相关性统计量 ACF。

$X = [2,3,4,3,8,7]$
$A = [2,3,4,3,8]$
$B = [3,4,3,8,7]$

$$\overline{X} = \frac{1}{6}\sum_{i=1}^{6} X_i = 4.5$$

$$s^2(X) = \frac{1}{6}\sum_{i=1}^{6}(X_i - \overline{X})(X_i - \overline{X}) = 4.916$$

$$r(1) = \frac{1}{5}\sum_{i=1}^{5}(A_i - \overline{X})(B_i - \overline{X}) = 1.75$$

$$\text{ACF}(1) = \frac{r(1)}{s^2(X)} = 1.75/4.916 = 0.3559322$$

Python 中的 statsmodels.api 的 tsa.stattools 工具可实现计算 acf 统计量。

```
import statsmodels.api as sm
X = [2,3,4,3,8,7]
print(sm.tsa.stattools.acf(X,nlags = 1,adjusted = True))
[1.    0.3559322]
```

其中第一个元素为滞后期为 0 时的自相关性,第二个元素为滞后期为 1 期时的自相关性。

根据 ACF 求出滞后 k 自相关系数时,实际上得到并不是 $X(t)$ 与 $X(t-k)$ 之间单纯的相关关系。

因为 $X(t)$ 同时还会受到中间 $k-1$ 个随机变量 $X(t-1), X(t-2), \cdots, X(t-k+1)$ 的影响,而这 $k-1$ 个随机变量又都和 $X(t-k)$ 具有相关关系,所以自相关系数里面实际掺杂了其他变量对 $X(t)$ 与 $X(t-k)$ 的影响。

在剔除了中间 $k-1$ 个随机变量 $X(t-1), X(t-2), \cdots, X(t-k+1)$ 的干扰之后, $X(t-k)$ 对 $X(t)$ 影响的相关程度,叫偏自相关系数。不同滞后期得到的偏自相关系数,叫偏自相关图(偏自相关系数计算较复杂,后期再来具体介绍)。

我们来看几个实例(图 12-1 中的数据,再来看一下它们的自相关图和偏自相关图)。

```
# 数据生成过程在第一个代码块中
from statsmodels.graphics.tsaplots import plot_acf, plot_pacf
fig, ax = plt.subplots(4, 2)
fig.subplots_adjust(hspace = 2)
plot_acf(white_noise, ax = ax[0][0])
ax[0][0].set_title('ACF(white_noise)')
plot_pacf(white_noise, ax = ax[0][1])
ax[0][1].set_title('PACF(white_noise)')
plot_acf(random_walk, ax = ax[1][0])
ax[1][0].set_title('ACF(random_walk)')
plot_pacf(random_walk, ax = ax[1][1])
ax[1][1].set_title('PACF(random_walk)')
# plt.subplots_adjust(wspace = 1, hspace = 1)
# plt.tight_layout()
plt.show()
```

运行上述 Python 代码,可得到如图 12-3 所示的图形。

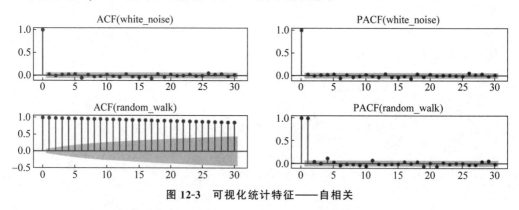

图 12-3　可视化统计特征——自相关

从图 12-3 中可以得到如下几个结论:

(1) 白噪声的自相关系数很快就衰减到 0 附近,是明显的平稳序列。滞后期为 0 时自相关系数和偏自相关系数其实就是序列自己和自己的相关性,故为 1;滞后期为 1 时,自相关系数为 0,表示白噪声无自相关性。

(2) 随机游走,自相关系数下降非常缓慢,故为非平稳序列;另从偏自相关系数中可以看到随机游走只和前一项有关。

同可视化数据一样,直观判断带有较强主观性,但能让我们对数据有更直观的认识。

3. 时间序列分析数据的基础统计方法

计算统计量的方法只是作为一个补充,了解即可。宽平稳中有两个条件是均值不变和方差不变,可视化数据中我们可以直观看出来,其实还可以具体计算一下看看。

很有意思的逻辑,直接将序列前后拆分成 2 个序列,分别计算这 2 个序列的均值、方差,对比看是否差异明显(其实很多时序异常检验也是基于这种思想,前后分布一致则无异常,否则存在异常或突变)。

我们来算白噪声和随机游走序列不同时间段的均值、方差。

```python
import numpy as np
np.random.seed(123)
white_noise = np.random.standard_normal(size = 1000)
x = np.random.standard_normal(size = 1000)
random_walk = np.cumsum(x)
def describe(X):
    split = int(len(X) / 2)
    X1, X2 = X[0:split], X[split:]
    mean1, mean2 = X1.mean(), X2.mean()
    var1, var2 = X1.var(), X2.var()
    print('mean1 = %f, mean2 = %f' % (mean1, mean2))
    print('variance1 = %f, variance2 = %f' % (var1, var2))

print('white noise sample')
describe(white_noise)

print('random walk sample')
describe(random_walk)

white noise sample
mean1 = - 0.038644, mean2 = - 0.040484
variance1 = 1.006416, variance2 = 0.996734
random walk sample
mean1 = 5.506570, mean2 = 8.490356
variance1 = 53.911003, variance2 = 126.866920
```

从上可见：白噪声序列均值和方差略有不同，但大致在同一水平线上；随机游走序列的均值和方差差异就比较大，因此为非平稳序列。

12.3 时间序列分析的平稳性检验原理

1. 平稳时间序列

平稳时间序列是指统计性质（如均值、方差和自相关）不随时间变化的序列。相反，非平稳时间序列是指统计性质会随时间的变化而改变的序列这主要是受趋势、季节效应、单位根的存在或者三者的综合影响。非平稳数据的建模会产生不可预测的结果，导致虚假回归。

2. 平稳过程的类型

平稳过程：会产生平稳的观测序列的过程。
趋势平稳：没有表现出趋势的过程。
季节性平稳：没有表现出季节性变化的过程。
严格平稳：也称为强平稳。随机变量的无条件联合概率分布不随时间的变化而变化的过程。
弱平稳：也称协方差平稳或二阶平稳。随机变量的均值、方差和相关性不随时间的变化而变化的过程。

3. 扩张 Dickey-Fuller 检验

扩张 Dickey-Fuller(augmented Dickey-Fuller)检验是一种统计检验的类型，用于确定

时间序列数据中是否存在单位根。因为单位根的存在可能导致时间序列分析中出现不可预测的结果。以下是用于 ADF 检验的一些基本自回归模型。

没有常量也没有趋势：

$$\Delta y_t = \gamma y_{t-1} + \sum_{j=1}^{p} \delta_j \Delta y_{t-j} + \varepsilon_t$$

没有趋势只有常量：

$$\Delta y_t = \alpha + \gamma y_{t-1} + \sum_{j=1}^{p} \delta_j \Delta y_{t-j} + \varepsilon_t$$

有趋势和有常量：

$$\Delta y_t = \alpha + \gamma y_{t-1} + \beta t + \sum_{j=1}^{p} \delta_j \Delta y_{t-j} + \varepsilon_t$$

α 是漂移常数，β 是关于时间趋势的系数，γ 是假设的系数，p 是第一差分自回归过程的滞后阶，ε_t 是一个独立同分布的残差项。当 $\alpha=0$ 和 $\beta=0$ 时，模型为随机游走过程；当 $\beta=0$ 时，模型是一个具有漂移过程的随机游走。要选择滞后 p 的长度，使得残差项不是序列相关的。检验选择滞后的信息准则有 Akaike 信息准则（AIC）、贝叶斯信息准则（BIC）和 Hannan−Quinn 信息准则。

假设如下：

原假设 H_0：如果没有被拒绝，则表示时间序列包含单位根并且是非平稳的。

备择假设 H_1：如果 H_0 被拒绝，则表示时间序列不包含单位根并且平稳的。

用 p 值作为拒绝或接受原假设的依据：如果 p 值低于阈值（比如 5% 或者 1%），则拒绝原假设；如果 p 值高于阈值，则无法拒绝原假设，即时间序列是非平稳的。换句话说，如果阈值是 5% 或者 0.05，那么

$P > 0.05$：不能拒绝原假设 H_0，可以认为数据有一个单位根并且是非平稳的。

$P \leqslant 0.05$：拒绝原假设 H_0，可以认为数据没有一个单位根并且是平稳的。

Python 的 Statsmodels 库提供了实现此检验的 adfuller() 函数。

Python 的 arch.unitroot 函数提供了：arch.unitroot(ADF)、arch.unitroot (PhillipsPerron)、arch.unitroot(KPSS)、arch.unitroot(ZivotAndrews)、arch.unitroot (VarianceRatio)。

以上几种检验中均不能 100% 保证检验正确，PP 检验可认为是 ADF 检验的补充，KPSS 检验同样也可和其他检验一同使用，当均认为是平稳或趋势平稳时方判定为平稳。除以上检验方法外，还有 Zivot−Andrews 检验、Variance Ratio 检验等检验方法。

12.4 沪深 300 时间序列分析的平稳性检验实例

```python
import tushare as ts                          # 财经数据接口包 tushare
import matplotlib.pyplot as plt
import pandas as pd
data = pd.read_csv('F:/2glkx/000300.csv')
data.index = pd.to_datetime(data.Date)
close = data.Close
closeDiff_1 = close.diff(1)                   # close 的 1 阶差分处理
closeDiff_2 = close.diff(2)                   # close 的 2 阶差分处理
```

```
rate = (close - close.shift(1))/close.shift(1)
data = pd.DataFrame()
data['close'] = close
data['closeDiff_1'] = closeDiff_1
data['closeDiff_2'] = closeDiff_2
data['rate'] = rate
data = data.dropna()
fig = plt.figure(1,figsize=(16,4))
data['close'].plot()
plt.title('close')
```

运行上述 Python 代码，可得到如图 12-4 所示的图形。

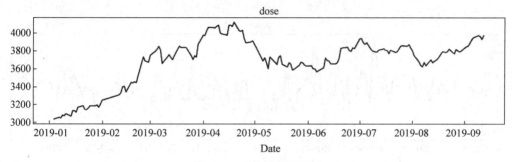

图 12-4　收盘价数据图形

```
fig = plt.figure(2,figsize=(16,4))
data['rate'].plot(color='b')
plt.title('rate')
```

运行上述 Python 代码，可得到如图 12-5 所示的图形。

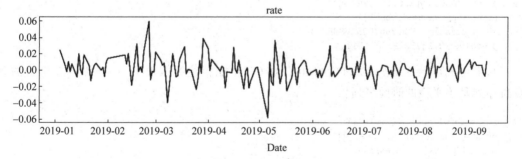

图 12-5　收益率数据图形

```
fig = plt.figure(3,figsize=(16,4))
data['closeDiff_1'].plot(color='r')
plt.title('closeDiff_1')
```

运行上述 Python 代码，可得到如图 12-6 所示的图形。

```
fig = plt.figure(4,figsize=(16,4))
data['closeDiff_2'].plot(color='y')
plt.title('closeDiff_2')
```

运行上述 Python 代码，可得到如图 12-7 所示的图形。

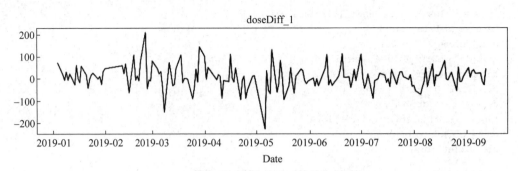

图 12-6　收盘价一阶差分数据图形

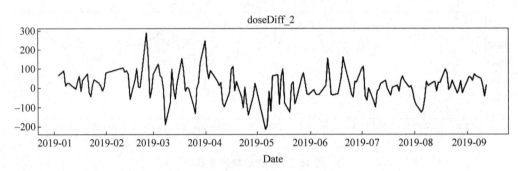

图 12-7　收盘价二阶差分数据图形

Python 的 statsmodels.tsa.stattools 的 adfuller 的 ADF 检验代码及其运行结果如下：

```
from statsmodels.tsa.stattools import adfuller
res = adfuller(data['close'])
print ('ADF statistic:',res[0])
print ('p-value:',res[1])
ADF statistic: -2.346782916936231
p-value: 0.15732296607441401
```

从上可见，$P=0.15732296607441401>0.05$，不能拒绝原假设 H_0：沪深 300 价格的收盘价序列是不平稳的时间序列！

```
res = adfuller(data['rate'])
print ('ADF statistic:',res[0])
print ('p-value:',res[1])
ADF statistic: -13.18781003018581
p-value: 1.1604789668151e-24
```

从上可见，$P=1.1604789668151e-24<0.05$，拒绝原假设 H_0，即沪深 300 收益率序列是平稳的时间序列！

12.5　时间序列分析的波动率模型 GARCH 原理

在金融风险管理中，我们对当前波动率是很感兴趣的，这是因为需要对单一金融资产或组合资产在一个较短时间内的价值变化进行估计；同时，在对衍生资产进行定价时，往往需要对其整个期限内的波动率进行预测，这就需要用到波动率模型。波动率模型的一个显著特点是假设波动率不是常数,具体而言就是在某些期间波动率可能相对较低,而在其他期间内可能相对较高。

最常见的波动率模型主要有两个:一个是自回归条件异方差模型 ARCH,另一个是广义自回归异方差模型 GARCH。本节将重点讨论估计波动率的方法、主要的波动率模型以及用于波动率建模的第三方模块 ARCH。

1. 估计波动率

假定市场变量在第 t 个交易日的取值为 P_t,在第 $t-1$ 个交易日的取值为 P_{t-1},变量 u_t 被定义为第 t 个交易日的连续复利收益率,具体表达式如下:

$$u_t = \ln \frac{P_t}{P_{t-1}} \tag{12-1}$$

同时,σ_n 被定义为在第 $n-1$ 个交易日估计变量在第 n 个交易日的波动率,估计得到的第 n 个交易日的波动率平方 σ_n^2 称为方差率。

利用变量 u_t 在最近 m 个交易日的观测数据推算出的方差率 σ_n^2 的无偏估计如下:

$$\sigma_n^2 = \frac{1}{m-1} \sum_{t=1}^{m} (u_{n-t} - \bar{u})^2 \tag{12-2}$$

其中 $\bar{u}$ 是 u_t 的均值,定义如下:

$$\bar{u} = \frac{1}{m} \sum_{t=1}^{m} u_{n-t} \tag{12-3}$$

为有效跟踪方差率 σ_n^2 的变化,对式(12-2)中的参数做些变化,主要的变化体现在以下三个方面。

(1) u_t 被定义为变量在第 $t-1$ 个交易日的百分比变化,类似于涨跌幅比例,具体如下:

$$u_t = \frac{P_t - P_{t-1}}{P_{t-1}} \tag{12-4}$$

(2) $\bar{u}$ 的均值等于 0,主要的处理在金融领域比较常见,比如股票收益率的均值就可以假设为 0。

(3) 用 m 来代替 $m-1$。

以上三个变化对最终计算的结果影响并不大,同时最重要的式(12-2)可以简化如下:

$$\sigma_n^2 = \frac{1}{m} \sum_{t=1}^{m} u_{n-t}^2 \tag{12-5}$$

其中,u_{n-t} 由式(12-4)给出,具体如下:

$$u_{n-t} = \frac{P_{n-t} - P_{n-t-1}}{P_{n-t-1}} \tag{12-6}$$

2. ARCH 模型

在前面的式(12-5)中,由于 t 的取值是 $1\sim m$,因此在计算 σ_n^2 时,$u_{n-1}^2, u_{n-2}^2, \cdots, u_{n-m}^2$ 等各项的权重是相同的 $1/m$。然而,这样的等权重处理方法虽然简单,却过于理想化。由于是估计当前的波动率 σ_n,因此对于距离估计日较近的数据(比如 u_{n-1}^2, u_{n-2}^2 等)应该赋予较大的权重,而对于比较远的数据(比如 u_{n-m}^2,u_{n-m-1}^2 等)应该给予较大的权重,这样或许更符合实际情况。

设想出以下的一个模型:

$$\sigma_n^2 = \sum_{t=1}^{m} \alpha_t u_{n-t}^2 \tag{12-7}$$

其中,α_t 是从现在往前推算第 t 天(交易日)观察值 u_{n-t}^2 所对应的权重,并且有 3 个特征:一是 α_t 均取正数,即 $\alpha_t > 0$;二是如果 $i > j$,则 $\alpha_i < \alpha_j$,也就是对于较久远的数据赋予较小的权重;三是权重之和等于 1,即

$$\sum_{t=1}^{m} \alpha_t = 1 \tag{12-8}$$

对于(12-8)做进一步的推广。假定存在某一个长期平均方差率 V_L,并给予该长期平均方差率一定的权重 γ,式(12-7)就变成

$$\sigma_n^2 = \gamma V_L + \sum_{t=1}^{m} \alpha_t u_{n-t}^2 \tag{12-9}$$

由于所有权重之和依然等于 1,因此就有如下等式:

$$\gamma + \sum_{t=1}^{m} \alpha_t = 1 \tag{12-10}$$

式(12-9)和式(12-10)所构成的模型就是由罗伯特·恩格尔最先提出的 ARCH 模型,这里的 m 就是对应观测到的最近 m 个交易日。

根据式(12-9)可以发现,方差率 σ_n^2 的估计值是基于长期平均方差率以及最近的 m 个交易日观测到的 u_{n-t}^2 得到的,并且观察的数据越靠近估计日所对应的权重就越大。

令 $\omega = \gamma V_L$,则可以将式(12-9)改写成:

$$\sigma_n^2 = \omega + \sum_{t=1}^{m} \alpha_t u_{n-t}^2 \tag{12-11}$$

可以说,ARCH 模型是过去数十年里金融计量学领域最重大的创新之一。在所有的波动率模型中,基于 ARCH 模型而衍生出来的模型无论是理论研究的深度还是实际运用的广度都是独一无二的。

3. GARCH 模型

在 ARCH 模型的基础上,波勒斯勒夫(Bollerslev)提出了 GARCH 模型,并且最基础的模型就是 GARCH(1,1)模型,GARCH(1,1)模型的表达式如下:

$$\sigma_n^2 = \gamma V_L + \alpha u_{n-1}^2 + \beta \sigma_{n-1}^2 \tag{12-12}$$

其中,V_L 依然是长期平均方差率,γ 表示对应于 V_L 的权重,α 是对应于 u_{n-1}^2 的权重,β 对应于 σ_{n-1}^2 的权重。所有的权重之和依然等于 1,即

$$\gamma + \alpha + \beta = 1 \tag{12-13}$$

通过式(12-12)不难发现,在 GARCH(1,1)模型中,σ_n^2 是由长期平均方差率 V_L、在最近一个交易日(第 $n-1$ 个交易日)变量的百分比变动 u_{n-1} 以及波动率估计值 σ_{n-1} 共同确定的。

此外，GARCH(1,1)模型中的第一个1代表模型中变量的百分比变动u_{n-1}，选择最近一个交易日(第$n-1$个交易日)，第二个1代表模型中变量的波动率估计值σ_{n-1}，也是选择最近一个交易日。

GARCH模型的一般表达式是GARCH(p,q)模型，具体的公式如下：

$$\sigma_n^2 = \gamma V_L + \sum_{i=1}^{p} \alpha_i u_{n-i}^2 + \sum_{j=1}^{q} \beta_j \sigma_{n-j}^2 \tag{12-14}$$

通过式(12-14)可以比较清楚地看到GARCH(p,q)模型中p和q的含义。其中p代表了确定u_{n-i}^2观测值的最近p个交易日，q代表了最新的q个方差估计值σ_{n-j}^2，其中$1 \leqslant i \leqslant p, 1 \leqslant j \leqslant q$。

此外，对于GARCH(1,1)模型而言，如果设定$\gamma=0, \alpha=1-\lambda, \beta=\lambda$，这时GARCH(1,1)模型就退化为指数加权移动平均模型(EWMA)。因此指数加权移动平均模型(EWMA)是GARCH(1,1)模型的一个特例。

也有学者提出了非对称信息的GARCH模型，在这些模型中，σ_n的取值与u_{n-1}的符号有关。

下面，参照ARCH模型的做法，令$\omega = \gamma V_L$，则式(10)可改写为

$$\sigma_n^2 = \omega + \alpha u_{n-1}^2 + \beta \sigma_{n-1}^2 \tag{12-15}$$

在估计GARCH(1,1)模型的参数时，通常采用式(12-15)。

一旦估计出ω, α, β以后，就可以通过等式$\gamma = 1 - \alpha - \beta$计算出$\gamma$；然后可以计算得到长期平均方差率$V_L = \omega / \gamma = \omega / (1 - \alpha - \beta)$。

为了保证GARCH(1,1)模型是稳定的，需要令$\alpha + \beta < 1$，也就是对应于长期平均方差率的权重$\gamma > 0$。

12.6　时间序列分析的波动率模型GARCH应用

ARCH模块是用于构建波动率模型和其他金融计量模型的Python第三方模块。由于该模块未能集成在Anaconda中，因此可以通过打开Anaconda Prompt，并且输入以下命令在线安装：

```
pip install arch
```

在ARCH模块中，构建ARCH模型和GARCH模型需要用到arch_model函数。该函数的格式常用参数如下：

```
arch_model(y,x,mean,lags,vol,p,o,q,dist)
```

y代表因变量，x代表外生回归因子，未输入则模型自动省略，mean表示均值模型的类型，lags表示滞后阶数，vol波动率模型的类型，p表示随机数的滞后阶数，o表示非对称数据的滞后项阶数，q表示波动率或对应变量的滞后阶数，dist表示误差项服从的分布类型。

获取收益率数据的代码如下：

```
import tushare as ts            #财经数据接口包 tushare
import matplotlib.pyplot as plt
import pandas as pd
```

```
import numpy as np
IndexData = ts.get_k_data(code = 'sh', start = '2019 - 01 - 01', end = '2021 - 08 - 01')
IndexData.index = pd.to_datetime(IndexData.date)
close = IndexData.close
rate = (close - close.shift(1))/close.shift(1)
data = pd.DataFrame()
data['rate'] = rate
data = data.dropna()
fig = plt.figure(1, figsize = (16, 4))
data['rate'].plot(color = 'b')
plt.title('rate')

model_arch = arch_model(y = data['rate'], mean = 'Constant', lags = 0, vol = 'ARCH', p = 1, o = 0, q = 0,
dist = 'normal')                        # 构建 ARCH(1)模型
res = model_arch.fit()                  # ARCH(1)模型
res.summary()                           # 输出拟合结果
```

```
Constant Mean - ARCH Model Results
==============================================================================
Dep. Variable:                   rate    R-squared:                       0.000
Mean Model:             Constant Mean    Adj. R-squared:                  0.000
Vol Model:                       ARCH    Log-Likelihood:                1909.85
Distribution:                  Normal    AIC:                          -3813.70
Method:            Maximum Likelihood    BIC:                          -3800.38
                                         No. Observations:                  626
Date:                Fri, Nov 26 2021    Df Residuals:                      625
Time:                        10:42:47    Df Model:                            1
                              Mean Model
==============================================================================
                  coef       std err         t       P>|t|         95.0% Conf. Int.
------------------------------------------------------------------------------
mu           4.5288e-04    4.438e-04     1.021      0.307      [-4.169e-04, 1.323e-03]
                           Volatility Model
==============================================================================
                  coef       std err         t       P>|t|         95.0% Conf. Int.
------------------------------------------------------------------------------
omega        1.0279e-04    1.075e-05     9.563   1.149e-21      [ 8.172e-05, 1.239e-04]
alpha[1]         0.2500        0.131     1.903   5.706e-02      [-7.502e-03,    0.508]
```

从上面输出结果可以看到：ARCH(1)模型的参数 $\omega = 1.0279\text{e}-04, \alpha = 0.2500$，因此得到模型数值表达式如下：

$$\sigma_n^2 = 1.0279\text{e}-04 + 0.2500 u_{n-1}^2$$

构建 GARCH(1,1)模型并输出相关模型的结果，具体代码如下：

```
model_garch = arch_model(y = data['rate'], mean = 'Constant', lags = 0, vol = 'GARCH', p = 1, o = 0, q =
1, dist = 'normal')                     # 构建 GARCH(1,1)模型
res1 = model_garch.fit()                # ARCH(1)模型
res1.summary()                          # 输出拟合结果
```

得到如下结果：

```
              Constant Mean - GARCH Model Results
==============================================================================
Dep. Variable:                   rate    R-squared:                       0.000
```

```
Mean Model:           Constant Mean    Adj. R-squared:              0.000
Vol Model:                    GARCH    Log-Likelihood:            1927.26
Distribution:                Normal    AIC:                      -3846.53
Method:          Maximum Likelihood    BIC:                      -3828.77
                                       No. Observations:              626
Date:              Fri, Nov 26 2021    Df Residuals:                  625
Time:                      10:49:22    Df Model:                        1
                              Mean Model
=====================================================================
                coef      std err        t      P>|t|      95.0% Conf. Int.
---------------------------------------------------------------------
mu         6.0386e-04   3.831e-04    1.576      0.115   [-1.469e-04,1.355e-03]
                           Volatility Model
=====================================================================
                coef      std err        t      P>|t|      95.0% Conf. Int.
---------------------------------------------------------------------
omega      1.3705e-05   7.930e-12   1.728e+06   0.000   [1.371e-05,1.371e-05]
alpha[1]       0.1000   4.237e-02      2.360   1.828e-02  [1.695e-02,  0.183]
beta[1]        0.8000   3.026e-02     26.433   5.662e-154 [    0.741,  0.859]
=====================================================================
```

从以上的输出结果可见，GARCH(1,1)模型的参数 $\omega = 1.3705\mathrm{e}-05, \alpha = 0.1000, \beta = 0.8000$，因此得到的模型数值表达式如下：

$$\sigma_n^2 = 1.3705\mathrm{e}-05 + 0.1000 u_{n-1}^2 + 0.8000 \sigma_{n-1}^2$$

同时，可得到上证指数的涨幅长期波动率是 $\sqrt{V_\mathrm{L}} = \sqrt{\dfrac{1.3705 \times 10^{-5}}{1 - 0.1 - 0.8}} = 0.011706992496528444$。

```
res1.params
```

得到如下结果：

```
mu          0.000604
omega       0.000014
alpha[1]    0.100000
beta[1]     0.800000
Name: params, dtype: float64
```

```
vol = np.sqrt(res1.params[1]/(1 - res1.params[2] - res1.params[3]))
print(vol)
```

得到如下结果：

0.011706992496528444

将结果可视化。运用内置的 plot 函数将标准化残差和条件波动率通过图形方式显示出来，具体代码如下：

```
res.plot()
```

如图 12-8 所示。

```
res1.plot()
```

如图 12-9 所示。

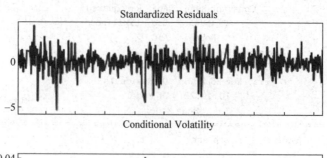

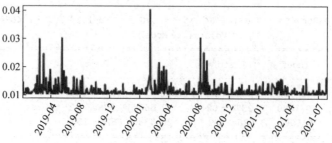

图 12-8 通过 ARCH(1) 模型得到的标准化残差和条件波动率

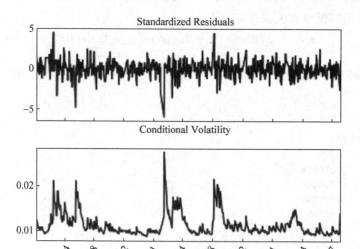

图 12-9 通过 GARCH(1,1) 模型得到的标准化残差和条件波动率

从图 12-8 和图 12-9 可以发现，ARCH(1) 模型和 GARCH(1,1) 模型的标准化残差时间序列是比较相似的；但是 ARCH(1) 模型和 GARCH(1,1) 模型的条件波动率时间序列存在着一定的差异。

练 习 题

对本章例题的数据文件，使用 Python 重新操作一遍。

1. 考察自相关系数 acf，完成以下任务：

1) 基于 np.random.randint 和 pd.date_range 生成一组一维时间序列，该序列长度为

10,序列元素大小为 1 至 100 的随机整数,时间跨度从 2022-06-01—2022-06-10;

2)计算该序列 lag 为 5 对应的自相关系数;

3)基于 statsmodels 模块验证任务 2 的结果;

4)编写函数 my_acf,实现 statsmodels 中 acf 方法类似功能。

2. 基于 statsmodels 对时间序列建模,完成以下任务:

ARIMA 建模流程,一般如下。

① 读取数据源,并可视化;

② 检验序列的稳态性,初步确定 d 值;

③ 可视化 acf 和 pacf,并初步确定 p 和 q 值;

④ 建模;

⑤ 预测;

⑥ 研究残差项是否满足白噪声。

已知有 50ETF 对应的市场行情数据集(数据源:510050.csv),时间从'2021-01-04'至'2022-04-29',现尝试基于 ARIMA 模型对其建模。预测期为'2022-04-01'至'2022-04-29'。

1)假设 50etf 的收盘价序列为$\{c_i\}$,请问$\{c_i\}$是否为平稳序列?其收益率是否为平稳序列?

2)可视化 50etf 收益率序列的 acf 和 pacf。

3)通过 grid-search 方式找到最优 p,d,q 值。基于滚动窗口(rolling-windows)方式来训练模型,训练集为 252 个交易日,测试集为下一个交易日。

4)基于最优 p,d,q 建模来预测'2022-04-01'至'2022-04-29'这段时间的收益率,并与真实收益率进行对比。包括建模、可视化预测值与真实值和计算 RMSE、计算真实值和预测值相关性。

量化金融投资数据分析的 Python 应用

本章内容包括:(1)标准均值方差模型及其 Python 应用;(2)投资组合有效边界的 Python 绘制;(3)Markowitz 投资组合优化的 Python 应用;(4)蒙特卡洛模拟股票期权定价的 Python 应用;(5)蒙特卡洛模拟期权价格稳定性的 Python 应用。

13.1 资产组合标准均值方差模型及其 Python 应用

本节先介绍资产组合均值方差模型要用到的一些概念,包括资产组合的可行集、资产组合的有效集、最优资产组合等。然后介绍标准均值方差模型及其应用。

13.1.1 资产组合的可行集

选择每个资产的投资比例,就确定了一个资产组合,在预期收益率和标准差构成的坐标平面上就确定了一个点。因此,每个资产组合对应着 $\sigma_P - E(r_P)$ 坐标平面上的一个点;反之,$\sigma_P - E(r_P)$ 坐标平面上的一个点对应着某个特定的资产组合。如果投资者选择了所有可能的投资比例,则这些众多的资产组合点将在 $\sigma_P - E(r_P)$ 坐标平面上构成一个区域。这个区域称为资产组合的可行集或可行域。简而言之,可行集是实际投资中所有可能的集合。也就是说,所有可能的组合将位于可行集的边界和内部。

13.1.2 有效边界与有效组合

1. 有效边界的定义

理性的投资者,都是厌恶风险而偏好收益的。在一定的收益下,他们将选择风险最小的资产组合;在一定的风险下,他们将选择收益最大的资产组合。同时满足这两个条件的资产组合的集合就是有效集,又称为有效边界。位于有效边界上的资产组合为有效组合。

2. 有效集的位置

有效集是可行集的一个子集。可行集、有效集、有效组合如图 13-1 所示。

3. 最优资产组合的确定

在确定了有效集的形状之后,投资者就可以根据自己的无差异曲线选择效用最大化的

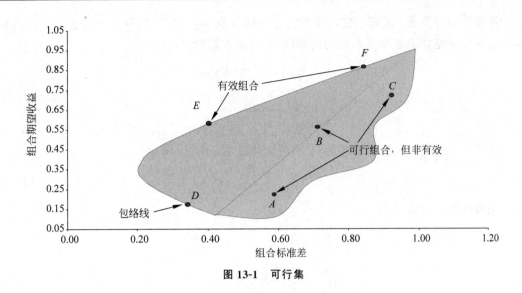

图 13-1　可行集

资产组合。这个最优资产位于无差异曲线与有效集的相切点。

如图 13-2 所示，U_1，U_2，U_3 分别表示三条无差异曲线，它们的特点是下凸，其中 U_1 的效用水平最高，U_2 次之，U_3 最低，虽然投资者更加偏好于 U_1，但是在可行集上找不到这样的资产组合，因而是不可能实现的。U_3 上的资产组合虽然可以找到，但是由于 U_3 所代表的效用低于 U_2，所以 U_3 上的资产组合都不是最优的资产组合。U_2 正好与有效边界相切，代表了可以实现的最高投资效用，因此 P 点所代表的组合就是最优资产组合。

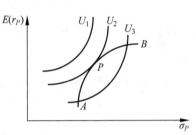

图 13-2　有效边界与无差异曲线

13.1.3　标准均值方差模型的求解

1. 标准均值方差模型的概念

标准均值方差模型是标准的资产组合理论模型，也就是马科维茨最初创建的模型，它讨论的是理性投资者如何在投资收益风险两者之间进行权衡，以获得最优回报的问题。这个问题是一个二次规划问题，分为等式约束和不等式约束两种，我们只讨论等式约束下的资产组合优化问题。

在介绍资产组合理论之前，先引入如下概念。

定义：如果一个资产组合对确定的预期收益率有最小的方差，则称该资产组合为最小方差资产组合。

假设有 n 种风险资产，其预期收益率组成的向量记为 $\vec{e}=(E(r_1),E(r_2),\cdots,E(r_n))^{\mathrm{T}}$，每种风险资产的权重向量是 $\boldsymbol{X}=(x_1,\cdots,x_n)^{\mathrm{T}}$，协方差矩阵记为 $\boldsymbol{V}=[\sigma_{ij}]_{n\times n}$，向量 $\vec{1}=[1,1,\ldots,1]^{\mathrm{T}}$，并且假设协方差矩阵记为 $\boldsymbol{V}=[\sigma_{ij}]_{n\times n}$，是非退化矩阵，$\vec{e}\neq k\vec{1}$（$k$ 为任一常数）。相应地，该资产组合的收益率记为 $E(r_P)=\boldsymbol{X}^{\mathrm{T}}\vec{e}$，风险记为 $\sigma_P^2=\boldsymbol{X}^{\mathrm{T}}\boldsymbol{V}\boldsymbol{X}$。

投资者的行为是：给定一定的资产组合预期收益率 μ 水平，选择资产组合使其风险最小。这其实就是要求解如下形式的问题（标准均值方差模型）：

$$\min \frac{1}{2}\sigma_P^2 = \frac{1}{2}\boldsymbol{X}^\mathrm{T}\boldsymbol{V}\boldsymbol{X} \tag{13-1}$$

$$\text{s.t.} \begin{cases} \vec{\boldsymbol{1}}^\mathrm{T}\boldsymbol{X}=1 \\ E(r_P)=\vec{\boldsymbol{e}}^\mathrm{T}\boldsymbol{X}=\mu \end{cases}$$

这是一个等式约束的极值问题，我们可以构造 Lagrange 函数：

$$L(X,\lambda_1,\lambda_2)=\frac{1}{2}\boldsymbol{X}^\mathrm{T}\boldsymbol{V}\boldsymbol{X}+\lambda_1(1-\vec{\boldsymbol{1}}^\mathrm{T}\boldsymbol{X})+\lambda_2(\mu-\boldsymbol{X}^\mathrm{T}\vec{\boldsymbol{e}}) \tag{13-2}$$

则最优的一阶条件为

$$\frac{\partial L}{\partial \boldsymbol{X}}=\boldsymbol{V}\boldsymbol{X}-\lambda_1\vec{\boldsymbol{1}}-\lambda_2\vec{\boldsymbol{e}}=\vec{\boldsymbol{0}}$$

$$\frac{\partial L}{\partial \lambda_1}=1-\vec{\boldsymbol{1}}\boldsymbol{X}=0$$

$$\frac{\partial L}{\partial \lambda_2}=\mu-\vec{\boldsymbol{e}}^\mathrm{T}\boldsymbol{X} \tag{13-3}$$

由式(13-3)得最优解：

$$\boldsymbol{X}=\boldsymbol{V}^{-1}(\lambda_1\vec{\boldsymbol{1}}+\lambda_2\vec{\boldsymbol{e}}) \tag{13-4}$$

式(13-4)分别左乘 $\vec{\boldsymbol{1}}^\mathrm{T}$ 和 $\vec{\boldsymbol{e}}^\mathrm{T}$ 得

$$\begin{cases} 1=\lambda_1\vec{\boldsymbol{1}}^\mathrm{T}\boldsymbol{V}^{-1}\vec{\boldsymbol{1}}+\lambda_2\vec{\boldsymbol{1}}^\mathrm{T}\boldsymbol{V}^{-1}\vec{\boldsymbol{e}}=\lambda_1 a+\lambda_2 b \\ \mu=\lambda_1\vec{\boldsymbol{e}}^\mathrm{T}\boldsymbol{V}^{-1}\vec{\boldsymbol{1}}+\lambda_2\vec{\boldsymbol{e}}^\mathrm{T}\boldsymbol{V}^{-1}\vec{\boldsymbol{e}}=\lambda_1 b+\lambda_2 c \end{cases} \tag{13-5}$$

记

$$\begin{cases} a=\vec{\boldsymbol{1}}^\mathrm{T}\boldsymbol{V}^{-1}\vec{\boldsymbol{1}} \\ b=\vec{\boldsymbol{1}}^\mathrm{T}\boldsymbol{V}^{-1}\vec{\boldsymbol{e}} \\ c=\vec{\boldsymbol{e}}^\mathrm{T}\boldsymbol{V}^{-1}\vec{\boldsymbol{e}} \\ \Delta=ac-b^2 \end{cases}$$

从而方程组(13-5)有解（如果 $\vec{\boldsymbol{e}}\neq k\vec{\boldsymbol{1}}$，则 $\Delta=0$ 此时除 $\mu=k$ 外，方程无解。解 λ_1,λ_2 方程组(13-5)得

$$\begin{cases} \lambda_1=(c-\mu b)/\Delta \\ \lambda_2=(\mu a-b)/\Delta \end{cases} \tag{13-6}$$

将式(13-6)代入(13-4)得

$$\boldsymbol{X}=\boldsymbol{V}^{-1}\left(\frac{(c-\mu b)\vec{\boldsymbol{1}}}{\Delta}+\frac{(\mu a-b)\vec{\boldsymbol{e}}}{\Delta}\right)=\frac{\boldsymbol{V}^{-1}(c-\mu b)\vec{\boldsymbol{1}}}{\Delta}+\frac{\boldsymbol{V}^{-1}(\mu a-b)\vec{\boldsymbol{e}}}{\Delta}$$

$$=\frac{\boldsymbol{V}^{-1}(c\vec{\boldsymbol{1}}-b\vec{\boldsymbol{e}})}{\Delta}+\mu\frac{\boldsymbol{V}^{-1}(a\vec{\boldsymbol{e}}-b\vec{\boldsymbol{1}})}{\Delta} \tag{13-7}$$

再将(4)代入(2)得到最小方差资产组合的方差

$$\sigma_P^2=\boldsymbol{X}^\mathrm{T}\boldsymbol{V}\boldsymbol{X}=\boldsymbol{X}^\mathrm{T}\boldsymbol{V}\boldsymbol{V}^{-1}(\lambda_1\vec{\boldsymbol{1}}+\lambda_2\vec{\boldsymbol{e}})=\boldsymbol{X}^\mathrm{T}(\lambda_1\vec{\boldsymbol{1}}+\lambda_2\vec{\boldsymbol{e}})=\lambda_1\boldsymbol{X}^\mathrm{T}\vec{\boldsymbol{1}}+\lambda_2\boldsymbol{X}^\mathrm{T}\vec{\boldsymbol{e}}$$

$$=\lambda_1+\lambda_2\mu=(a\mu^2-2b\mu+c)/\Delta \tag{13-8}$$

式(13-8)给出了资产组合权重与预期收益率的关系。根据式(13-8)可知,最小方差资产组合在坐标平面 $\sigma(r_P)-E(r_P)$ 平面上有双曲线形式如图13-3所示。而在 $\sigma^2(r_P)-E(r_P)$ 平面上可有抛物线形式,如图13-4所示。

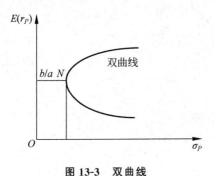

图 13-3　双曲线　　　　　　　图 13-4　抛物线

至此,我们得到描述最小方差资产组合的两个重要的量:

$$X = \frac{V^{-1}(c\vec{1}-b\vec{e})}{\Delta} + \mu \frac{V^{-1}(a\vec{e}-b\vec{1})}{\Delta}$$

令 $\vec{g} = \dfrac{V^{-1}(c\vec{1}-b\vec{e})}{\Delta}$,$\vec{h} = \dfrac{V^{-1}(a\vec{e}-b\vec{1})}{\Delta}$,则 $X = \vec{g} + \mu \vec{h}$

$$\sigma_P^2 = (a\mu^2 - 2b\mu + c)/\Delta$$

2. 标准均值方差模型的 Python 计算

例:考虑一个资产组合,其预期收益率矩阵为 $\vec{e}=[0.05, 0.1]^T$,协方差矩阵是 $V = \begin{bmatrix} 1 & 0 \\ 0 & 1 \end{bmatrix}$,预期收益率 $\mu=0.075$,求最小方差资产组合的权重和方差。

解:$a = \vec{1}^T V^{-1} \vec{1} = \begin{bmatrix} 1 & 1 \end{bmatrix} \begin{bmatrix} 1 & 0 \\ 0 & 1 \end{bmatrix} \begin{bmatrix} 1 \\ 1 \end{bmatrix}$;$b = \vec{1}^T V^{-1} \vec{e} = \begin{bmatrix} 1 & 1 \end{bmatrix} \begin{bmatrix} 1 & 0 \\ 0 & 1 \end{bmatrix} \begin{bmatrix} 0.2 \\ 0.5 \end{bmatrix}$;$c = \vec{e}^T V^{-1} \vec{e} = \begin{bmatrix} 0.2 & 0.5 \end{bmatrix} \begin{bmatrix} 1 & 0 \\ 0 & 1 \end{bmatrix} \begin{bmatrix} 0.2 \\ 0.5 \end{bmatrix}$

$$X = \vec{g} + \mu \vec{h};\ \sigma_P^2 = (a\mu^2 - 2b\mu + c)/\Delta$$

该实例计算的 Python 代码与计算结果如下:

```
from numpy import *
v = mat('1 0;0 1')
print (v)
[[1 0]
 [0 1]]
e = mat('0.05;0.1')
print (e)
[[ 0.05]
 [ 0.1 ]]
ones = mat('1;1')
print (ones)
```

```
[[1]
 [1]]
a = ones.T * v.I * ones
print (a)
[[ 2.]]
b = ones.T * v.I * e
print (b)
[[ 0.15]]
c = e.T * v.I * e
print (c)
[[ 0.0125]]
d = a * c - b * b
print (d)
[[ 0.0025]]
u = 0.075
c = 0.0125
b = 0.15
g = v.I * (c * ones - b * e)/d
a = 2.0
h = v.I * (a * e - b * ones)/d
x = g + h * u
print (x)
[[ 0.5]
 [ 0.5]]
var = (a * u * u - 2 * b * u + c)/d
print (var)
[[ 0.5]]
```

13.2 资产组合有效边界的 Python 绘制

例：输入数据如表 13-1 所示。

表 13-1 已知数据

	输入各个证券的预期收益率			
	证券1	证券2	证券3	证券4
预期收益率	8%	12%	6%	18%
标准差	32%	26%	45%	36%
	输入各个证券间的协方差矩阵			
	证券1	证券2	证券3	证券4
证券1	0.1024	0.0328	0.0655	−0.0022
证券2	0.0328	0.0676	−0.0058	0.0184
证券3	0.0655	−0.0058	0.2025	0.0823
证券4	−0.0022	0.0184	0.0823	0.1296
输入单位向量转置	1	1	1	1

建立 Excel 数据文件为 yxbj.xls,数据如下:

u
0.01
0.03
0.05
0.07
0.09
……
0.35
0.37
0.39

利用上述给出的数据,绘制 4 项资产组成的投资组合的有效边界。

为了绘制 4 项资产投资组合的有效边界,我们编制 Python 代码如下。

```
import pandas as pd
import numpy as np
import matplotlib.pyplot as plt  #绘图工具
#读取数据并创建数据表,名称为 u
u = pd.DataFrame(pd.read_excel('F:\\2glkx\\data\\yxbj.xls'))
V = mat('0.1024 0.0328 0.0655 -0.0022;0.0328 0.0676 -0.0058 0.0184;0.0655 -0.0058 0.2025 0.0823;-0.0022 0.0184 0.0823 0.1296')
e = mat('0.08;0.12;0.06;0.18')
ones = mat('1;1;1;1')
a = ones.T * V.I * ones
b = ones.T * V.I * e
c = e.T * V.I * e
d = a * c - b * b
a = np.array(a)
b = np.array(b)
c = np.array(c)
d = np.array(d)
u = np.array(u)
var = (a * u * u - 2.0 * b * u + c)/d
sigp = math.sqrt(var)
print (sigp,u)
[[ 0.40336771]
 [ 0.35191492]
 [ 0.3043241 ]
 [ 0.2627026 ]
 [ 0.23030981]
 [ 0.21143086]
 [ **0.20974713**]
 [ 0.22564387]
 [ 0.25586501]
 [ 0.29605591]
 [ 0.34272694]
 [ 0.39357954]
 [ 0.44718944]
 [ 0.50267524]
 [ 0.55947908]
 [ 0.61723718]
```

```
   [ 0.67570488]
   [ 0.73471279]
   [ 0.7941405 ]
   [ 0.85390036]]
[[ 0.01]
 [ 0.03]
 [ 0.05]
 [ 0.07]
 [ 0.09]
 [ 0.11]
 [ 0.13]
 [ 0.15]
 [ 0.17]
 [ 0.19]
 [ 0.21]
 [ 0.23]
 [ 0.25]
 [ 0.27]
 [ 0.29]
 [ 0.31]
 [ 0.33]
 [ 0.35]
 [ 0.37]
 [ 0.39]]
plt.plot(sigp, u, 'ro')
```

用 sigp 和 u 的数据可得到如图 13-5 所示 4 个资产投资组合的有效边界。

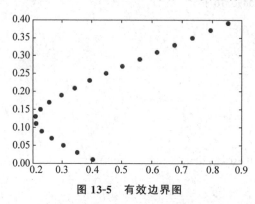

图 13-5 有效边界图

从上显示的数据和图 13-5 中,我们可以看出,最小风险(标准差)所对应的点是(0. 20974713,0.13)。

13.3 Markowitz 投资组合优化的 Python 应用

13.3.1 Markowitz 投资组合优化基本理论

多股票策略回测时常常遇到这样的问题:仓位如何分配?其实,这个问题早在 1952 年马科维茨(Markowitz)就给出了答案,即:投资组合理论。根据这个理论,我们可以对多资产的组合配置进行三方面的优化。

(1) 找到有效边界(或有效前沿),在既定的收益率下使投资组合的方差最小化;

(2) 找到 sharpe 最优的投资组合(收益-风险均衡点);

(3) 找到风险最小的投资组合。

该理论基于用均值方差模型来表述投资组合的优劣的前提。我们将选取几只股票,用蒙特卡洛模拟来探究投资组合的有效边界。通过 Sharpe 比最大化和方差最小化两种优化方法来找到最优的投资组合配置权重参数。最后,刻画出可能的分布,两种最优以及组合的有效边界。

13.3.2 投资组合优化实例的 Python 应用

例 13-1 三个投资对象的单项回报率历史数据如表 13-2 所示。

表 13-2 三个投资对象的单项回报率历史数据

时期	股票 1	股票 2	债券
1	0	0.07	0.06
2	0.04	0.13	0.07
3	0.13	0.14	0.05
4	0.19	0.43	0.04
5	−0.15	0.67	0.07
6	−0.27	0.64	0.08
7	0.37	0	0.06
8	0.24	−0.22	0.04
9	−0.07	0.18	0.05
10	0.07	0.31	0.07
11	0.19	0.59	0.1
12	0.33	0.99	0.11
13	−0.05	−0.25	0.15
14	0.22	0.04	0.11
15	0.23	−0.11	0.09
16	0.06	−0.15	0.1
17	0.32	−0.12	0.08
18	0.19	0.16	0.06
19	0.05	0.22	0.05
20	0.17	−0.02	0.07

求 3 个资产的投资组合夏普比最大化和方差最小化的权数。

先将此表数据在目录 F:\2glkx\data 下建立 tzsy.xls 数据文件。

```
#准备工作
import pandas as pd
import numpy as np                          #数值计算
import statsmodels.api as sm                #统计计算
import scipy.stats as scs                   #科学计算
import matplotlib.pyplot as plt             #绘制图形
```

1. 选取股票

```
#取数
data = pd.DataFrame()
data = pd.read_excel('F:\\2glkx\\data\\tzsy.xls')
data = pd.DataFrame(data)
#清理数据
data = data.dropna()
data.head()
data.plot(figsize = (8,3))
```

得到如图 13-6 所示的图形。

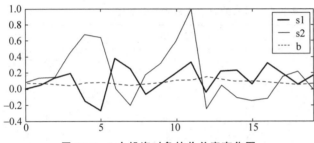

图 13-6 3 个投资对象的收益率变化图

扫码看彩图

2. 计算不同证券的均值、协方差

```
returns = data
returns.mean()
s1    0.1130
s2    0.1850
b     0.0755
dtype: float64
returns.cov()
         s1         s2          b
s1   0.027433  -0.010768  -0.000133
s2  -0.010768   0.110153  -0.000124
b   -0.000133  -0.000124   0.000773
```

3. 给不同资产随机分配初始权重

```
noa = 3
weights = np.random.random(noa)
weights /= np.sum(weights)
weights
array([ 0.23377046,  0.51393812,  0.25229142])
```

4. 计算资产组合的预期收益、方差和标准差

```
np.sum(returns.mean() * weights)
0.11083104604177654
np.dot(weights.T, np.dot(returns.cov(),weights))
0.00794640503278533
np.sqrt(np.dot(weights.T, np.dot(returns.cov(),weights)))
0.08914261064600548
```

5. 用蒙特卡洛模拟产生大量随机组合

给定的一个股票池(证券组合)如何找到风险和收益平衡的位置。下面通过一次蒙特卡洛模拟,产生大量随机的权重向量,并记录随机组合的预期收益和方差。

```
port_returns = []
port_variance = []
for p in range(4000):
    weights = np.random.random(noa)
    weights /= np.sum(weights)
port_returns.append(np.sum(returns.mean() * weights))
port_variance.append(np.sqrt(np.dot(weights.T, np.dot(returns.cov(), weights))))
port_returns = np.array(port_returns)
port_variance = np.array(port_variance)
#无风险利率设定为4%
risk_free = 0.04
plt.figure(figsize = (8,3))
plt.scatter(port_variance, port_returns, c = (port_returns - risk_free)/port_variance, marker = 'o')
plt.grid(True)
plt.xlabel('excepted volatility')
plt.ylabel('expected return')
plt.colorbar(label = 'Sharpe ratio')
```

得到如图13-7所示的图形。

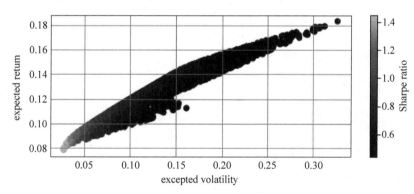

图 13-7　蒙特卡洛模拟产生大量随机投资组合

6. 投资组合优化 1——Sharpe 最大

建立 statistics 函数来记录重要的投资组合统计数据(收益,方差和夏普比),通过对约束最优问题的求解,得到最优解。其中约束是权重总和为 1。

```
def statistics(weights):
    weights = np.array(weights)
port_returns = np.sum(returns.mean() * weights)
port_variance = np.sqrt(np.dot(weights.T, np.dot(returns.cov(),weights)))
    return np.array([port_returns, port_variance, port_returns/port_variance])
#最优化投资组合的推导是一个约束最优化问题
import scipy.optimize as sco
#最小化夏普指数的负值
```

```
def min_sharpe(weights):
    return -statistics(weights)[2]
```

＃约束是所有参数（权重）的总和为 1。这可以用 minimize 函数的约定表达如下

```
cons = ({'type':'eq', 'fun':lambda x: np.sum(x)-1})
```

＃我们还将参数值（权重）限制在 0 和 1 之间。这些值以多个元组组成的一个元组形式提供给最小化函数

```
bnds = tuple((0,1) for x in range(noa))
```

＃优化函数调用中忽略的唯一输入是起始参数列表（对权重的初始猜测）。我们简单地使用平均分布。

```
opts = sco.minimize(min_sharpe, noa * [1./noa,], method = 'SLSQP', bounds = bnds, constraints = cons)
opts
```

得到如下结果：

```
fun: -2.9195938061883764
jac: array([ 0.01298031, -0.00767246, -0.0005444 ])
message: 'Optimization terminated successfully.'
nfev: 44
 nit: 8
njev: 8
 status: 0
success: True
      x: array([0.05163244, 0.02181969, 0.92654787])
```

得到的最优组合权重向量为：

```
opts['x'].round(3)
array([0.052, 0.022, 0.927])
```

sharpe 最大的组合 3 个统计数据分别为：

```
＃预期收益率、预期波动率、最优夏普指数
statistics(opts['x']).round(3)
array([0.08 , 0.027, 2.92 ])
```

7. 投资组合优化 2——方差最小

下面我们通过方差最小来选出最优投资组合。

```
def min_variance(weights):
    return statistics(weights)[1]
optv = sco.minimize(min_variance, noa * [1./noa,], method = 'SLSQP', bounds = bnds, constraints = cons)
optv
     fun: 0.02703779135034773
jac: array([0.0262073 , 0.02867849, 0.02704901])
message: 'Optimization terminated successfully.'
nfev: 42
 nit: 8
```

```
njev: 8
  status: 0
success: True
      x: array([0.03570797, 0.01117468, 0.95311736])
```

方差最小的最优组合权重向量及组合的统计数据分别为：

```
optv['x'].round(3)
array([0.036, 0.011, 0.953])
#得到的预期收益率、波动率和夏普指数
statistics(optv['x']).round(3)
array([0.078, 0.027, 2.887])
```

8. 投资组合的有效边界

有效边界由既定的目标收益率下方差最小的投资组合构成。

在最优化时采用两个约束：(1)给定目标收益率；(2)投资组合权重和为1。

```
def min_variance(weights):
    return statistics(weights)[1]
#在不同目标收益率水平(target_returns)循环时,最小化的一个约束条件会变化。
target_returns = np.linspace(0.07,0.19,50)
target_variance = []
for tar in target_returns:
  cons = ({'type':'eq','fun':lambda x:statistics(x)[0] - tar},{'type':'eq','fun':lambda x:np.sum(x) - 1})
  res = sco.minimize(min_variance, noa * [1./noa,], method = 'SLSQP', bounds = bnds, constraints = cons)
target_variance.append(res['fun'])
target_variance = np.array(target_variance)
```

下面是最优化结果的展示。

叉号：构成的曲线是有效边界（目标收益率下最优的投资组合）

红星：Sharpe 最大的投资组合

黄星：方差最小的投资组合

```
plt.figure(figsize = (8,3))
#圆圈：蒙特卡洛随机产生的组合分布
#plt.scatter(port_variance, port_returns, c = port_returns/port_variance,marker = 'o')
#叉号：有效边界
plt.scatter(target_variance,target_returns, c = target_returns/target_variance, marker = 'x')
#红星：标记最高 sharpe 组合
plt.plot(statistics(opts['x'])[1], statistics(opts['x'])[0], 'r*', markersize = 15.0)
#黄星：标记最小方差组合
plt.plot(statistics(optv['x'])[1], statistics(optv['x'])[0], 'y*', markersize = 15.0)
plt.grid(True)
plt.xlabel('expected volatility')
plt.ylabel('expected return')
plt.colorbar(label = 'Sharpe ratio')
```

得到如图 13-8 所示的图形。

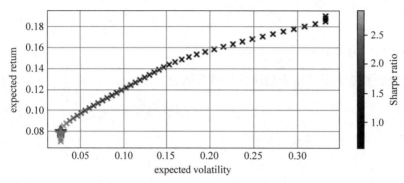

图 13-8 投资组合的有效边界

扫码看彩图

13.3.3 投资组合实际数据的 Python 应用

1. Markowitz 投资组合优化基本理论方法

我们可以对多资产的组合配置进行下面四个方面的优化。

(1) 在风险-收益平面中，找到风险最小的投资组合。

假设有 n 种风险资产，其预期收益率组成的向量记为 $\vec{e}=(E(r_1),E(r_2),\cdots,E(r_n))^{\mathrm{T}}$，每种风险资产的权重向量是 $\boldsymbol{X}=(x_1,\cdots,x_n)^{\mathrm{T}}$，协方差矩阵记为 $\boldsymbol{V}=[\sigma_{ij}]_{n\times n}$，向量 $\vec{\boldsymbol{1}}=[1,1,\ldots,1]^{\mathrm{T}}$，并且假设协方差矩阵记为 $\boldsymbol{V}=[\sigma_{ij}]_{n\times n}$ 是非退化矩阵，$\vec{e}\neq k\vec{\boldsymbol{1}}$（$k$ 为任一常数）。相应地，该资产组合的收益率记为 $E(r_P)=\boldsymbol{X}^{\mathrm{T}}\vec{e}$，风险记为 $\sigma_P^2=\boldsymbol{X}^{\mathrm{T}}\boldsymbol{V}\boldsymbol{X}$。

投资者的目的是：给定一定的资产组合预期收益率 μ 水平，选择资产组合使其风险最小。这其实就是要求解如下形式的问题（标准均值方差模型）：

$$\min \frac{1}{2}\sigma_P^2 = \frac{1}{2}\boldsymbol{X}^{\mathrm{T}}\boldsymbol{V}\boldsymbol{X} \tag{13-9}$$

$$\text{s.t.} \begin{cases} \vec{\boldsymbol{1}}^{\mathrm{T}}\boldsymbol{X}=1 \\ E(r_P)=\vec{e}^{\mathrm{T}}\boldsymbol{X}=\mu \end{cases}$$

这是一个非线性模型。

(2) 在风险-收益平面中，找到收益最小的投资组合。

$$\max E(r_P) = \sum_{i=1}^{n} x_i E(r_i) \tag{13-10}$$

$$\text{s.t.} \begin{cases} \vec{\boldsymbol{1}}^{\mathrm{T}}\boldsymbol{X}=1 \\ \sigma_P=\sigma_0 \end{cases}$$

这是一个线性模型。

(3) 在风险-收益平面中，找到 Sharpe 比最优的投资组合（收益-风险均衡点）；此问题即为

$$S_P = \frac{E(r_P)-r_f}{\sigma_P} = \max$$

$$\text{s. t.} \begin{cases} E(r_P) = \sum_{i=1}^{n} x_i E(r_i) \\ \sigma_P = \sqrt{\sum_{i=1}^{n}\sum_{j=1}^{n} x_i x_j \sigma_{ij}} \\ \sum_{i=1}^{n} x_i = 1 \\ 不允许卖空(x_i \geqslant 0) \end{cases}$$

(4) 在风险-收益平面中,找到有效边界(或有效前沿),在既定的期望收益率下使投资组合的方差最小化。

该理论基于用均值-方差模型来表述投资组合的优劣的前提。我们将选取几只股票,用蒙特卡洛模拟来探究投资组合的有效边界。通过 Sharpe 比最大化和方差最小化两种优化方法来找到最优的投资组合配置权重参数。最后,刻画出可能的分布,两种最优组合以及组合的有效边界。

2. 导入需要的程序包

```python
import tushare as ts                    # 需先安装 tushare 程序包
# 此程序包的安装命令: pip install tushare
import pandas as pd
import numpy as np                      # 数值计算
import statsmodels.api as sm            # 统计运算
import scipy.stats as scs               # 科学计算
import matplotlib.pyplot as plt         # 绘图
```

3. 选择股票代号、获取股票数据、数理清理及其可视化

```python
# 把相对应股票的收盘价按照时间的顺序存入 DataFrame 对象中
code_list = ['600900', '000001', '600030', '002352']
# 长江电力、平安银行、中信证券、顺丰控股股票代码
data = pd.DataFrame()
for code in code_list:
    data1 = ts.get_k_data(code, '2019-01-01', '2021-10-01')
    data1 = data1[['close', 'date']]
    data1.rename(columns = {'close': code}, inplace = True)
    data1['date'] = pd.to_datetime(data1['date'])
    data1.set_index('date', inplace = True)
    data1 = data1.sort_index(ascending = True)
    data = pd.concat([data, data1], axis = 1)    # 将单只股票的收盘价数据合并入总表
# 数据清理
data = data.dropna()
# data.to_excel('F:/2glkx/sg.xls')
data = pd.read_excel('F:/2glkx/sg.xls')
data.head()
# 可视化数据
data.set_index(["date"], inplace = True)
data.plot(figsize = (10, 5))
# plt.show()
```

得到如图 13-9 所示的图形。

图 13-9　四只股票的价格序列

4. 计算不同证券的均值、协方差和相关系数

计算投资资产的协方差是构建资产组合过程的核心部分。运用 Pandas 内置方法生产协方差矩阵。

```
R = (data - data.shift(1))/ data.shift(1)
R = R.dropna()
R.plot(figsize = (10,5))
R_mean = R.mean() * 252
print(R_mean)
600900    0.122625
000001    0.331652
600030    0.221754
002352    0.345780
R_cov = R.cov() * 252    #计算协方差
print(R_cov)
```

输出结果为：

	600900	000001	600030	002352
600900	0.035303	0.013347	-0.002897	0.005681
000001	0.013347	0.129266	0.000190	0.012214
600030	-0.002897	0.000190	0.133247	0.005353
002352	0.005681	0.012214	0.005353	0.135212

```
R.corr()    #计算相关系数
```

输出结果为：

	600900	000001	600030	002352
600900	1.000000	0.197581	-0.042243	0.082220
000001	0.197581	1.000000	0.001451	0.092386
600030	-0.042243	0.001451	1.000000	0.039882
002352	0.082220	0.092386	0.039882	1.000000

从上可见，各证券之间的相关系数不太大，可以做投资组合。

5. 给不同资产随机分配初始权重

假设不允许建立空头头寸,所有的权重系数均在 0~1 之间。

```
noa = 4
weights = np.random.random(noa)
weights /= np.sum(weights)
x = weights
print(x)
```

输出结果为:

[0.00569306 0.22125065 0.37000869 0.40304761]

6. 计算组合预期收益、组合方差和组合标准差

np.sum(R_mean * weights)

输出结果为:

0.1746918691616299
np.dot(weights.T, np.dot(R_cov,weights))

输出结果为:

0.03159693048114476
np.sqrt(np.dot(weights.T, np.dot(R_cov,weights)))

输出结果为:

0.17775525444032522

7. 用蒙特卡洛模拟产生大量随机组合

现在,我们最想知道的是给定的一个股票池(投资组合)如何找到风险和收益平衡的位置。下面通过一次蒙特卡洛模拟,产生大量随机的权重向量,并记录随机组合的预期收益和标准差。

```
port_R = []
port_std = []
for p in range(5000):
    weights = np.random.random(noa)
    weights /= np.sum(weights)
port_R.append(np.sum(R.mean() * 252 * weights))
port_std.append(np.sqrt(np.dot(weights.T, np.dot(R.cov() * 252, weights))))
port_R = np.array(port_R)
port_std = np.array(port_std)
#无风险利率设定为1.5%
risk_free = 0.015
plt.figure(figsize = (8,4))
plt.scatter(port_std, port_R, c = (port_R - risk_free)/port_std, marker = 'o')
plt.grid(True)
plt.xlabel('volatility')
plt.ylabel('expected return')
```

```
plt.colorbar(label = 'Sharpe ratio')
```

得到如图 13-10 所示的图形。

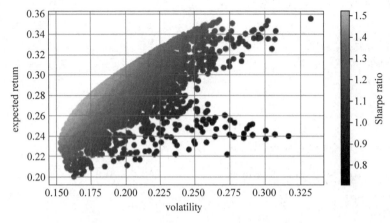

图 13-10　蒙特卡洛模拟产生大量随机组合

扫码看彩图

8. Sharpe 比最大的最优资产

建立 statistics 函数来记录重要的投资组合统计数据(收益,标准差和夏普比)通过对约束最优问题的求解,得到最优解。其中约束是权重总和为 1。

```
def statistics(weights):
    weights = np.array(weights)
port_R = np.sum(R.mean() * 252 * weights)
port_std = np.sqrt(np.dot(weights.T, np.dot(R.cov() * 252,weights)))
    return np.array([port_R, port_std, (port_R - risk_free)/port_std])
#最优化投资组合的推导是一个约束最优化问题
import scipy.optimize as sco
#最小化夏普指数的负值
def min_sharpe(weights):
    return - statistics(weights)[2]
#约束是所有参数(权重)的总和为 1.这可以用 minimize 函数的约定表达如下
cons = ({'type':'eq', 'fun':lambda x: np.sum(x) - 1})
#我们还将参数值(权重)限制在 0 和 1 之间。这些值以多个元组组成的一个元组形式提供给最小化函数
bnds = tuple((0,1) for x in range(noa))
#优化函数调用中忽略的唯一输入是起始参数列表(对权重的初始猜测).我们简单地使用平均分布。
opts = sco.minimize(min_sharpe, noa * [1./noa,], method = 'SLSQP', bounds = bnds, constraints = cons)
opts
```

运行上述代码,得到如下结果：

```
fun: -1.5222323115266727
jac: array([-0.09078462, -0.09030466, -0.09035546, -0.09060769])
message: 'Optimization terminated successfully.'
nfev: 34
    nit: 5
njev: 5
  status: 0
```

```
success: True
        x: array([0.36474986, 0.21491234, 0.19174812, 0.22858969])
```

输入如下代码后：

```
opts['x'].round(2)
```

得到的最优组合权重向量为：

```
array([0.36, 0.21, 0.19, 0.23])
#预期收益率、预期波动率、最优夏普指数
statistics(opts['x']).round(4)
array([0.2671, 0.1656, 1.5222])
```

9. 标准差风险最小的最优资产组合

下面我们通过风险最小来选出最优资产组合。

```
def min_std(weights):
    return statistics(weights)[1]
#初始权重为等权重 1./noa
cons = ({'type':'eq', 'fun':lambda x: np.sum(x) - 1})
optv = sco.minimize(min_std, noa * [1./noa,],method = 'SLSQP', bounds = bnds, constraints = cons)
optv
```

得到如下结果：

```
     fun: 0.15287310754703098
     jac: array([0.15257146, 0.15306539, 0.15384599, 0.15250211])
 message: 'Optimization terminated successfully.'
    nfev: 31
     nit: 5
    njev: 5
  status: 0
 success: True
       x: array([0.5653273 , 0.09945732, 0.20454612, 0.13066927])
```

标准差最小的最优组合权重向量及组合的统计数据分别为：

```
optv['x'].round(4)
```

得到如下结果：

```
array([0.5653, 0.0995, 0.2045, 0.1307])
#得到的预期收益率、波动率和夏普指数
statistics(optv['x']).round(4)
```

得到如下结果：

```
array([0.2298, 0.1529, 1.405 ])
```

在上面的标准差最小化模型中，如果我们再加上一个条件：$\mu = E(r_P) = \mu_0$，例如 $\mu_0 = 0.3$。那么结果如何呢？

我们只要在 cons 中进行如下设置即可。

```
cons = ({'type':'eq','fun':lambda x:statistics(x)[0] - 0.3},{'type':'eq','fun':lambda x:np.sum(x) - 1})
```

```
#初始权重为等权重1./noa
optv = sco.minimize(min_std, noa*[1./noa,],method = 'SLSQP', bounds = bnds, constraints = cons)
optv
      fun: 0.19425671553500168
jac: array([0.06685996, 0.25487484, 0.1174587 , 0.2535663 ])
message: 'Optimization terminated successfully.'
nfev: 24
      nit: 4
njev: 4
  status: 0
success: True
        x: array([0.1883648 , 0.31646144, 0.18040715, 0.31476661])
statistics(optv['x']).round(4)
array([0.3   , 0.1943, 1.4671])
```

10. 资产组合的有效边界（前沿）

有效边界由既定的目标收益率下标准差最小的投资组合构成。

在最优化时采用两个约束：(1)给定目标收益率；(2)投资组合权重和为1。

```
def min_std(weights):
    return statistics(weights)[1]
#在不同目标收益率水平(target_R)循环时,最小化的一个约束条件会变化。
target_R = np.linspace(0.2,0.35,50)
target_std = []
for tar in target_R:
  cons = ({'type':'eq','fun':lambda x:statistics(x)[0] - tar},{'type':'eq','fun':lambda x:np.sum(x) - 1})
##初始权重是等权重,SLSQP方法为最小序列二次规划方法
  res = sco.minimize(min_std, noa*[1./noa,],method = 'SLSQP', bounds = bnds, constraints = cons)
target_std.append(res['fun'])
target_std = np.array(target_std)
def min_std(weights):
    return statistics(weights)[1]
##最小标准差
cons = ({'type':'eq', 'fun':lambda x: np.sum(x) - 1})
optv = sco.minimize(min_std, noa*[1./noa,],method = 'SLSQP', bounds = bnds, constraints = cons)
```

下面是最优化结果的展示。

叉号：构成的曲线是有效边界（目标收益率下最优的投资组合）

红星：Sharpe 最大的投资组合

黄星：标准差最小的投资组合

```
plt.figure(figsize = (8,4))
#圆圈：蒙特卡洛随机产生的组合分布
#plt.scatter(port_std, port_R, c = port_R/port_std,marker = 'o')
#叉号：有效边界
plt.scatter(target_std,target_R, c = target_R/target_std, marker = 'x')
#红星：标记最高 Sharpe 比组合
plt.plot(statistics(opts['x'])[1], statistics(opts['x'])[0], 'r*', markersize = 15.0)
#黄星：标记最小标准差组合
plt.plot(statistics(optv['x'])[1], statistics(optv['x'])[0], 'y*', markersize = 15.0)
plt.grid(True)
```

```
plt.xlabel('volatility')
plt.ylabel('expected return')
plt.colorbar(label = 'Sharpe ratio')
```

得到如图 13-11 所示的图形。

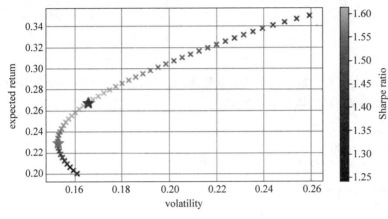

图 13-11　资产组合的有效边界　　　　　　　　　扫码看彩图

从图 13-11 中可见，投资组合的最优资产：组合资产较稳定的风险在 0.20%～35%之间，组合资产较稳定的预期收益 18%～33%之间形成的矩形区域的有效边界上，其中夏普比最大的组合资产在红星处，风险标准差最小者在黄星处。

13.4　蒙特卡洛模拟股票期权定价的 Python 应用

设初始股票价格 $S_0=100$，欧式看涨期权的执行价格 $X=100$，到期时间 $T=1$ 年，固定无风险利率 $r=10\%$，固定波动率 $\sigma=20\%$。我们有

$$S_T = S_0 \exp[(r-0.5\sigma^2)T + \sigma \times z\sqrt{T}]$$

则计算欧式看涨期权的价格的步骤如下：
(1) 从标准正态分布中取得 i 个(伪)随机数 $z(i), i \in \{1,2,\cdots,N\}$；
(2) 为给定的 $z(i)$ 和公式(1)计算到期的标的资产股票价格水平 $S_T(i)$；
(3) 计算到期时期权的所有内在价值 $h_T(i) = \max(S_T(i) - X, 0)$，那么

$$C_0 = e^{-rT} \frac{1}{N} \sum_{i=1}^{N} h_T(i) \tag{2}$$

(4) 通过公式(2)中给出的蒙特卡洛方法估计的股票看涨期权现值。

例 13-2　考虑不支付红利股票的欧式看涨股票期权，它的标的资产股票价格是 100 元，执行价格是 100 元，无风险利率是 10%，年波动率是 25%，期权的有效期是 1 年，用蒙特卡洛法计算其欧式看涨股票期权的价格。

在本例中，$S_0=100.0$；$X=100.0$；$T=1.0$；$r=0.1$；$\mathrm{sigma}=0.25$。

编制蒙特卡洛模拟法计算欧式看涨期权的 Python 代码如下：

```
S0 = 100.0;X = 100.0;T = 1.0;r = 0.1;sigma = 0.25
from numpy import *
```

```
N = 50000
z = random.standard_normal(N)
ST = S0 * exp((r - 0.5 * sigma * sigma) * T + sigma * z * sqrt(T))
hT = maximum(ST - X,0)
C0 = exp(-r * T) * sum(hT)/N
print ("C0 = ",C0)
```

得到如下结果：

```
C0 = 14.930496296347584
```

请读者思考：如果要求上面给定数据的欧式看跌股票期权，则上面的代码应如何修改？我们把上面的程序代码编写成函数的形式如下：

```
def qqdj(S0,X,T,r,sigma,N):
    z = random.standard_normal(N)
    ST = S0 * exp((r - 0.5 * sigma * sigma) * T + sigma * z * sqrt(T))
    hT = maximum(ST - X,0)
    C0 = exp(-r * T) * sum(hT)/N
    return C0
from numpy import *
res = qqdj(100,100,1.0,0.1,0.25,50000)
print ("res = ",res)
```

得到如下结果：

```
res = 15.05180854844916
```

13.5 蒙特卡洛模拟期权价格稳定性的 Python 应用

蒙特卡洛模拟精度与模拟次数密切相关，模拟次数越多，其精度越高，但是次数增加又会增加计算量。实践表明，减少模拟方差可以提高稳定性，减少模拟次数。有很多方法可以减少方差，如对偶变量技术、控制变量技术、分层抽样、矩匹配、条件蒙特卡洛模拟等，但最简单且应用最为广泛的是对偶变量技术和控制变量技术。

13.5.1 对偶变量法

对偶变量技术就是先随机抽样得到一组数据，然后以此为基础构造出另一组对偶变量。下面以正态分布为例介绍对偶变量技术，首先从正态分布变量中随机抽取 N 个样本值，分别为 $Z_i(i=1,2,\cdots,N)$，由此可以得到 N 个模拟值 $C_i(i=1,2,\cdots,N)$，那么衍生证券蒙特卡洛模拟估计值为

$$\hat{C} = \frac{1}{N}\sum_i C_i$$

以 $Z_i(i=1,2,\cdots,N)$ 为基础，构造对偶随机数 $\widetilde{Z}_i = -Z_i$，$\widetilde{Z}_i$ 是与 $Z_i(i=1,2,\cdots,N)$ 相互对偶的随机数，由正态分布性质可知，$\widetilde{Z}_i = -Z_i(i=1,2,\cdots,N)$，也是服从正态分布，由对偶随机数生成的估计值为

$$\widetilde{C} = \frac{1}{N}\sum_i \widetilde{C}_i$$

对 $\widetilde{C}$ 和 $\hat{C}$ 取平均,得到新的估计值:

$$C = \frac{1}{2}(\widetilde{C} + \hat{C}) = \frac{1}{N}\sum_i \left(\frac{\hat{C}_i + \widetilde{C}_i}{2}\right)$$

如果随机抽样的样本 $Z_i(i=1,2,\cdots,N)$ 模拟得到的估计值比较小,那么与之对偶的随机抽样样本 $\widetilde{Z}_i = -Z_i(i=1,2,\cdots,N)$ 得到的估计值可能会偏大,二者的平均值就可能会接近真实值。如果 $\text{cov}(\hat{C}_i, \widetilde{C}_i) \leqslant 0$,那么

$$\text{var}\left(\frac{\hat{C}_i + \widetilde{C}_i}{2}\right) = \frac{1}{2}\text{var}(\hat{C}_i) + \frac{1}{2}\text{cov}(\hat{C}_i, \widetilde{C}_i) \leqslant \frac{1}{2}\text{var}(\hat{C}_i)$$

从上面的不等式可以看出,利用对偶技术可以增加估计稳定性、提高估计精度。

根据对偶变量法的基本思想,编写 Python 程序的步骤大致如下:(1)模拟标的资产的价格路径;(2)计算两个期权损益值,其中一个是按照常规蒙特卡洛法计算的结果,另一个是改变所有正态分布符号计算出来的结果;(3)计算期权的价格,即计算上述两期权的平均值并将计算结果进行贴现。

编制对偶变量法模拟期权价格的 Python 代码如下。

```
def doqqdj(S0,X,T,r,sigma,N):
    z = random.standard_normal(N)
    ST1 = S0 * exp((r - 0.5 * sigma * sigma) * T + sigma * z * sqrt(T))
    ST2 = S0 * exp((r - 0.5 * sigma * sigma) * T + sigma * (-z) * sqrt(T))
hT1 = maximum(ST1 - X,0)
    hT2 = maximum(ST2 - X,0)
C1 = exp( - r * T) * sum(hT1)/N
    C2 = exp( - r * T) * sum(hT2)/N
return (C1 + C2)/2
```

例 13-3 考虑不支付红利股票的欧式看涨期权,它们的标的资产价格是 100 元,执行价格是 100 元,无风险利率是 10%,年波动率是 25%,期权的有效期是 1 年,用对偶变量法计算其欧式看涨价格。

在本例中,$S=100, X=100, r=0.1, \sigma=0.25, T-t=1$。

利用对偶变量法计算期权价格的步骤如下:

(1) 模拟标的变量路径并计算 $\hat{C}$。

$$S_T^i = S_t \exp[(r - 0.5\sigma^2)(T-t) + \sigma\varepsilon\sqrt{T-t}]$$
$$= 100\exp[(0.1 - 0.5 \times 0.25^2) \times 1 + 0.25\varepsilon\sqrt{1}]$$
$$\hat{C} = \max(0, S_T^i - X)$$

(2) 改变随机变量 ε 的符号,模拟标的变量路径并计算 $\widetilde{C}$:

$$S_T^{i'} = S_t \exp[(r - 0.5\sigma^2)(T-t) + \sigma(-\varepsilon)\sqrt{T-t}]$$
$$= 100\exp[(0.1 - 0.5 \times 0.25^2) \times 1 + 0.25(-\varepsilon)\sqrt{1}]$$
$$\widetilde{C} = \max(0, S_T^{i'} - X)$$

(3) 计算 $\hat{C}$ 和 $\tilde{C}$ 的平均值：

$$C = \frac{1}{2}(\tilde{C} + \hat{C}) = \frac{1}{N}\sum_i \left(\frac{\hat{C}_i + \tilde{C}_i}{2}\right)$$

(4) 模拟 n 次并求 $\hat{C} = \max(0, S_T^i - X)$ 的平均值和 $\tilde{C} = \max(0, S_T^{i\prime} - X)$ 的平均值，两者的算术平均值贴现后即为所求的期权价格。

Python 函数调用如下：

```
from numpy import *
res = doqqdj(100,100,1.0,0.1,0.25,5000)
print ("res = ",res)
```

得到如下结果：

res = 14.94901834378771

根据 $C = SN(d_1) - X\exp(-r_f T)N(d_2)$，编制 B-S 期权定价公式 Python 函数如下：

```
def bscall_option(S,X,rf,sigma,T):
d1 = (log(S/X) + (rf + 0.5 * sigma ** 2) * T)/(sigma * sqrt(T))
d2 = d1 - sigma * sqrt(T)
C = S * norm.cdf(d1) - X * exp( - rf * T) * norm.cdf(d2)
return C
```

调用此函数

```
from scipy.stats import norm
S = 100.0;X = 100.0;rf = 0.1;sigma = 0.25;T = 1.0
res = bscall_option(S,X,rf,sigma,T)
print ("res = ",res)
```

结果如下：

res = 14.9757907783113

将这里的 B-S 期权定价 Python 函数计算结果 14.9757907783113，与上述的对偶技术模拟结果 14.94901834378771 进行比较，可见基本上接近。

13.5.2 控制变量法

控制变量法就是将与所估计的未知变量密切相关的另一个已知量的真实值和估计值之间的差异作为控制量，以提高估计精度。在定价实践中，将两种衍生证券用相同的随机抽样样本和时间间隔，实施同样的蒙特卡洛模拟过程，能够得到两个模拟估计值，以第二种衍生证券真实值与估计值之间的差异作为控制变量，最后得到第一种衍生证券的蒙特卡洛估计值。

假设 V_1 是需要估计的第一种衍生证券的价值，V_2 是价值容易估计的第二种衍生证券的价值，第一种证券与第二种证券相似，而 $\hat{V}_1$ 与 $\hat{V}_2$ 分别是第一种衍生证券和第二种衍生证券在同样的随机抽样样本的蒙特卡洛估计值，那么利用控制变量技术得到第一种衍生证券的价格估计值为

$$\hat{V}_1^{C1} = \hat{V}_1 + (V_2 - \hat{V}_2)$$

这里，$V_2 - \hat{V}_2$ 就是控制变量，它实际上是第二种衍生证券的蒙特卡洛模拟的估计误差，且上述方程的方差之间的关系为

$$\mathrm{var}(\hat{V}_1^{C1}) = \mathrm{var}(\hat{V}_1) + \mathrm{var}(\hat{V}_2) + 2\mathrm{cov}(\hat{V}_1, \hat{V}_2)$$

如果 $\mathrm{var}(\hat{V}_2) < 2\mathrm{cov}(\hat{V}_1, \hat{V}_2)$，一定有

$$\mathrm{var}(\hat{V}_1^{C1}) < \mathrm{var}(\hat{V}_1)$$

因此，当两种衍生证券的协方差很大时，或者当两种衍生证券的价格高度相关时，上述关系是成立的，两种衍生证券的正相关性越强，估计效率就越理想。然而从实际应用的角度看，这种控制变量技术的应用十分有限，因此，下面是更一般的控制变量技术，其控制变量的形式为

$$\hat{V}_1^{\beta} = \hat{V}_1 + \beta(V_2 - \hat{V}_2)$$

方差为

$$\mathrm{var}(\hat{V}_1^{\beta}) = \mathrm{var}(\hat{V}_1) + \beta^2 \mathrm{var}(\hat{V}_2) - 2\beta \mathrm{cov}(\hat{V}_1, \hat{V}_2)$$

这是关于控制变量系数 β 的二次三项式，下面的目标是能够找到特殊的 β 使方差 $\mathrm{var}(\hat{V}_1^{\beta})$ 最小，这时只要取 $\beta = \dfrac{\mathrm{cov}(\hat{V}_1, \hat{V}_2)}{\mathrm{var}(\hat{V}_2)}$，就可以保证方差 $\mathrm{var}(\hat{V}_1^{\beta})$ 最小。这种控制变量技术的缺点是 β^* 需要提前知道协方差 $\mathrm{cov}(\hat{V}_1, \hat{V}_2)$ 的信息，而这一般需要靠经验实现。

我们编制控制变量法的 Python 函数如下。

```
def bscall_option(S,X,r,sigma,T):
    d1 = (log(S/X) + (r + 0.5 * sigma ** 2) * T)/(sigma * sqrt(T))
    d2 = d1 - sigma * sqrt(T)
    C = S * norm.cdf(d1) - X * exp( - r * T) * norm.cdf(d2)
    return C

def kzqqdj(S1,S2,X,T,r,sigma,N):
    BSC = bscall_option(S2,X,r,sigma,T)
    z1 = random.standard_normal(N)
    z2 = random.standard_normal(N)
    ST1 = S1 * exp((r - 0.5 * sigma * sigma) * T + sigma * z1 * sqrt(T))
    ST2 = S2 * exp((r - 0.5 * sigma * sigma) * T + sigma * z2 * sqrt(T))
    hT1 = maximum(ST1 - X,0)
    hT2 = maximum(ST2 - X,0)
    C1 = exp( - r * T) * sum(hT1)/N
    C2 = exp( - r * T) * sum(hT2)/N
    return C1 + BSC - C2
```

例 13-4 考虑不支付红利股票的欧式看涨期权，它们的标的资产价格是 100 元，执行价格是 100 元，无风险利率是 10%，年波动率是 25%，期权的有效期是 1 年，用对偶变量法计算其欧式看涨价格。

在本例中，$S = 100, X = 100, r = 0.1, \sigma = 0.25, T - t = 1$。

利用控制变量法计算期权价格的步骤如下。

(1) 由 B-S 期权定价公式给出欧式看涨期权的价格 V_2。

(2) 由蒙特卡洛法计算 $\hat{V}_1$ 与 $\hat{V}_2$。

$$S_T^i = S_t \exp[(r - 0.5\sigma^2)(T-t) + \sigma\varepsilon\sqrt{T-t}]$$
$$= 100\exp[(0.1 - 0.5 \times 0.25^2) \times 1 + 0.25\varepsilon\sqrt{1}]$$
$$S_T^{i'} = S_t \exp[(r - 0.5\sigma^2)(T-t) + \sigma\varepsilon\sqrt{T-t}]$$
$$= 100\exp[(0.1 - 0.5 \times 0.25^2) \times 1 + 0.25\varepsilon\sqrt{1}]$$

从正态分布中随机抽取一个样本 ε 就给出一个 S_T^i 和一个 $S_T^{i'}$ 的值，取 $\max(0, S_T^i - X)$ 和 $\max(0, S_T^{i'} - X)$，则每模拟一次就得到两个欧式看涨期权在 T 时刻的值。假设模拟次数 5000，则分别给出 5000 个 S_T^i 和 5000 个 $S_T^{i'}$ 的值，从而有 5000 个 $\max(0, S_T^i - X)$ 和 $\max(0, S_T^{i'} - X)$，分别计算它们的算术平均值并无风险利率贴现，就得到了欧式看涨期权的两个估计值 $\hat{V}_1$ 与 $\hat{V}_2$。

(3) 将上述所得结果代入 $\hat{V}_1^{C1} = \hat{V}_1 + (V_2 - \hat{V}_2)$，得出欧式看涨期权的估值。

(4) 模拟 n 次并求 $\max(0, S_T^i - X)$ 的平均值和 $\max(0, S_T^{i'} - X)$ 的平均值，两者的算术平均值贴现后即为所求的期权价格。

Python 函数调用如下：

```
from numpy import *
from scipy.stats import norm
S1 = 100;S2 = 100; X = 100.0;r = 0.1;sigma = 0.25;T = 1.0;N = 5000
res = kzqqdj(S1,S2,X,T,r,sigma,N)
print ("res = ",res)
```

得到如下结果：

```
res = 15.100317459564542
```

13.6 期望损失 ES 的 Python 应用

13.6.1 ES（期望损失）介绍

1. 引言

VaR 就是 Value at Risk（风险价值）的意思。本节回答金融机构普遍关心的一个重要问题：在一定概率的情形下，金融机构投资组合的价值在未来一定时间内最多可能损失多少？

"一定概率"指的是一个 0～100% 之间的数值，0 即不可能发生，100% 即一定发生。我们常用的有 1%、5%（对应置信度即为 99%、95%），虽然 1% 在数值上已经比较小，但实际还隐藏着如 0.01%、0.0001% 等更为"极端"的情况，公司发生这类损失的概率极小，但损失极大，这类损失事件一旦发生，将对公司造成极大的影响，这就是风险管理中常说的尾部风险。

VaR 的局限性导致其不具备度量投资组合尾部风险的能力，它将损失可能发生的概率限定为一个值，因此低估了实际的市场风险。此外，在采用 VaR 确定监管资本要求时，监管者发现了无法捕获"厚尾风险"等诸多缺陷。若要度量投资组合损失超过 VaR 损失时所遭受的平均损失程度,更为准确地进行市场风险管理,就需要通过期望损失(expected shortfall, ES)模型来实现。

2. 起源与发展

ES 起源于国外学者对于风险管理计量方法的探索,研究总结发现,VaR 由于其本身的局限性,无法度量尾部风险,低估了实际的市场风险,其性质也并不完备。

ES 最初由国外学者 Philippe Artzner 等人于 1999 年提出,它的出现就是为了完善和提升当前以 VaR 模型为主流的市场风险度量方法,弥补 VaR 模型的不足。理论一出现就得到了学者的广泛关注,各类应用研究层出不穷,很快由学界传播到业界,进而引起了监管机构的重视。

巴塞尔银行委员会(Basel Committee on Banking Supervision)修正了市场风险管理框架协议,经过多次征求意见和修改调整,最终于 2016 年 1 月 14 日颁布了新的"市场风险最低资本金要求","要求"中将市场风险内部模型法计量测度从 VaR 转变为对资本金要求更为严格且符合一致性风险测度的 ES,提出了一系列新的计算标准,并规定这一转变于 2019 年 1 月 1 日起实施。

从巴塞尔委员会的风险管理框架协议内容的转变,我们可以得知监管机构对待风险管理的态度和发展方向,也可以再次认证 ES 模型在风险管理中的重要性。

3. VaR 的缺陷

1) 无法捕获厚尾风险

大量金融数据显示,金融收益率分布对比正态分布具有明显的尖峰厚尾性:"尖峰"意味着实际分布中,靠近均值的时间更多;"厚尾"意味着极端收益率出现的频率高于正态分布预测。作为一种风险测度指标,VaR 存在着根本缺陷:VaR 不能描述风险的分散化特征,无法度量超出特定分位数的损失,它将损失可能发生的概率限定为一个值,因此往往会低估实际的市场风险。

2) 不满足风险测度的一致性要求

Artzner 等(1999)提出了一个合理的风险测度应具备的条件,即一致性风险测度公理化体系。具体而言,一致性共有以下 4 条属性,全部满足这 4 条属性的风险测度被称为一致性风险测度。

次可加性:任意随机变量 X,Y,满足 $\rho(X+Y) \leqslant \rho(X)+\rho(Y)$;
正齐次性:任意随机变量 X,h,满足 $\rho(hX)=h\rho(X)$;
平移不变性:任意随机变量 X,a,满足 $\rho(X+a)=\rho(X)+a$;
单调性:任意随机变量 $X,Y,X \leqslant Y$,满足 $\rho(X) \leqslant \rho(Y)$。
VaR 不满足次可加性,因此它不是一致性风险测度。

4. 期望损失 ES

期望损失(ES),又称 Conditional VaR(条件风险价值),或称 expected tail loss(期望尾部损失),主要分析计算的内容为尾部损失的平均值。如图 13-12 所示。

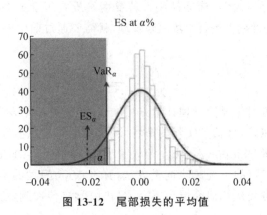

图 13-12 尾部损失的平均值

ES 的定义：当投资组合的损失超过 VaR 损失(例如，图 13-12 所示 α％的 VaR)时所遭受的期望损失(即平均损失的大小)。

由于 ES 在 VaR 的基础上进一步考虑了出现极端情况时的平均损失程度，因此可以更为完整地衡量一个投资组合的极端损失风险，ES 比 VaR 更适合表征尾部风险。比如说我们卖出一个深度虚值期权，它的 VaR 为 0，但这不代表它没有风险。这类风险被称为尾部风险，可以用 ES 来衡量。除更为有效地刻画尾部风险，ES 与 VaR 的区别还在于，ES 具有 VaR 不具备的风险度量的"次可加性"。

VaR 模型计量的风险值不满足这一不等式：

（股票组合 1 的风险值）＋（股票组合 2 的风险值）≥（合并后股票组合的风险值）

以刻画两组股票的市场风险为例，贴合现实的分析如下：若分别投资两组股票，分别计量其风险并相加，所得的风险值应当高于将两组股票组合后计量所得的风险值。这是因为，相比于各单独的股票组合，合为一组后股票组合的篮子更大，涵盖的股票种类以及对应的行业更多，风险分散的效果更好，投资组合实际面临的风险将会少于两个单独组合面临风险之和。

VaR 的局限性在于在数学上它不具备这一性质(上式中不等号不一定成立)，即采用 VaR 计量风险不具备次可加性，投资组合的 VaR 在极端情况下，会大于两个独立组合的 VaR 之和。ES 模型满足次可加性，可以更好地对风险进行计量。ES 的这一特征使得对于一个大范围的风险控制可以分解到子单位上，只需要控制一个公司各个部门的 ES，就控制了整个公司的 ES。但 VaR 无法做到这一点。

"次可加性"是十分有意义的一个性质，具备这一性质的风险计量方法可以与现代投资组合优化理论相结合，进行风险管理最优化下的投资组合管理，从这一意义上来讲，ES 比 VaR 具有更广的应用范围。从本质上，ES 模型一定程度上脱胎于 VaR，因此 ES 模型也具有 VaR 模型的优点。

13.6.2 ES 优点和局限

1. ES 的优点

（1）可以简单明了地表示金融风险的大小，没有任何技术色彩，没有任何专业背景的投

资者和管理者都可以通过 ES 值的大小对金融风险进行评判;

(2) 提供了计量金融风险的统一标准,可以测量不同市场因子、不同金融工具、不同业务部门及不同金融机构投资组合的风险敞口;

(3) 更为充分地考虑了不同资产价格变化之间的分散化效应和对降低风险的贡献;考虑了金融机构中不同业务部门对总体投资组合风险的分散化程度;

(4) 可以事前计算风险,区别于以往风险管理的方法都是在事后衡量风险大小;

(5) 可以度量投资组合的"尾部风险",计算得到的风险值更为准确,使得金融机构管理者可以更清楚当前面临的风险大小;

(6) 具有风险测度的"次可加性",属于"一致性风险测度",符合最新的巴塞尔监管要求。

2. ES 的局限性

(1) ES 模型的假设与 VaR 相同,其对未来损失的估计也是基于"历史可以在未来复制其自身"的假设并建立在大量的历史数据的基础之上的,因此 ES 的使用存在着一定的模型风险。用历史数据来预测的未来可能因条件的变化而不再适用,纯粹的数量分析难以反映风险的全貌。

(2) ES 模型对金融机构或资产组合的市场风险衡量的有效性是以市场正常运行为前提条件的,ES 模型无法对市场上突然发生的异常变化或突发事件等情况进行事前预测。例如政府突然提出全新的财政政策,经济危机造成的股价暴跌、利率骤升等。

(3) ES 只能度量可交易资产和负债的市场风险。只有可交易的金融工具才具有市场价格的连续历史记录,从而可以用统计方法测量和建模。但对于不可交易资产,如存、贷款来说就难以用 ES 进行测量,此时只能用资产负债管理技术向高层提供有用的信息。

虽然 ES 模型也存在一定的局限性,但是它的分析作用还是非常明显的,因此它对金融机构的风险管理非常关键。

随着我国金融市场的不断发展和进步,金融监管上更加与国际接轨,ES 在金融风险管理中的作用将会越来越重要,风险管理的效果也会越来越精准。

金融机构在应用 VaR 模型的同时,应该更加全面和恰当地认识 ES 在金融风险管理中的作用,以弥补 VaR 模型的不足。同时以压力测试、情景分析等不同的方法作为补充,实施全面的金融风险管理。

13.6.3　ES 模型在金融机构中的应用

1. 用于风险偏好设定

通过对 ES 模型中置信区间的选择,体现金融机构对风险的不同偏好。选择较大的置信水平意味着其对风险比较厌恶,希望能得到把握性较大的预测结果,希望模型对于极端事件的预测准确性较高。根据各自的风险偏好不同,选择的置信区间也各不相同。巴塞尔委员会在 2016 年最新的"市场风险最低资本管理要求"中,对每日 ES 的计算采用单侧 97.5% 的置信区间,体现了其稳健的监管风格。

2. 用于风险限额管理

与 VaR 模型相同，风险管理者可以利用 ES 模型分析各个业务部门承担风险的大小，确认金融机构总体面临的各类风险敞口，从而通过 ES 限额来控制各业务部门可以承担的各类风险，确保每项业务所承担的各类风险不超过提前设定的水平，以防止过度投机行为的出现。

3. 用于资产组合的优化配置

ES 模型在投资领域的一大应用就是资产组合的优化配置，可以采用 ES 模型与经典的 Markowitz 投资组合优化理论相结合，采用最优化方法，寻找以目标函数 ES 最小为前提并且收益最大化的投资组合构成方法。

ES 模型同样也可以用于绩效评估、风险报告以及估算风险资本。

13.6.4　ES 的 Python 应用

下面我们以贵州茅台（600519）股票为例，利用 Python 来计算它的 ES 值。在计算之前，首先需要获取到贵州茅台的历史股价数据，这里我们使用 Tushare。Tushare 是一个免费、开源的 Python 财经数据接口包，之前已经为大家介绍过，这里就不再赘述，具体介绍可以登录其官网查看：http://tushare.org/。

```
# 调用相应模块
import numpy as np
import pandas as pd
import tushare as ts

# 读入贵州茅台「600519」2020-01-01 到 2022-06-01 K线图数据
df1 = ts.get_k_data('600519', '2020-01-01', '2022-06-01')
df1 = df1[['close', 'date']]
df1['date'] = pd.to_datetime(df1['date'])
df1.set_index('date', inplace=True)
df1 = df1.sort_index(ascending=True)
df1["rev_rate"] = (df1-df1.shift(1))/ df1.shift(1)
df1 = df1.dropna()
# 打印查看数据
print(df1.tail(10))
            close    rev_rate
date
2022-05-19  1756.00  -0.002839
2022-05-20  1800.01   0.025063
2022-05-23  1781.00  -0.010561
2022-05-24  1760.00  -0.011791
2022-05-25  1755.51  -0.002551
2022-05-26  1742.80  -0.007240
2022-05-27  1755.16   0.007092
2022-05-30  1778.41   0.013247
2022-05-31  1804.03   0.014406
2022-06-01  1788.25  -0.008747

# 开始计算 ES 值
def ES_daily(a,x):
```

```
    VaR = np.percentile(a,(1 - x) * 100)
    ES = a[a <= VaR].mean()
    return abs(ES)
print('99% 置信水平下的 ES 为{:.2f}'.format(\
ES_daily(df1.rev_rate,0.99)))
```

得到如下结果:

99% 置信水平下的 ES 为 0.06

由输出结果可以看出,贵州茅台 99% 置信水平下的 ES 为 6%。如需要计算其他置信水平下的 ES 值,仅需要替换上述代码中的置信水平部分即可。

练 习 题

对本章中的例题,在网上选择数据,使用 Python 中的工具重新操作一遍。

期货及其交易策略的 Python 应用

期货和期权都属于衍生品的范畴,衍生品市场在金融市场的功能性和重要性不言而喻。本章将介绍期货市场的运作机制、合约条款、交易所组织等。还详细讨论了期货和远期合约的异同及其定价,最后用实际例子演示期货 CTA 策略。

14.1 期货基本概念和理论

14.1.1 期货及其种类

期货合约(future contract)是指在将来某一时间以约定价格买入或卖出某资产的合约。合约名称通常对应于其交割月份。对应资产可以是商品大类(农产品类、金属类、能源期货类)也可以是金融大类(金融指数、外汇、利率等)。本章中的资产我们通常也称之为标的或现货。

14.1.2 交易所

截至 2022 年 7 月,我国有 6 个期货交易所,分别是:上海期货交易所、郑州商品交易所、大连商品交易所、中国金融期货交易所、上海能源期货交易所和广州期货交易所。

不同交易所负责组织安排所属标的上市交易、结算和交割,制定业务管理规则,实施自律管理,发布市场交易信息,提供技术、场所、设施服务,以及中国证监会许可的其他职能。

14.1.3 期货合约简介及其运作机制

1. 期货合约规格要素

在进行期货交易之前,我们需要熟悉目标合约相关规定,尤其是资产合约规模(即每一合约待交割标的资产的确切数量)、交割地点及时间等相关因素。以沪深 300 股指期货和原油期货为例,分别如表 14-1 和表 14-2 所示。

第 14 章 期货及其交易策略的 Python 应用

表 14-1　沪深 300 股指期货合约表

合约标的	沪深 300 指数	最低交易保证金	合约价值的 8%
合约乘数	每点 300 元	最后交易日	合约到期月份的第三个周五,遇国家法定假日顺延
报价单位	指数点	交割日期	同最后交易日
最小变动价位	0.2 点	交割方式	现金交割
合约月份	当月、下月及随后两个季月	交易代码	IF
交易时间	上午：9:30—11:30,下午：13:00—15:00	上市交易所	中国金融期货交易所
每日价格最大波动限制	上一个交易日结算价的±10%		

表 14-2　原油期货标准合约

上海国际能源交易中心原油期货标准合约	
交易品种	中质含硫原油
交易单位	1000 桶/手
报价单位	元(人民币)/桶(交易报价为不含税报价)
最小变动价位	0.1 元(人民币)/桶
涨跌停板幅度	不超过上一交易日结算价±4%
合约交割月份	最近 1～12 个月为连续月份,随后是 8 个季月
交易时间	上午 9:00—11:30,下午 13:30—15:00 以及上海国际能源交易中心规定的其他交易时间。
最后交易日	交割月份前第一个月的最后一个交易日;上海国际能源交易中心有权根据国家法定节假日调整最后交易日
交割日期	最后交易日后连续 5 个交易日
交割品质	中质含硫原油,基准品质为 API 度 32.0,硫含量 1.5%,具体可交割油种及升贴水由上海国际能源交易中心另行规定。
交割地点	上海国际能源交易中心指定交割仓库
最低交易保证金	合约价值的 5%
交割方式	实物交割
交易代码	SC
上市机构	上海国际能源交易中心

2. 理解合约交易代码

期货合约代码的格式对于理解多个到期定价很重要。

一般地,合约代码通常是 1～2 个识别产品的字母代码,随后则是表示到期年月的额外字符。合约代码的格式根据各个资产类别和交易平台而不同。很多合约代码源自交易大厅,以使用最少的字符传递最多的信息,并在电子环境下沿用。

以我国目前三个股指期货为例,中证 500 股指期货(交易代码为 IC)、上证 50 股指期货(交易代码为 IH)和沪深 300 股指期货(交易代码为 IF),它们的合约代码格式一致。比如 IF2207,其中 IF 代表的是沪深 300 股指期货的交易代码,22 代表 2022 年,07 代表该合约到期月份。

3. 合约乘数、最小报价波幅和价格限制

作为一名交易者,需要详细了解一个能确保市场有序运行的机制。我国期货交易所通过设置价格限制和价格区间确保市场有序运行。所有期货合约都有最小变动价位,也称为最小报价。最小报价单位由交易所设定,并根据合约工具而有差异。同时期货合约也有对应的合约乘数(也称为交易单位)。

以大连商品交易所玉米期货合约为例,如表 14-3 所示。

表 14-3 大连商品交易所玉米期货合约

交易品种	黄玉米
交易单位	10 吨/手
报价单位	元(人民币)/吨
最小变动价位	1 元/吨
涨跌停板幅度	上一交易日结算价的 4%
合约月份	1,3,5,7,9,11 月
交易时间	每周一至周五上午 9:00—11:30,下午 13:30—15:00,以及交易所规定的其他时间
最后交易日	合约月份第 10 个交易日
最后交割日	最后交易日后第 3 个交易日
交割等级	大连商品交易所玉米交割质量标准(FC/DCE D001—2015)(具体内容见附件)
交割地点	大连商品交易所玉米指定交割仓库
最低交易保证金	合约价值的 5%
交割方式	实物交割
交易代码	C
上市交易所	大连商品交易所

报价单位是元(人民币)/吨,即表示玉米期货的市场行情数据展示的是每吨报价,最小变动价位为 1 元/吨,所以市场行情报价最小变动幅度为 1 元。交易单位为 10 吨/手,意味着实际交易价格为市场报价乘以 10,我们把该乘积称为合约的名义价值,名义价值可用于计算与相关标的市场中其他期货合约或另一个风险头寸相对的对冲比率。同时表 14-3 约定了该合约的涨跌停价格限制,为上一交易日结算价的 4%。

4. 期货交易者种类

根据交易者交易目的不同,将期货交易行为分为三类:套期保值、投机和套利。

(1) 套期保值:套期保值交易者是期货市场中的主要参与者。他们可以是个人或企业,参与购买或出售实物商品的操作。许多套期保值者为生产者、批发商、零售商或制造商,他们受到商品价格、汇率和利率变化的影响。这些变量的任何变化,都会影响企业将货物投向市场时的利润。套期保值者因而运用期货合约,将这些变化的影响降至最低。套期保值者运用期货市场是为了管理和抵消风险,这与投机者承担市场风险而赚取利润的动机不同。

商品市场有多种类型的套期保值者,大致分为两类,分别是买方和卖方,买方关注商品价格上涨,而卖方关注价格下跌。比如钢铁厂可以做空钢铁期货合约来保护价格。航空公司通

过原油期货来对冲燃油成本。珠宝商可以利用贵金属期货合约来对冲金银价格变动的风险。

（2）投机：投机者是期货市场的主要参与者。投机者可以是接受风险以获取利润的任何个人或公司。投机者可以通过低买高卖建立头寸而获利。对于期货市场而言，也可以先卖出，然后以更低的价格买入。投机者可以是个人交易者、自营交易公司、投资组合经理、对冲基金或做市商。

（3）套利：套利交易者也是期货市场的重要参与者，指同时买进和卖出不同种类的期货合约来锁定利润。交易者买进"便宜的"合约，同时卖出"贵的"合约，当两合约价格回归"合理价格区间"后平仓，从中获利。在进行套利时，交易者关注的是合约之间的相互价格关系，而不是绝对价格水平。套利一般可分为三类：跨期套利、跨市套利和跨商品套利。

14.2 远期和期货

远期合约与期货合约相似，它也是在将来某一指定时刻以约定价格买入或卖出某一资产的合约，但期货在交易所内进行交易，远期合约是在场外交易市场进行交易。远期合约通常是在金融机构之间或金融机构与其客户之间进行交易的。

远期合约并不是每天以市场定价，合约双方在给定的交割日结算。大多数期货在交割日之前会被平仓，而多数远期合约会导致实际资产交割或现金交割。表14-4总结了远期与期货之间的主要异同点。

表 14-4 远期合约与期货合约的比较

远 期 合 约	期 货 合 约
场外交易	场内交易
定制条款，非标准化	标准化（交易所制定合约规格）
有信用违约风险	几乎无信用违约风险（款项支付由交易所的清算单位提供保证）
通常会实物或现金交割	交割比例低，通常在交割前进行平仓处理
结算发生在到期时	逐日盯市制度
合约不可转让	交易活跃

期货合约的特点包括标准化条款、可以转让、建立和退出头寸方便、没有交易对手风险，所有这些特点吸引了大量市场参与者，使期货交易所成为全球经济不可缺少的一部分。

14.3 远期和期货定价

本节我们讨论远期价格及期货价格与标的资产现货价格之间的关系。远期合约比期货合约定价更容易分析，这是因为远期合约不是每日结算，远期合约只是在到期日一次性的结算。当对于同一标的资产的远期合约及期货合约的期限相等时，远期合约的价格及期货合约的价格通常比较接近。

在进行远期和期货定价之前，我们需要将标的资产区分为投资资产（investment asset）和消费资产（consumption asset），这是因为对于投资资产我们可以基于无套利假设来给对应远期及期货合约定价，而对于消费资产却无法做到这一点。投资资产主要用于投资目的，比如股票、债券、黄金和白银等。而消费资产主要用于消费，比如工业用铜、石油和猪肉等。

14.3.1 假设与符号

对于接下来的定价等内容，我们做如下假定：
（1）交易成本为0；
（2）能够以无风险利率借入和借出资金；
（3）对于所有交易净利润使用同一税率；
（4）当套利机会出现时，套利投机者会入场交易进而导致机会消失。

同样，我们采用下述符号：
T：远期或期货的期限（以年为单位）；
S_0：标的资产现价；
F_0：当前远期或期货合约的价格；
r：无风险利率（连续复利）。

14.3.2 远期定价

1. 持有期无中间收益的投资资产

我们首先来考虑在到期前不产生任何中间收入的投资资产的远期合约定价。诸如无股息股票和零息债券都属于此类资产。

假设某股票（无股息）当前价格为100元，投资者持有该股票3月期的远期合约多头仓位，到期该投资者将买入股票。同时假定3月期的无风险利率为每年3%。我们分别站在高估和低估两个角度在来推导当前远期多头合约的合理定价。

高估的情形，假设该远期合约价格为103元，那么某套利者会以3%的无风险利率借入100元，并购买1只股票，同时，他做空3月期的远期合约。那么在该远期合约到期交割时，他的获利是 $103-100\mathrm{e}^{0.03\times3/12}=103-100.75=2.25(元)$。

低估的情形，假设该远期合约价格为97元，那么套利者会入场做空标的股票，即他会做空1只该股票，并将做空获得的资金以3%利率投资3个月，同时买入3月期远期合约多头头寸。到期时，他的获利为 $100\mathrm{e}^{0.03\times3/12}-97=100.75-97=3.75(元)$。

我们将上述两种情形及其交易结果总结如表14-5所示。

表14-5 远期合约"错误定价"引发的套利机会

远期合约价格为97元	远期合约价格为103元
当前交易	当前交易
做空1只股票，收入现金100元 将100元以3%利率投资，为期3个月 购买价格为97元，1份3月期远期多头合约	以3%利率借入100元，期限为3个月 用该100元买入1只股票 同意在3个月到期时以103元卖出资产
到期交易	到期交易
以97元买入1只股票 将得到的股票用于"归还"做空的股票 收入100.75元投资收益	以103元价格卖出手中持有的1只股票 偿还贷款本息共100.75元
实现盈利	实现盈利
3.75元	2.25元

那么在什么情况下,诸如上述两种套利机会不存在呢?很显然,为了保证无套利机会,远期合约的价格必须为100.75元。于是我们就可以推导出对应的远期合约定价。一般地,我们为某投资资产的远期合约进行定价(假设该资产无任何中间收益),有

$$F_0 = S_0 e^{rT} \tag{14-1}$$

如果$F_0 > S_0 e^{rT}$,那么远期合约定价被"高估",于是可以做空远期合约同时买入标的资产进行套利;如果$F_0 < S_0 e^{rT}$,那么远期合约定价被"低估",此时可以做多远期合约同时卖空标的资产进行套利。

2. 已知中间收益的资产

这类资产包括提供股息的股票或提供券息的债券。同样地,我们基于无套利机会的假设进行定价公式的推演。

某带息债券当前市场价格为1000元,假定其有对应为期10个月的远期合约。同时假定在4个月后有40元的券息付款,并且对应4月期和9月期的利率(连续复利)分别为3%和4%。同样地,我们分别站在高估和低估的两个角度在来推导当前远期多头合约的定价。

高估的情形,假定9月期远期合约价格为1010元,这样的价格会吸引套利者入场,他将以1010元价格来做空远期合约,同时借入1000元买入带息债券。这1000元分为两部分,券息部分现值为$40e^{-0.03 \times 4/12} = 39.6$(元),这笔资金在4个月时可用获得的40元券息来偿还,其他部分资金$1000 - 39.6 = 960.4$(元),这笔资金在9个月后变为$960.4 e^{0.04 \times 9/12} = 989.65$(元)。那么到期时,收到1010元,同时要支付989.65元,所以其利润为$1010 - 989.65 = 20.35$(元)。

低估的情形,假定9月份远期合约价格为970元,同样也会吸引套利者入场,他会选择做多远期合约,同时以1000元卖出标的债券。在卖空时获得1000元中,其中39.6元以3%利率投资4个月,在4个月到期时正好用于偿还40元券息,其余部分960.4元将以4%投资9个月,届时该笔资金变为989.65元。所以在远期合约到期时,套利者会以970元买入标的债券,然后用该债券"偿还"期初的"卖出"债券用于平仓。整个过程中该投资者的收益是$989.65 - 970 = 19.65$(元)。

同样地,根据无套利假设,如何对上述有券息的债券对应的远期合约进行定价呢?很显然,远期合约定价的合理值是989.65元。一般地,对于持有期间有收益的标的资产,我们给出的远期合约定价为

$$F_0 = (S_0 - I) e^{rT} \tag{14-2}$$

其中I为中间收益的贴现值。比如上述例子中,$S_0 = 1000$,$I = 40 e^{-0.03 \times 4/12} = 39.6$,$r = 4\%$,$T = \dfrac{9}{12} = 0.75$,所以$F_0 = (1000 - 39.6) e^{0.04 \times 0.75} = 989.65$(元)。

3. 标的资产收益率已知

这类资产给定的是持有期已知收益率,而非既定的现金收入。这表示中间收益在付出时其数量是资产价格的一定比例。

一般地,我们采用连续复利的形式来对收益率进行计量。假设q为持有远期合约期间的平均年收益率(计算形式为连续复利),那么对应的远期合约无套利情形下的定价为

$$F_0 = S_0 e^{(r-q)T} \tag{14-3}$$

4. 通用的远期合约定价

远期合约价值,对于金融机构来说,实时计算远期合约的价值是非常重要的任务。假设 K 为远期合约到期结算价,T 为交割日期(以年为单位),r 为期限为 T 年的无风险利率,F_0 表示当前远期合约的价格(即该合约当前结算价),那么对于多头远期合约当前的价值 f 为

$$f = (F_0 - K)e^{-rT} \tag{14-4}$$

假如你刚刚交易远期合约,该合约价值为 0,即它的到期结算价 K 等于该远期合约的当前价格 F_0。远期合约的当前价格 F_0 是会随着时间推移,市场供需而发生变化的,但到期结算价 K 并不会变化(因为它已经被合约确定了)。

我们可以构造这样一个组合来证明式(14-4):以(a)远期价格 F_0 在时间 T 卖出标的资产,同时以(b)到期结算价 K 在时间 T 购买标的资产。假设在时间 T 标的资产价格为 S_T,那么组合中(a)在时间 T 的收益为 $F_0 - S_T$,(b)在时间 T 的收益为 $S_T - K$,也就是组合在时间 T 的总收益是 $F_0 - K$。该收益虽然发生在时间 T,但是今天就是已知确定的,可以看作这样的组合交易是无风险的,那么该收益贴现得 $(F_0 - K)e^{-rT}$。也就是说,到期结算价为 K 的多头合约其现值为 $(F_0 - K)e^{-rT}$。同样地我们可以得到空头远期合约现值为 $(K - F_0)e^{-rT}$。

结合式(14-1)和式(14-4)可知,无中间收益的资产它的远期合约多头价值为

$$f = S_0 - Ke^{-rT} \tag{14-5}$$

同样地,已知中间收益贴现值为 I 的资产其远期多头合约的价值为

$$f = S_0 - I - Ke^{-rT} \tag{14-6}$$

已知中间收益率为 q 的资产其远期多头合约的价值为

$$f = S_0 e^{-qT} - Ke^{-rT} \tag{14-7}$$

例 14-1 一无股息股票远期合约多头还有 6 个月到期,假设无风险利率(连续复利)为 10%,标的股票价格为 100 元,远期合约到期结算价为 99 元。请问:该远期合约多头的价值是多少?

由于标的为无息资产,所以结合公式(14-1)可知

$$F_0 = S_0 e^{rT} = 100 e^{0.1 \times 6/12} = 105.13(元)$$

由式(14-4)可知,远期合约的价值为 $f = (105.13 - 99)e^{-0.1 \times 6/12} = 5.831(元)$。

14.3.3 期货定价

当无风险利率对于所有期限为常数时,从理论上来说具有同样期限及结算价的远期及期货合约的价格相等。而实践中,期货和远期的区别会造成它们之间的定价不同,诸如交易费用、保证金、流动性、信用违约等。尽管有此类不确定性因素的存在,但我们依然可以提出合理的假设,使得远期合约的定价等于期货合约。

同样地,我们用符号 F_0 代表标的资产期货合约的当前价格。

1. 股指期货定价

根据中证指数公司的编制方案,在个股进行分红时,指数的处理方法是任其自由回落。所以股票除权的同时将带动指数除权,从而影响股指期货价格。随着我国分红水平的不断提高,分红对股指期货的影响日益增大,这也使得投资者越来越关注分红对期指的影响。根据历史经验,大多数成分股的除权除息日都分布在 6—7 月。指数在这两个月份受到成分股分红的影响最大。

股指可以看作支付一定股息的投资资产,投资资产股息等于构成资产所支付的股息。通常假定股息为收益率而不是一定的现金收入。我们依然假设股息率为 q,那么根据式(14-3)我们可以给出股指期货定价 F_0 公式:

$$F_0 = S_0 e^{(r-q)T} \tag{14-8}$$

例 14-2 假设某沪深 300 股指期货合约还有 3 个月到期交割。若其成分股预期有 1% 的年收益率,股指的当前点位是 4282,无风险利率(连续复利)年化为 3%。请问:该期货合约如何定价?

此时,$r = 0.03, S_0 = 4282, T = \dfrac{3}{12} = 0.25, q = 0.01$,因此该期货合约价格 F_0 为

$$F_0 = 4282 e^{(0.03-0.01) \times 0.25} = 4303.4636 (元)$$

2. 商品期货定价

我们将商品分为投资资产和消费资产分别进行定价。最后从持有成本的角度来描述期货的定价。

(1) 投资资产期货定价

类似于黄金白银这些贵金属需要考虑仓储费用,相比于股息这类收益性的收入,仓储费可以看作负收入。假设 U 为期货期限期间所有仓储费的现值,那么对应的定价公式为

$$F_0 = (S_0 + U) e^{rT} \tag{14-9}$$

如果仓储费和商品价格成正比,那么假设 u 为仓储费用占现货价格的比率(已剔除了现货资产的中间收益),那么式(14-9)就可以转化为

$$F_0 = S_0 e^{(r+u)T} \tag{14-10}$$

例 14-3 某一年期黄金期货合约,假定黄金不提供中间收入,同时假设年仓储费为 2 元/克。现货黄金价格为 400 元/克,无风险利率(连续复利)年化为 5%,求该黄金期货合约的定价?

由题意可知 $r = 0.05, S_0 = 400, T = 1$,对应的仓储费 $U = 2 e^{-0.05 \times 1} = 1.9$,所以根据式(14-9)可得 $F_0 = (400 + 1.9) e^{0.05 \times 1} = 422.5 (元/克)$

(2) 消费资产期货定价

该类期货对应的投资标的往往不提供中间收入,但它们均会有比较高的仓储费。同远期合约一样,我们基于无套利假设来推演消费资产期货的定价。

我们假设 $F_0 > (S_0 + U) e^{rT}$,那么套利交易员会进场交易:首先以无风险利率 r 借入资金 $S_0 + U$,并买入标的资产,同时支付仓储费用;接着做空同等单位的远期合约。如果无每

日结算制度,即假设期货合约等同于远期合约,那么在时间 T 到期时该套利者的利润为 $F_0-(S_0+U)\mathrm{e}^{rT}$。很快地,随着源源不断的套利者入场,该利润会迅速消失。所以我们的假设也就不再成立。

接下来假设 $F_0<(S_0+U)\mathrm{e}^{rT}$,套利交易员会入场交易:卖出标的商品,节省仓储费,并将所得资金用于获取无风险利润;接着做多远期合约。那么这一操作投资者的利润为 $(S_0+U)\mathrm{e}^{rT}-F_0$。所以上述假设也不成立。

相反地,我们认为式(14-9)就一定成立。

对于目的为消费的商品期货,持有者不愿意主动地卖出商品并买入期货合约,因为期货或远期合约并不能用于消费目的。我们能肯定的是对于消费目的的商品期货,其定价满足

$$F_0 \leqslant (S_0+U)\mathrm{e}^{rT} \tag{14-11}$$

3. 持有成本

期货价格和标的资产价格的关系可以由持有成本来统一描述。持有成本等于资产的融资利息加仓储成本,减去资产的收益,即持有成本为 $c=r+u-q$。比如,对于无股息的股票而言,其持有成本为 r;对于金融股指而言,持有成本为 $r-q$,q 为股指分红收益率;对于有中间收益率为 q 且有仓储成本为 u 的商品标的而言,其持有成本为 $r+u-q$。

所以期货定价为

$$F_0 = S_0 \mathrm{e}^{(r+u-q)T} \tag{14-12}$$

14.4 CTA 及其 Python 实现

CTA 策略(commodity trading advisor strategy)直译为商品交易顾问策略。它是指由专业的投资人在期货市场利用期货价格变动进行交易的一种投资策略。随着金融市场的不断发展,CTA 也逐步演化为基于期货交易所构建策略的指代。

根据交易策略分类,CTA 策略可以分为趋势跟踪策略(含趋势和反转)、统计套利、基本面策略。按交易方式,CTA 策略可以分为主观 CTA 策略和量化 CTA 策略。按交易频率,CTA 策略可分为短周期策略和中长周期策略。

14.4.1 趋势跟踪策略

趋势跟踪策略是 CTA 策略中最主要的类型,全球 CTA 策略产品中,截至 2022 年 5 月,趋势跟踪类的规模占比接近 52%,其次为基本面类的 25.61%。趋势跟踪策略运用大量指标去除市场噪音并识别、捕捉当前期货市场中的持续性趋势,然后建立头寸,从市场趋势的持续性发展中获利,在上涨趋势开始时做多该资产,在下跌趋势初现时做空该资产。

我们以唐奇安通道策略为例,介绍使用该策略进行趋势跟踪,完成波段交易,以及给出一个简单的回测系统对该策略进行评价。

唐奇安通道策略的原理是:设定一个周期窗口 N 天(一般取 20 天),如果合约价格突破前 N 天的最高价表示趋势上涨,进场做多,具体地可以平空单、开多单、平空单同时开多单;反之,如果合约价格跌破前 M 天的最低价表示趋势下跌,进场做空,具体地可以平多

单、开空单、平多单同时开空单。据此我们可以在行情图上画出对应的压力线和支撑线。

$$唐奇安压力线 = 过去 N 天最高价$$
$$唐奇安支撑线 = 过去 M 天最低价$$

下面以沪深 300 股指期货为例,编写函数 donchian_breakout_strategy,规则为:当行情收盘价大于过去 N 日最高价时做多(依据当前仓位开多单或平空单);当行情收盘价小于过去 M 日最低价时做空(依据当前仓位开空单或平多单)。

```python
import pandas as pd
import numpy as np
import matplotlib.pyplot as plt
plt.style.use("seaborn")

def donchian_breakout_strategy(file_path, N, M, invest):
    """
    file_path: 沪深 300 股指期货主力合约路径
    N: 取 N 天前最高价
    M: 取 M 天前最低价
    invest: 初始资金
    """
    data = pd.read_csv(file_path, index_col = 0, parse_dates = True)
    df = data.close.to_frame()
    df["highest"] = (df["close"].rolling(window = N).max()).shift()
    df["Buy"] = np.where(df["close"].shift()> df["highest"].shift(),1,0)
    df["lowest"] = (df["close"].rolling(window = M).min()).shift()
    df["Sell"] = np.where(df["close"].shift()< df["lowest"].shift(),1,0)

    Buy_dates = []
    Sell_dates = []
    buys = []
    sells = []
    open_pos = False

    for i in range(len(df)):
        if df.Buy.iloc[i]:
            if open_pos == False:
                buys.append(i)
                open_pos = True
                Buy_dates.append(df.iloc[i].name)
        elif df.Sell.iloc[i]:
            if open_pos:
                sells.append(i)
                open_pos = False
                Sell_dates.append(df.iloc[i].name)

    if len(buys)> len(sells):
        buys.pop(-1)
        Buy_dates.pop(-1)

    check = pd.DataFrame({'buydate':Buy_dates,'selldate':Sell_dates,'buyprice':df.loc[Buy_dates].close.values,'sellprice':df.loc[Sell_dates].close.values})
    check["pnl_pct"] = (check.sellprice - check.buyprice)/check.buyprice
    check["cumm + pnl_pct"] = (check["pnl_pct"] + 1).cumprod()

    profits_pct = (df.loc[check.selldate].close.values - df.loc[check.buydate].close.
```

```
values)/df.loc[check.buydate].close.values
list_profits = (profits_pct + 1).cumprod()
net_returns_pct = (list_profits[-1] - 1).round(3) * 100

inv_ret = invest * (profits_pct + 1).cumprod()
return_inv = inv_ret[-1]

large_loss = profits_pct.min().round(3) * 100
large_profit = profits_pct.max().round(3) * 100
print("Returns pct = {}%".format(net_returns_pct)), print("Invested return = {}".format
(return_inv)), print("Largest Loss = {}%".format(large_loss)), print("Largest Profit = 
{}%".format(large_profit))
    return Buy_dates, Sell_dates, check
```

我们取 $N=20, M=20$,初始投资资金 100000 元,同时假设合约乘数为 1,合约文件为 IF.csv,接着运行该函数:

```
Buy_dates, Sell_dates, check = donchian_breakout_strategy("IF.csv", 20, 20, 100000)
```

运行结果为:

```
Returns pct = -11.700000000000001 %
Invested return = 88300.67373908291
Largest Loss = -6.800000000000001 %
Largest Profit = -0.3 %
```

最后我们对唐奇安通道以及每次交易位置可视化,如图 14-1 所示,其中五角星为做多点位,方形为做空点位。

图 14-1 唐奇安通道策略概览图

唐奇安通道策略能较好地抓住重要的趋势,但是缺点也比较明显,在震荡行情中并不适用。该策略可以进一步改进,比如加上仓位管理,遇到做多信号不仅平空仓而且同时开多仓,反之依然,留待读者进一步钻研探索。

14.4.2 统计套利策略

套利策略是 CTA 策略的主要种类之一,全球 CTA 策略产品中,截止至 2022 年 5 月套利类的规模占比约为 4.59%。套利策略利用不同市场或不同合约之间的商品价差变化获利,买入价格被低估的资产,卖出价格被高估的资产。套利策略交易风险小,能获得稳定的收益,一般以多空双向持仓为主,可分为期限套利、跨期套利、跨市场套利和跨品种套利等四大类。

以价差套利为例,价差套利是期货市场上两个不同月份或不同品种期货合约之间的价格差。与投机交易不同,价差套利中,交易者往往不关注某一个合约的价格变化方向,而是关注相关合约之间价差的是否合理的区间范围内。如果不合理,那么交易者就可以入场交易,等待价差回归再获利离场。值得注意的是价差套利在合约选择上往往选取相关性较强的合约进行组合,同时构建多头和空头。

例 14-4 假设投资者在 2022 年 5 月以 780 元/吨买入 1 手铁矿石 2208 合约,同时以 809 元/吨卖出 1 手铁矿石 2209 合约。在 2022 年 7 月该投资者对上述两个合约进行对冲平仓,其中铁矿石 2208 合约平仓价格为 739 元/吨,铁矿石 2209 合约平仓价为 698 元/吨。请问该投资者这次跨期套利是否盈利?(注:铁矿石交易单位为 100 吨/手)

为了解答这个问题,我们制作表 14-6 来展示整个交易过程。

表 14-6　交易过程及盈亏计算　　　　　　　　　　　　　　　　　　　　　元

	铁矿石 2208	铁矿石 2209
2022 年 5 月建仓	780	809
2022 年 7 月平仓	739	698
单笔盈亏	−41	111
总计	(111−41)×1×100 = 7000	

可见该投资者这笔交易是盈利的,不考虑手续费及交易滑点等因素的影响,该笔盈利为 7000 元。

例 14-5 已知沪深 300 股指期货和上证 50 股指期货两个品种正相关性较高,现有该两个品种数据集,其日期从 2021 年 1 月 4 日至 2022 年 7 月 1 日。请探索数据集并思考如何进行跨品种套利。

```
import pandas as pd
import matplotlib.pyplot as plt

# 读取数据集,IF.csv 为沪深 300 股指期货主力合约日 K 线数据
IF = pd.read_csv("IF.csv", index_col = 0, parse_dates = True)
# 读取数据集,IH.csv 为上证 50 股指期货主力合约日 K 线数据
IH = pd.read_csv("IH.csv", index_col = 0, parse_dates = True)
IF_close = IF['close']
IH_close = IH['close']
diff = IF_close - IH_close
```

我们对该价差进行可视化,如图 14-2 所示。

```
fig, ax = plt.subplots(figsize = (20, 10))
```

```
ax.patch.set_facecolor('white')
ax.plot(diff, label = "IF - IH价差")

plt.title("IF 和 IH 主力合约价差",fontsize = 30)
plt.xlabel('交易日期',fontsize = 20)
plt.ylabel('点位',fontsize = 20)
plt.tick_params(labelsize = 20)
plt.legend(fontsize = 30)
plt.show()
```

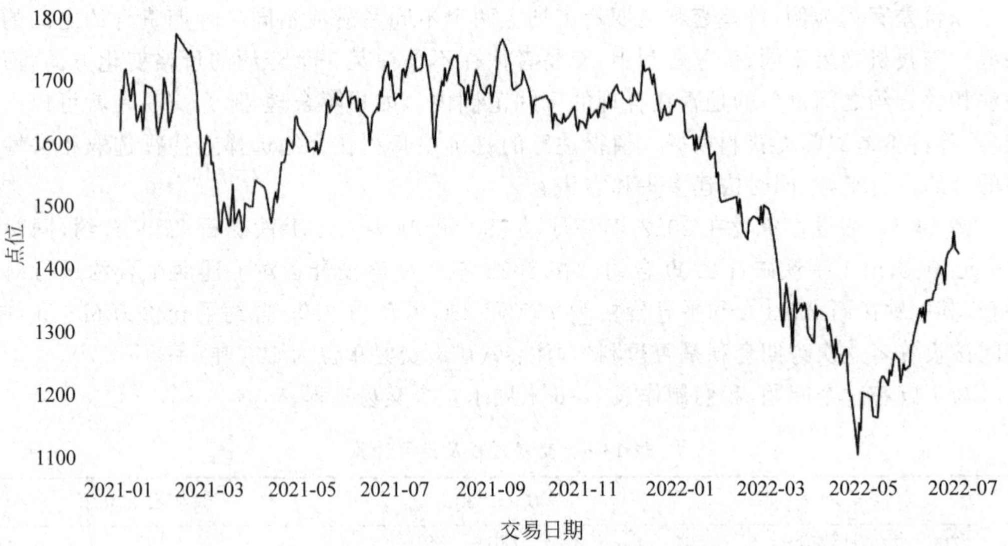

图 14-2　IF 和 IH 主力合约价差走势图

从图 14-2 可知，在 2021 年沪深 300 股指期货和上证 50 股指期货的价差呈现较明显的均值回归特性，然而从 2022 年初开始两者价差呈现单边走势，如果依然以固定的阈值来对该组合进行价差套利可能会面临着长时间价差均值不回归的情况。为了能更好地实施套利，可以考虑对价差均值进行滚动计算，假设滚动窗口为 20 天，如图 14-3 所示。

```
# 滚动窗口大小
backward_rolling_days = 20
rolling_obj = diff.rolling(backward_rolling_days)
# 均值
mean = rolling_obj.mean()
# 标准差
std = rolling_obj.std()
# 标准化
shot_target = (diff - mean)/std
fig, ax = plt.subplots(figsize = (20,10))
ax.patch.set_facecolor('white')
ax.plot(shot_target, color = "grey", label = "价差回归数")
ax1 = ax.twinx()
ax1.plot(diff, color = "red", linestyle = "dotted", label = "价差点位")
plt.title("IF 和 IH 主力合约价差套利",fontsize = 30)
ax.set_xlabel('交易日期',fontsize = 20)
ax.set_ylabel('滚动标准差',fontsize = 20)
```

```
ax1.set_ylabel('IF 与 IH 价差',fontsize = 20)
ax.tick_params(labelsize = 20)
ax1.tick_params(labelsize = 20)
ax.legend(fontsize = 20, loc = "upper right")
ax1.legend(fontsize = 20, loc = "lower right")
plt.grid()
plt.show()
```

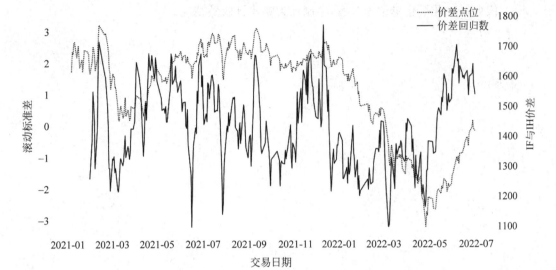

图 14-3　IF 和 IH 主力合约价差标准化

从图 14-3 可以看出，为了实施更稳妥的套利，应选择在滚动价差较大的时候进行价差统计套利。

练 习 题

1. 实现双均线策略，该策略逻辑为：当 10 日均线上穿 20 日均线时做多，当 10 日均线下穿 20 日均线时做空，其中：

① 均线是指简单移动平均线；

② 做多是指若空仓则买入，有空头仓位时则先平仓后再买入；

③ 做空是指若空仓则卖出，有多头仓位时则先平仓后再卖出。

现提供 50ETF 日线级（日期：2021 年 1 月至 2022 年 4 月）数据源。请在该数据集上基于 Python 实现双均线策略，完成以下任务：

1）绘制收盘价、10 日均线和 20 日均线；

2）列出策略开仓日期及开仓价格，平仓日期及当笔交易损益；

3）假如每次开平仓单位为 1 股，绘制该策略累计收益情况。

2. 实现 MACD"水上金叉，水下死叉"策略，该策略逻辑为：当 DIF 和 DEA 指标均为正，且 DIF 上穿 DEA 时做多，当 DIF 和 DEA 指标均为负，且 DIF 下穿 DEA 时做空。其中：

① 做多是指若空仓则买入,有空头仓位时则先平仓后再买入;

② 做空是指若空仓则卖出,有多头仓位时则先平仓后卖出。

现提供 50ETF 日线级(日期:2021 年 1 月至 2022 年 4 月)数据源。请在该数据集上基于 Python 实现该策略,完成以下任务:

1)绘制 DIF 线和 DEA 线;

2)列出策略开仓日期及开仓价格,平仓日期及当笔交易损益;

3)假如每次开平仓单位为 1 股,绘制该策略累计收益情况。

期权及其交易策略的 Python 应用

期权(option),是一种选择交易与否的权利。当合约买方付出权利金(premium)后,享有在特定时间内(或在某特定时间)向合约卖方依特定条件或履约价格(exercise price, strike price,也称行权价、执行价格),买入或卖出一定数量标的物的权利,这种权利就称为期权。

本章将首先介绍期权市场,了解其中的规则和术语,然后对期权合约的价格进行分析,接着详细探讨不同种类期权合约的定价模型,最后基于 Python 实现平价套利策略。

15.1 期权市场

期权产品本质上与远期和期货都不同。期权持有者(权利方)拥有权利去行使交割的权利,但是不一定会行使该权利。而远期或期货合约中,双方有义务执行合约。在这一节我们将介绍期权类型、期权合约规格、标的资产类型等知识。

15.1.1 期权类型

期权有两种基本类型,一种是看涨期权(call option),此类期权赋予合约持有者在将来一定时刻以一定价格买入标的资产的权利;另一种是看跌期权(put option),此类期权赋予期权持有者在将来一定时刻以一定价格卖出标的资产的权利。不论是看涨期权还是看跌期权,我们把这种权利的行使称为行权。

按行权方式,期权又可以分为美式期权、欧式期权和百慕大期权。这些名称定义与期权的交易地理位置毫无关系。美式期权可以在到期日之前的任何时刻行权;欧式期权只能在到期日才能行使行权;百慕大期权是指期权买方可以在期权到期日前规定的一系列时间行权。在我国交易的期权品种,既有欧式期权品种(诸如指数期权和股票期权),又有美式期权品种(诸如商品期货期权)。但通常来说,欧式期权比美式期权更容易分析,美式期权的特性常常也是从欧式期权的性质推演而来。

按标的资产进行分类,可以分为股票期权、外汇期权、指数期权和期货期权。

1. 看涨期权

举个例子,投资者买入 1 张欧式看涨期权合约,成本为 300 元/张,赋予该投资者在到期日时能以 3 元/份价格买入 10000 份对应股票的权利。假如在到期日,股票价格小于 3 元/

份,比如2.9元/份,那么很明显投资者不会行使期权(因为它可以在市场上以2.9元/份价格买入股票而没有必要以3元/份的价格行权)。此时投资者损失的就是期初投入的成本;反之,如果到期日股票价格大于3元/份,比如3.1元/份,那么投资者有两种选择:行使权利,用低于市场价的价格买入股票,当初的300元/张成本全部损失;不行权,而是在交割前平掉手中持有的合约,那么不考虑其他费用该投资者的最大利润就是$(3.1-3)\times10000-300=700$(元)。更一般地,若以标的物市价($S$)为横轴,期权产生的损益为纵轴,$K$为行权价,$C$为单位期权合约价格(也称权利金),那么买入看涨期权的到期损益如图15-1所示。

从图15-1中可以看出,投资者持有看涨期权多头,如果标的资产不断上涨,那么该投资者的收益是无限的。而其最大损失也就是建仓时付出的权利金。

对于任何一个期权合约都有两方,一方为多头(即买入期权,属于权利方),另一方为空头(即卖出期权,属于义务方)。在交易时期权空头会收取期权费,同时也意味着投资者有义务被行权。卖出看涨期权的损益和买入看涨期权的收益相反,如图15-2所示,可知卖出看涨期权收益是有限的(就是开仓时获取的合约权利金C),然而当标的资产价格不断增大时对应的损失是无限大的。

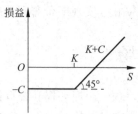
图15-1 买入单位看涨期权的到期损益图

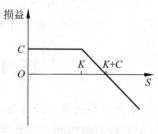
图15-2 卖出单位看涨期权的到期损益图

基于以上所分析的欧式看涨期权特点我们可以总结出其损益规律。若不包括期权费的支出,设K为行权价,S_T为标的资产在行权日T时的最终价格,那么欧式看涨期权多头头寸收益为

$$\max(S_T-K,0)$$

上述的收益公式可以反映,如果$S_T>K$,期权会被行权;$S_T\leqslant K$时期权不会被行权。同样地,欧式看涨期权的空头头寸收益为

$$-\max(S_T-K,0)=\min(K-S_T,0)$$

2. 看跌期权

看涨期权的多头希望标的资产价格上涨,而看跌期权的多头是希望标的资产下跌。举个例子,某投资者买入1张欧式看跌期权,成本为100元/张,赋予该投资者在到期日能以2.5元/份的价格卖出10000份对应股票的权利。那么在到期日,假设股票价格大于2.5元/份,比如2.6元/份,那么投资者就不会行权,因为从市场上以2.6元/份的"高价"卖出股票所得利润更客观。此时投资者损失的就是最初付出的成本100元;相反,在到期日如果股票价格低于2.5元/份,比如2.4元/份,那么此时投资者有两种选择:行权,用高于市场价的价格卖出股票,同时当初的100元成本全部损失;不行权,在市场上对持有的多头看跌期权合约进行平仓,那么对应的最大利润是$(2.5-2.4)\times10000-300=700$(元)。

更一般地,若以标的物市价(S)为横轴,期权产生的损益为纵轴,K 为行权价,P 为单位期权合约权利金,那么买入看跌期权的损益如图 15-3 所示。

从图 15-3 中可以看出,买入看跌期权损失是有限的,然而收益并不是无限大(除非出现标的资产价格为负的情况)。相反地,如果我们持有看跌期权的空头仓位,那么对应的损益如图 15-4 所示,

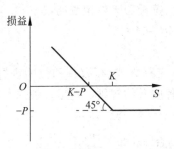

图 15-3 买入单位看跌期权的到期损益图   图 15-4 卖出单位看跌期权的到期损益图

不难看出持有看跌期权空头合约时其收益是有限的,等于在建仓时收到的期权合约权利金,同时损失在大多数情况也是有限的,除非标的资产价格低于 0。我们同样可以得出欧式看跌期权的多头头寸的收益,若不包括期权费的支出,则有

$$\max(K-S_T,0)$$

欧式看跌期权的空头头寸的收益为

$$-\max(K-S_T,0)=\min(S_T-K,0)$$

15.1.2 标的资产

根据标的资产的不同,期权分为股票期权、货币期权、股指和期货期权。

1. 股票期权

我国股票期权目前有三只 ETF 期权品种,分别是上交所 50ETF 期权(标的代码为 510050)、华泰柏瑞沪深 300ETF 期权(标的代码为 510300)以及深交所嘉实沪深 300ETF 期权品种(标的代码为 159919)。三者均为欧式期权。

2. 外汇期权

外汇期权也称为货币期权,大部分的外汇期权交易为场外交易,在交易所也有一些。外汇期权交易标的是外汇。在我国投资者可以选择交易环境较为成熟的投资平台,例如来自中国香港、欧美或澳洲等地的国际平台。

3. 指数期权

在全球范围内,场外市场及交易所市场有许多不同种类的指数期权。比如美国流动性最好的是 S&P 500(SPX)股指期权、S&P 100(OEX)股指期权、纳斯达克 100(NDX)股指期权及道琼斯工业指数(DJX)股指期权。在我国目前有两个品种,分别是沪深 300 股指期权(IO)和中证 1000 股指期权(MO)。这两个品种均为欧式且在中金所交易。

4. 期货期权

标的物为期货的期权合约为期货期权,在我国部分商品期货提供对应的期权合约。比如大连商品交易所有铁矿石期权、豆粕期权、玉米期权、棕榈油期权、聚乙烯期权、聚丙烯期权、聚氯乙烯期权、液化石油气期权。郑州交商品交易所有动力煤、白糖、棉花、PTA、甲醇、菜籽粕等期权。上海期货交易所提供原油、铜、铝、锌、黄金和天然橡胶期权。

15.1.3 期权合约规格

不同种类的期权合约有不同的规格,诸如到期日交割方式、行权价档位的设置、保证金制度等规则。投资者在入场交易前需要熟悉对应品种的合约规则。这里以沪深300ETF期权、沪深300股指期权以及铁矿石期权为例,见表15-1至表15-3所示。

表15-1 沪深300ETF期权合约规格

合约标的	华泰柏瑞沪深300交易型开放式指数证券投资基金(证券简称:沪深300ETF,证券代码:510300)
合约类型	认购期权和认沽期权
合约单位	10000份
合约到期月份	当月、下月及随后两个季月
行权价格	9个(1个平值合约、4个虚值合约、4个实值合约)
行权价格间距	3元或以下为0.05元,3元至5元(含)为0.1元,5元至10元(含)为0.25元,10元至20元(含)为0.5元,20元至50元(含)为1元,50元至100元(含)为2.5元,100元以上为5元
行权方式	到期日行权(欧式)
交割方式	实物交割(业务规则另有规定的除外)
到期日	到期月份的第四个星期三(遇法定节假日顺延)
行权日	同合约到期日,行权指令提交时间为9:15—9:25,9:30—11:30,13:00—15:30
交收日	行权日次一交易日

表15-2 沪深300股指期权合约规格

合约标的物	沪深300指数
合约乘数	每点人民币100元
合约类型	看涨期权、看跌期权
报价单位	指数点
最小变动价位	0.2点
每日价格最大波动限制	上一交易日沪深300指数收盘价的±10%
合约月份	当月、下2个月及随后3个季月
行权价格	行权价格覆盖沪深300指数上一交易日收盘价上下浮动10%对应的价格范围;对当月与下2个月合约:行权价格≤2500点时,行权价格间距为25点;2500点<行权价格≤5000点时,行权价格间距为50点;5000点<行权价格≤10000点时,行权价格间距为100点;行权价格>10000点时,行权价格间距为200点;对随后3个季月合约:行权价格≤2500点时,行权价格间距为50点;2500点<行权价格≤5000点时,行权价格间距为100点;5000点<行权价格≤10000点时,行权价格间距为200点;行权价格>10000点时,行权价格间距为400点

续表

行权方式	欧式
交易时间	9:30—11:30,13:00—15:00
最后交易日	合约到期月份的第三个星期五,遇国家法定假日顺延
到期日	同最后交易日
交割方式	现金交割
交易代码	看涨期权:IO 合约月份-C-行权价格 看跌期权:IO 合约月份-P-行权价格
上市交易所	中国金融期货交易所

表 15-3 铁矿石期权

合约标的物	铁矿石期货合约
合约类型	看涨期权、看跌期权
交易单位	1 手(100 吨)铁矿石期货合约
报价单位	元(人民币)/吨
最小变动价位	0.1 元/吨
涨跌停板幅度	与铁矿石期货合约涨跌停板幅度相同
合约月份	1、2、3、4、5、6、7、8、9、10、11、12 月
交易时间	每周一至周五上午 9:00—11:30,下午 13:30—15:00,以及交易所规定的其他时间
最后交易日	标的期货合约交割月份前一个月的第 5 个交易日
到期日	同最后交易日
行权价格	行权价格覆盖铁矿石期货合约上一交易日结算价上下浮动 1.5 倍当日涨跌停板幅度对应的价格范围;行权价格≤300 元/吨,行权价格间距为 5 元/吨;300 元/吨<行权价格≤1000 元/吨,行权价格间距为 10 元/吨;行权价格>1000 元/吨,行权价格间距为 20 元/吨
行权方式	美式,买方可以在到期日之前任一交易日的交易时间,以及到期日 15:30 之前提出行权申请
交易代码	看涨期权:I-合约月份-C-行权价格 看跌期权:I-合约月份-P-行权价格
上市交易所	大连商品交易所

15.2 期权价格分析

期权是非线性资产,影响期权价格的因素较多,本节将从无套利角度来推导欧式股票期权、美式股票期权与标的资产价格之间的关系式,同时还会重点介绍期权看跌-看涨平价(put-call parity)关系式。

15.2.1 影响期权价格因素

期权合约价格受当前标的资产价格(S_0)、行权价(K)、到期期限(T)、标的资产价格波动率(σ)、无风险利率(r)和标的资产中间收益(如股息)这6种因素影响。

1. 标的资产价格

在其他因素保持不变的情况下,标的资产价格上升会使得看涨期权合约的价格也上升,同时看跌期权合约的价格会随之下降;反之,标的资产价格的下跌会使得看涨期权合约的价格也下跌,而看跌期权合约的价格则会上升。

2. 行权价

对于看涨期权合约,行权价越高的期权合约在将来行权时其对应的价值越低,所以看涨期权合约价格和行权价成反比;对于看跌期权合约,如果在将来某一时刻被行权,行权价越高的合约其合约价值越高,所以看跌期权合约价格与行权价成正比。

3. 到期期限

对于美式期权,当期限增加时,期权合约价格都会有所增加。因为期限较长的期权合约的可行权的机会包含了期限较短的期权的全部行权机会。因此在其他因素相同时,长期限期权的价格总不会小于短期限期权的价格。

对于欧式期权,一般地,期限增加对应期权合约的价格也会有所增加,但并非总是如此。比如有1月期和2月期的期限看涨期权合约,假设6周后对应标的股票有个大额股息派发,标的除息除权会使得标的价格下降,这样就可能使得1月期期限的期权价值可能大于2月期期限的期权价值。

4. 波动率

波动率意味着市场对资产的供给需求发生了变化,波动率越大,不论是对看跌期权还是看涨期权其需求就越大,因此对于期权合约在"供"小于"需"的情况下其价格就会增加;反之,波动率越小,说明市场对期权合约的"供"大于"需",对应期权合约价格就会减小。

5. 无风险收益率

无风险收益率对期权合约的价格影响有限。当整个经济环境的利率有所增加时,投资者所要求的标的股票预期收益也有所增加。同时,期权持有人将来所收到现金流的贴现值会有所降低。所以随着利率的增加,看涨期权价格有所增加,看跌权价格有所降低。

6. 持有期中间收益(如股息)

在股票的除息日,股息的派发将使得标的股票价格降低。对于看涨期权,如第一点所分析它的价值会降低;而对于看跌期权,这是一个好消息。因此,看涨期权价值与预期股息的大小成反比;看跌期权的价值与预期股息的大小成正比。

如果只考虑其中一个因素发生变化,而其他因素保持不变的条件下,对于期权价格的影响如表15-4所示。

表 15-4　其他因素保持不变而只变化一个因素时,对期权合约价格的影响

影响因素	欧式看涨期权	欧式看跌期权	美式看涨期权	美式看跌期权
标的资产价格	＋	－	＋	－
行权价	－	＋	－	＋
到期期限	?	?	＋	＋
波动率	＋	＋	＋	＋
无风险利率	＋	－	＋	－
中间收益	－	＋	－	＋

注:＋表示正比;－表示成反比;? 表示不确定。

15.2.2　术语

期权可分为实值(in the money,ITM)、平值(at the money,ATM)、虚值(out of the money,OTM)期权。三类期权的划分具体如表 15-5 所示,表中 S 代表标的资产价格,K 为行权价。

表 15-5　实值、平值和虚值

	看涨期权	看跌期权
$K<S$	实值	虚值
$K=S$	平值	平值
$K>S$	虚值	实值

按表 15-5 严格的定义,只有实值期权才可能会被行权,而平值和虚值期权在到期时对应的价格为 0。

期权的价格由两部分组成,其价格等于内在价值(intrinsic value)和外在价值(extrinsic value,也称时间价值)之和。内在价值等于标的资产价格 S 与行权价 K 的差值,该值始终为非负值;外在价值包含了期权合约本身的时间价值以及波动率隐含的价值。对于虚值期权而言,其内在价值为 0。图 15-5 所示为标的 50ETF 对应的 2022 年 8 月份期权合约链,当前 50ETF 价格为 2.887 元。

认购				2022年08月(32天) ▼	认沽		
内在价	时间价	现价	行权价↑	现价	时间价	内在价
0.2370	0.0170	0.2540	2.6500	0.0083	0.0083	--
0.1870	0.0216	0.2086	2.7000	0.0130	0.0130	--
0.1370	0.0306	0.1676	2.7500	0.0202	0.0202	--
0.0870	0.0408	0.1278	2.8000	0.0304	0.0304	--
0.0370	0.0530	0.0900	2.8500	0.0465	0.0465	--
--	0.0631	0.0631	2.9000	0.0681	0.0551	0.0130
--	0.0422	0.0422	2.9500	0.0940	0.0310	0.0630
--	0.0250	0.0250	3.0000	0.1267	0.0137	0.1130
--	0.0088	0.0088	3.1000	0.2110	-0.0020	0.2130
--	0.0036	0.0036	3.2000	0.3078	-0.0052	0.3130
--	0.0023	0.0023	3.3000	0.4036	-0.0094	0.4130
--	0.0019	0.0019	3.4000	0.4985	-0.0145	0.5130
--	0.0014	0.0014	3.5000	0.6006	-0.0124	0.6130

图 15-5　期权价格组成

15.2.3 看跌-看涨平价关系式

1. 欧式期权

看跌-看涨平价关系式（put-call parity, PCP）在期权领域非常重要。考虑以下两个组合。

组合 A：1 张欧式看涨期权多头和 1 张在时刻 T 支付 K 元的零息债券；

组合 B：1 张欧式看跌期权多头和 1 只标的股票。

对于组合 A 在时刻 T，零息债券价值为 K 元，如果此时标的股票价格 $S_T > K$，那么看涨期权就会被行权，那么组合 A 的价值为 $(S_T - K) + K = S_T$；反之如果 $S_T < K$，那么该看涨期权价值就归零，此时组合 A 的价值为 K。

对于组合 B 在时刻 T，股票的价格为 S_T，如果 $S_T < K$，那么持有的看跌期权就会被行权，此时组合 B 的价值为 $(K - S_T) + S_T = K$；反之如果 $S_T > K$，那么看跌期权价值就归零，此时组合 B 的价值为 S_T。

为此，对两个组合在时刻 T 的价值进行总结和推演，如表 15-6 所示。不难发现，如果 $S_T > K$，两组合的价值均为 S_T；如果 $S_T < K$，两组合的价值均为 K。一般地，在到期时（T 时刻）两组合价值均为

$$\max(S_T, K)$$

表 15-6　两组合在时刻 T 的价值

		$S_T > K$	$S_T < K$
组合 A	看涨期权	$S_T - K$	0
	零息债券	K	K
	合计	S_T	K
组合 B	看跌期权	0	$K - S_T$
	股票	S_T	S_T
	合计	S_T	K

考虑到组合 A 和组合 B 持有的是欧式期权，即期权合约只能在到期 T 时才能被行权，同时因两组合在时刻 T 价值相等，那么两组和现值也必然相等，否则就有套利机会存在，即投资者可卖出"高估"的组合同时买入"低估"的组合。

组合 A 的现值为看涨期权合约的价格 c 以及零息债券的贴现 Ke^{-rT} 之和，即 $c + Ke^{-rT}$，组合 B 的现值为看跌期权的价格 p 以及标的股票的价格 S_0 之和，即 $p + S_0$，根据上述分析两者相等，于是

$$c + Ke^{-rT} = p + S_0 \tag{15-1}$$

式(15-1)就是著名的欧式看跌-看涨期权平价公式，也是最早被使用的期权定价工具。该式表明同一到期日同一行权价的看涨和看跌期权价格互为关系，彼此能推导出来。此外该工具也为套利策略提供了一个很好的视角。举例如下。

例 15-1　假定某时刻标的股票价格为 30 元/份，行权价为 29 元的看涨期权合约为 3 元/张，看跌期权合约为 2.3 元/张，无风险利率为 3%，离到期日 3 个月。那么，对于组合

A 和组合 B,有
$$c + Ke^{-rT} = 3 + 29e^{-0.03 \times 3/12} = 31.7833(元)$$
$$p + S_0 = 2.3 + 30 = 32.3(元)$$

于是投资者可以做多组合 A 同时做空组合 B。具体操作是买入看涨期权、卖出看跌期权以及做空标的股票。锁定收益,待组合 A 和组合 B 价值差回归时进行平仓操作以获取利润。值得注意的是,我国对于股票期权其对应标的并不能自由做空,所以在业界,更多是用对应的远期合约或股指期货合约来对现货进行替代。以上交所 50ETF 期权为例:
$$F_0 = S_0 e^{rT}$$
其中 S_0 为当前标的资产 50ETF 价格,F_0 为上证 50 远期合约或期货合约的当前价格,那么对应的式(15-1)就成为式(15-2):
$$c + Ke^{-rT} = p + F_0 e^{-rT} \tag{15-2}$$
反过来,我们可以通过平价套利原理来反推期权隐含的标的资产价格。欧式股票期权为式(15-3):
$$S_0 = c - p + Ke^{-rT} \tag{15-3}$$
对于股指期权,股指可以被看成是支付一定股息收益率为 q(连续收益率)的股票。所以只需要将式(15-1)中的 S_0 由 $S_0 e^{-qT}$ 替代即可。
$$c + Ke^{-rT} = p + S_0 e^{-qT} \tag{15-4}$$
在实际应用中,常用股指对应得远期合约或股指期货合约来对股指进行代替,即
$$c + Ke^{-rT} = p + F_0 e^{-(r+q)T} \tag{15-5}$$
所以通过平价套利原理反推股指期权隐含的标的资产价格,则有
$$F_0 = (c - p)e^{(r+q)T} + Ke^{qT} \tag{15-6}$$

2. 美式期权

虽然看跌-看涨期权的平价公式只对欧式期权成立,但我们依然可以从中得出美式期权服从的关系式。当标的资产没有中间收益(如股息)时,考虑以下两个组合。

组合 A:1 张欧式看涨期权多头和金额为 K 的现金;

组合 B:1 张美式看跌期权(与组合 A 中看涨期权同行权价同期限)多头和 1 只标的股票。

接下来我们针对组合 B 中美式期权是否提前行权分别进行讨论。

在时刻 T,如果组合 B 中美式期权没有提前行权,那么根据表 15-6 的分析可知组合 B 的价值为 $\max(S_T, K)$,同理此时组合 A 的价值为 $\max(S_T, K) + Ke^{rT} - K$,其中 Ke^{rT} 为现金 K 的终值。显然,组合 A 的价值大于组合 B 的价值。

如果组合 B 中美式期权提前行权,比如在时刻 τ 行权,那么此时组合 B 价值为 K,而组合 A 中欧式看涨期权价值一定是大于等于 0 的,所以组合 A 此时的价值也就大于等于 $Ke^{r(T-\tau)}$,即组合 A 的价值也会大于等于组合 B 的价值。

可知无论组合 B 中美式期权是否提前行权,组合 A 的价值不低于组合 B 的价值,对于无套利原则,对到期前的任意时刻,组合 A 的价值也不应低于组合 B 的价值。于是得到关系式(15-7):

$$c + K \geqslant P + S_0 \tag{15-7}$$

其中 c 为欧式看涨期权,K 为现金值,P 为美式看跌期权,S_0 为标的股票价格。由于无中间收益标的资产的欧式看涨期权价格 c 等于对应美式看涨期权价格 C,所以上式变为式(15-8):

$$C - P \geqslant S_0 - K \tag{15-8}$$

在相同条件下,美式看跌期权价格 P 总是大于等于欧式看跌期权价格 p,根据式(15-1)则有,$P \geqslant p = c - S_0 + Ke^{-rT}$,即 $c - P \leqslant S_0 - Ke^{-rT}$,即可以总结出无中间收益资产的美式期权平价公式(15-9):

$$S_0 - K \leqslant C - P \leqslant S_0 - Ke^{-rT} \tag{15-9}$$

从式(15-9)可以发现虽然无法精确的获取美式期权的平价关系式,但公式两边相差在极小的范围内。

例 15-2 一美式看涨期权合约价格为 1.5 元,其行权价为 20 元,期限为 5 个月。假设该期权合约对应标的股票价格式 19 元,同时设无风险利率为 10%。请问:同期限且同行权价美式看跌期权合约对应的价格应该在什么范围内才合理?

根据式(15-9)所示可得,$19 - 20 \leqslant C - P \leqslant 19 - 20e^{-0.1 \times 5/12}$,即 $1.68 \leqslant P \leqslant 2.5$。也即对应看跌期权价格合理区间应该 1.68~2.5 元。

15.2.4 股息对期权的影响

1. 欧式期权

欧式看跌-看涨期权平价公式(15-1)讨论的标的资产无中间收益,这一小节我们考虑有中间收益时对期权价格的影响。在我国,不论是股票期权还是股指期权都会因标的资产直接或间接进行分红派息而导致标的资产价格或指数出现变化的情况。

对于股票我们能较为准确的知悉分红派息的时间和数量。我们用 I 来表示期权期限内股息的贴现值。于是式(15-1)所表达的看跌-看涨平价公式变为式(15-10):

$$c + I + Ke^{-rT} = p + S_0 \tag{15-10}$$

我国股票期权对应标的股票在发放股息红利的时候,旧期权合约的乘数会做相应调整,同时会对每个期限加挂 9 档标准合约,即股票期权合约受红利保护,因此股息对期权的定价并没有直接影响。同样地,在我国由于股票市场并不是完美的市场,所以式(15-10)中标的资产价格 S_0 可以用远期合约或期货合约价格来进行替代。即为

$$c + I + Ke^{-rT} = p + F_0 e^{-rT} \tag{15-11}$$

2. 美式期权

对于美式期权当标的资产存在中间收益时,依然用 I 来表示期权期限内中间收益的贴现值,那么式(15-9)就会变成以下形式:

$$S_0 - I - K \leqslant C - P \leqslant S_0 - Ke^{-rT} \tag{15-12}$$

式(15-12)就是对应标的资产有中间收益时其美式期权平价关系式。

15.3 期权定价模型

在这一小节中,我们将引出无中间收益股票的欧式看涨期权和看跌期权的布莱克-斯科尔斯-默顿定价模型,简称为 BSM 模型。同时会讲解历史波动率以及由期权价格反推而得出得隐含波动率。此外,我们会将 BSM 模型应用于有中间收益的股票欧式看涨及看跌期权定价。最后还会介绍股指期权定价模型和商品期权定价模型,以及基于 Python 应用实现看跌-看涨平价关系式的套利。

15.3.1 股票收益率及股票价格波动率

股票收益率分为连续复利收益率和每年复利收益率,其中连续复利收益率 $r = \ln\frac{S_T}{S_0}$,每年复利收益率为 $r = \frac{S_T - S_0}{S_0}$。在实际应用中可根据不同的场景进行选择。

股票价格波动率 σ 用于检测股票收益的不确定性。可基于连续复利收益率序列的年化标准差来衡量。尽管 σ 为随机变量,但可由历史数据来对它进行估计。现对股票 A 的股价进行固定周期(比如 1 小时、1 天、1 周等)采样得序列样本 $\{C_i\}$,该样本含有 n 个观测值,令第 i 个连续收益率 r_i 为

$$r_i = \ln\frac{C_i}{C_{i-1}}$$

其中 C_i 为第 i 个时间段结束时的股价,$i = 1, 2, \cdots, n$,那么样本收益率序列 $\{r_i\}$ 的标准差 s 可以对 σ 进行无偏估计:

$$s = \sqrt{(r_i - \bar{r})^2}$$

或

$$s = \sqrt{r_i^2 - \left(\sum_{i=1}^n r_i\right)^2} \tag{15-13}$$

其中 $\bar{r}$ 为 $\{r_i\}$ 均值。那么 σ 的估计值 $\hat{\sigma}$ 就为

$$\hat{\sigma} = \frac{s}{\sqrt{\tau}} \tag{15-14}$$

其中 τ 是单位时间间隔的年化长度,$\hat{\sigma}$ 的年化标准差大约等于估计值除以校正因子 $\sqrt{2n}$。

例 15-3 现对某股票 A 的 20 个连续交易日的收盘价序列进行统计,设第 i 个观测值的连续收益率为 r_i,且有

$$\sum r_i = 0.09 \quad \sum r_i^2 = 0.003$$

那么该股票收益率标准差可通过式(15-13)进行估计得

$$s = \sqrt{-(0.09)^2} = 0.01169$$

同时,假设每年有 252 个交易日,由于样本观测值采样间隔为日频,那么 $\tau = 1/252$,那么由式(15-14)可估计出该股票价格波动率为,$0.01169 \times \sqrt{252} = 0.1856$,最后除以校正因

子 $\sqrt{2*20}$ 得该股票股价年化波动率标准差为 $\dfrac{0.1856}{\sqrt{2\times 20}}=0.029$，即为 2.9%。

15.3.2 布莱克-斯科尔斯-默顿定价模型（BSM）

在推导 BSM 定价模型时，采用了以下假设：
（1）市场不存在套利机会；
（2）投资者能以同样的无风险利率借入和借出资金；
（3）无交易费用，证券交易可以无限分割；
（4）证券交易是连续进行的；
（5）股票价格服从对数正态分布；
（6）在期权到期日前，股票不支付任何股息；
（7）短期无风险利率 r 为常数。

对期限内无中间收益的股票欧式看涨和看跌期权的 BSM 定价公式为

$$c = S_0 N(d_1) - K e^{-rT} N(d_2) \tag{15-15}$$

$$p = K e^{-rT} N(-d_2) - S_0 N(-d_1) \tag{15-16}$$

其中，

$$d_1 = \dfrac{\ln\dfrac{S_0}{K} + \left(r + \dfrac{\sigma^2}{2}\right)T}{\sigma\sqrt{T}}$$

$$d_2 = \dfrac{\ln\dfrac{S_0}{K} + \left(r - \dfrac{\sigma^2}{2}\right)T}{\sigma\sqrt{T}} = d_1 - \sigma\sqrt{T}$$

其中 c 和 p 为欧式看涨和看跌期权价格（也称为权利金），S_0 为标的股票价格，K 为合约行权价，r 为连续无风险利率，T 为期权合约期限，σ 为股票价格年化波动率，$N(x)$ 代表标准正态分布的累积概率分布函数。

对于美式看涨期权，若期限内标的股票无中间收益，那么其价格等于欧式看涨期权价格，即式(15-15)对美式看涨期权定价也是适用的。而对于美式看跌期权，由于没有精确的解析式，那么式(15-16)无法适用，但依然可以通过二叉树算法来完成对美式看跌期权的定价。

例 15-4 某股票当前价格为 2.887 元，其年化波动率为 20%，考虑一个期限结构为 6 个月，且期间无股息收益，若无风险利率 r 为 3%，那么试基于 BSM 定价模型给行权价为 2.9 元的欧式看涨看跌期权合约分别定价。

由题意可知，$S_0=2.887, \sigma=20\%, T=\dfrac{6}{12}=0.5, r=3\%, K=2.9$，那么

$$d_1 = \dfrac{\ln\dfrac{2.887}{2.9} + 0.5\left(0.03 + \dfrac{0.2^2}{2}\right)}{0.2\sqrt{0.5}} = 0.145$$

$$d_2 = d_1 - \sigma\sqrt{T} = 0.145 - 0.2\sqrt{0.5} = 0.003586$$

那么可得该期权看涨期权合约理论定价为

$$c = 2.887N(0.145) - 2.9e^{-0.03 \times 0.5} N(0.003586) = 0.17742$$

$$p = 2.9e^{-0.03 \times 0.5} N(-0.003586) - 2.887N(-0.145) = 0.14725$$

我们可以将求欧式期权理论价封装成函数 cal_price 如下。

```
import math
from scipy import stats

def cal_price (
    s: float,
    k: float,
    r: float,
    t: float,
    v: float,
    cp: int,
) -> float:
    """
    基于 BSM 定价模型计算期权理论价格
    :param s: 标的价格
    :param k: 行权价
    :param r: 无风险利率
    :param t: 离到期日(年化)
    :param v: 标的价格波动率(年化)
    :param cp: 1 为看涨期权,-1 为看跌期权
    :return: 期权理论价格
    """
    if v <= 0:
        return max(0, cp * (s - k))

    d1: float = (math.log(s / k) + (r + 0.5 * pow(v, 2)) * t) / (v * math.sqrt(t))
    d2: float = d1 - v * math.sqrt(t)

    price: float = cp * (s * stats.norm.cdf(cp * d1) - k * stats.norm.cdf(cp * d2) * math.exp(-r * t))
    return price
```

15.3.3 股指期权定价

在第 14 章中,对股指期货定价时,我们假设股指期货可以看作支付一定股息收益率为 q 的股票。那么在讨论股指期权定价时我们依然可以采用此假设。那么原式(15-15)和(15-16)中 S_0 就用 $S_0 e^{-qT}$ 来替代,得

$$c = S_0 e^{-qT} N(d_1) - K e^{-rT} N(d_2) \tag{15-17}$$

$$p = K e^{-rT} N(-d_2) - S_0 e^{-qT} N(-d_1) \tag{15-18}$$

其中,

$$d_1 = \frac{\ln \frac{S_0}{K} + \left(r - q + \frac{\sigma^2}{2}\right) T}{\sigma \sqrt{T}}$$

$$d_2 = \frac{\ln \frac{S_0}{K} + \left(r - q - \frac{\sigma^2}{2}\right) T}{\sigma \sqrt{T}} = d_1 - \sigma \sqrt{T}$$

例 15-5 某股指期权合约期限为 2 个月，假设在第 1 个月及第 2 个月，股指将预计分别提供 3‰ 和 5‰ 的股息。那么，对应的年化连续股息率 q 是多少？

在期限内全部股息率和为 8‰，由于 $T=\dfrac{2}{12}=\dfrac{1}{6}$，年股息率为 $6×0.008=0.048$，因此 $q=4.8\%$。

15.3.4 商品期货期权定价

在我国，目前商品期货期权均为美式期权。对于美式期权常用的定价模型是二叉树模型，二叉树模型法朴素的思想是用大量离散的小幅度二值运动来模拟连续的资产价格运动。这一小节中我们会循序渐进地介绍二叉树思想，并解释二叉树模型与风险中性定价理论的关系。

1. 单步二叉树

考虑如下场景：股票 A 当前价格 10 元，假设 6 个月后股票 A 的价格将变为 11 元或 9 元。现有股票 A 衍生出的欧式看涨期权，希望 6 个月后能以 10 元买入（行权）。那么当前该欧式看涨期权该如何定价？

如图 15-6 所示，我们仍然以无套利思想来构造无风险收益组合，使得该组合在 6 个月到期时无论股价如何变化其收益只有无风险收益。考虑如下组合：

多头头寸 A：Δ 份标的股票多头；

空头头寸 B：1 张欧式看涨期权。

不考虑额外费用，到期时如果股票价格为 11 元，那么头寸 A 价值为 11Δ 元，头寸 B 价值为 1 元，那么整体组合价值为 $11\Delta-1$；到期时如果股票价格为 9 元，那么头寸 A 价值为 9Δ，头寸 B 价值为 0 元，那么整体组合价值为 9Δ。由于组合只能收获无风险收益，即终值相等，于是有 $11\Delta-1=9\Delta$，即 $\Delta=0.5$。也就是不论股价选择何种路径该组合终值均为 4.5 元。考虑到组合只能是无风险收益（假设 $r=3\%$），所以组合现值为 $4.5e^{-0.03*6/12}=4.433$（元）。也就是 $10\Delta-c=4.433$，从而得 $c=0.567$（元），该期权合约当前价格为 0.567 元。

这个过程就是在无套利机会存在的前提下单步二叉树模型的实现。将该过程进行一般化，如图 15-7 所示。

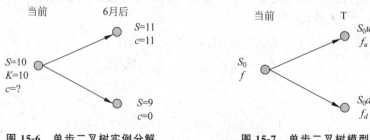

图 15-6 单步二叉树实例分解　　图 15-7 单步二叉树模型

假设当前股票价格为 S_0，目标期权价格为 f。在期限 T，股票价格可能上涨到 S_0u 或下跌到 S_0d（显然 $u>1, d<1$）。与此同时相应期权价格变为 f_u 或 f_d。

我们构造这样的组合，其中多头头寸由 Δ 份标的股票，空头头寸为 1 张期权。不论最

终股价选择何条路径,该组合终值始终是相等,于是有
$$S_0u\Delta - f_u = S_0d\Delta - f_d$$
即
$$\Delta = \frac{f_u - f_d}{S_0u - S_0d} \tag{15-19}$$

这时的组合其收益率必然等于无风险收益率。从式(15-19)可知,Δ 为期权价格变化与股票价格变化的比率。如果记无风险利率为 r,那么组合的现值为
$$(S_0d\Delta - f_d)\mathrm{e}^{-rT}$$
所以有
$$S_0\Delta - f = (S_0d\Delta - f_d)\mathrm{e}^{-rT}$$
即
$$f = S_0\Delta - (S_0d\Delta - f_d)\mathrm{e}^{-rT}$$
将式(15-19)代入并化简得
$$f = \mathrm{e}^{-rT}[pf_u + (1-p)f_d] \tag{15-20}$$
其中
$$p = \frac{\mathrm{e}^{rT} - d}{u - d} \tag{15-21}$$

所以,当标的资产价格路径给出时,期权价格可由式(15-20)和式(15-21)进行定价。

2. 两步二叉树

现在我们考虑两步二叉树的情形,标的股票价格依然为 10 元,行权价为 10 元的欧式看涨期权,做如下假设:二叉树每步之间标的股票价格变化幅度为 ±10%,即 $u=1.1$,$d=0.9$,且每一步长均为 6 个月,无风险利率为 3%。如图 15-8 所示。

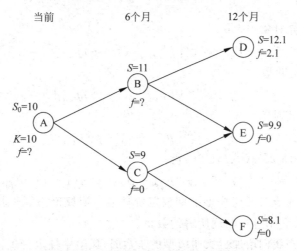

图 15-8 两步二叉树模型实例分解

我们的目标是求根节点上期权价格 f。很显然,D 节点对应的期权价格为 $12.1-10=2.1$(元),而 E 和 F 节点由于此时行权价为 10 元的看涨期权成了虚值,所以期权价格均为 0 元。节点 C 期权价值来源于 E 和 F 点,所以节点 C 期权价格也为 0。为了求取节点 B 期权

价格，我们研究 B、D、E 三个节点，此时它们组成了单步二叉树，根据式(15-20)和(15-21)可以求出 B 节点期权价格 $f=1.19$。最后以 A、B、C 三个节点为研究对象，根据式(15-20)和(15-21)可以求出 A 节点期权价值 $f=0.6747$。

接下来我们根据上面结论来推演两步二叉树数学模型，如图 15-9 所示，假设初始标的股价为 S_0，每个步长上的涨幅度或跌幅对应为 u 和 d，且每个步长为 Δt 年，无风险利率为 r。

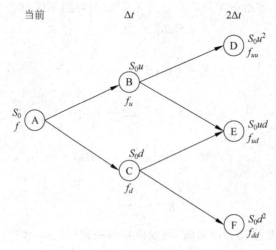

图 15-9　两步二叉树模型

那么式(15-20)和(15-21)变为

$$f = e^{-r\Delta t}[pf_u + (1-p)f_d] \tag{15-22}$$

$$p = \frac{e^{r\Delta t} - d}{u - d} \tag{15-23}$$

以 B、D、E 为研究对象

$$f_u = e^{-r\Delta t}[pf_{uu} + (1-p)f_{ud}] \tag{15-24}$$

以 C、E、F 为研究对象

$$f_d = e^{-r\Delta t}[pf_{ud} + (1-p)f_{dd}] \tag{15-25}$$

以 A、B、C 为研究对象

$$f = e^{-r\Delta t}[pf_u + (1-p)f_d] \tag{15-26}$$

将式(15-24)和(15-25)代入(15-26)得

$$f = e^{-2r\Delta t}[p^2 f_{uu} + 2p(1-p)f_{ud} + (1-p)^2 f_{dd}] \tag{15-27}$$

式(15-27)就是两步二叉树模型下期权定价模型。期权价格等于其在风险中性世界里的预期收益以无风险利率进行贴现所得的数量。

那么更一般地，当我们增加二叉树模型的步数时，风险中性定价理论依然成立。

3. 二叉树模型应用于美式期权

美式期权常用二叉树模型进行定价，流程依然是从树的底部出发，以倒推的形式从底部节点推算到树的根节点，与欧式期权所不同的是在树的每个节点需要检验提前行权是否为最优。

在定价时需要区分树的底部节点和非底部节点。底部节点期权的价格依然等于欧式期权的价格,其他非底部节点期权价格取下述两种情况的最大值:

(1) 提前行权的收益;

(2) 式(15-22)所计算的结果。

例 15-6 考虑一个两年期的美式看跌期权,其行权价为 10 元,当前标的股票价格为 10 元,且服从两步二叉树,该二叉树每步长为 1 年,且每步标的股票价格涨跌幅度均为 10%,即 $u=1.1, d=0.9$,同时假设无风险利率为 3%。如图 15-10 所示。请给该美式看跌期权进行定价。

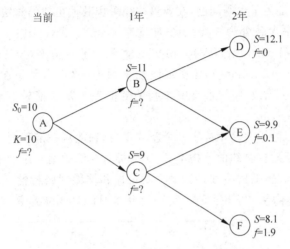

图 15-10 两步二叉树模型对美式看跌期权定价

我们从树的底部进行反推,显然 D 点看跌期权为虚值,所以其价值为 0 元。E 和 F 点看跌期权为实值,到期只有内在价值,所以 E 点期权价值为 0.1 元,F 点期权价值为 1.9 元。以 B、D、E 三节点为研究对象,依据式(15-22)和(15-23)可知 B 点看跌期权价格为 $f=0.033745$ 元,此时如果提前行权,那么的收益为 $10-11=-1$(元),所以在 B 点提前行权并不是最优,也即该期权在 B 点价格为 0.033745 元。以 C、E、F 为例,依据式(15-22)和(15-23)可算出 C 点期权价格为 0.7 元,若在该点提前行权,则收益为 $10-9=1$(元),意味着提前行权为最优,所以 C 点期权价格为 1 元。最后以 A、B、C 三节点为研究对象,依据式(15-22)和(15-23)可算出 A 点期权价格为 0.35881 元,若提前行权收益为 0 元,显然不是最优选择。所以在 A 点期权价格为 0.35881 元。

在业界,u 和 d 并不会像上文一样直接给出,而是由标的资产波动率 σ 来决定。该知识点不包括在本章范围内,请感兴趣的读者自行查阅相关资料学习。

15.3.5 隐含波动率

在前文介绍的 BSM 期权定价模型中,唯一不能被直接观察到的参数是标的资产的波动率,解决的办法是以标的资产价格的历史波动率的估计值来替代。现在我们介绍隐含波动率(implied volatility,IV),它是通过期权合约的市场价格反推出来标的资产的波动率。隐含波动率对期权市场而言是极为重要的概念。

为了说明隐含波动率的计算思路,假设一个无中间收益股票的欧式看涨期权合约其价

格为 $c=1.9$，若 $S_0=21, K=20, T=0.25, r=10\%$，那么基于式(15-15)反推出的 σ 就是该合约对应的隐含波动率。当然我们无法从式(15-15)来直接求解出 σ，但我们可以通过迭代的方式对其进行求解。比如，给 σ 设初始值为 0.2，那么我们计算它的理论价格为 $c=1.7647$，比市场价 1.9 要小，由于期权合约价格与 σ 成正比，所以再设 σ 为 0.3，此时计算出来的 $c=2.1$，又比 1.9 要大。这也意味着 σ 介于 0.2 和 0.3 之间，接下来我们可以设 σ 为 0.25，然后计算出来的合约价格 1.927，比如 1.9 大。所以我们又可以令 σ 为 0.25 和 0.2 的均值，这样继续下去每次迭代都使 σ 所在的区间减半，直到满足我们初始设置的迭代条件，这些条件可以是迭代次数或理论价格和实际市场价格的差值在某个极小的范围内。

这个迭代过程只是为了说明问题，在业界往往采用其他更快的算法来计算隐含波动率。

总的来说，波动率大致分为 3 类，历史波动率(historical volatility, HV)、隐含波动率、已实现波动率(realized volatility, RV)。历史波动率属于回望型(backward looking)，隐含波动率为前瞻型(forward looking)，已实现波动率则为预测型，是站在当前预测至未来某一段时间的波动率。在某些期权策略中盈利关键依赖于是否能较好地判断 RV 和 IV 的关系。

从供需关系来看，隐含波动率提供一个新的视角，它能从一定程度上解释期权合约的贵与便宜。通常，相比于期权合约的价格本身，交易员对合约的隐含波动率更为关注。

波动率有三个比较重要的特性，突变性、聚集性和均值回归特性。以汇点 50ETF 波指为例，如图 15-11 所示为从 2020 年 5 月至 2022 年 7 月的日线级波指。

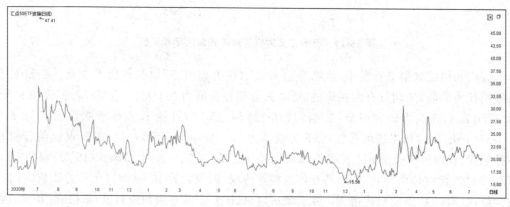

图 15-11 50ETF 波指

突变性是指在标的资产行情的剧烈变动下，波动率会在较短时间内实现跳跃；聚集性是指波动率会在一段时间内稳定在一个区间内变化，尤其是在波动率高位的时候比较明显；均值回归特性是波动率比较重要的一个特性，波动率不会一直涨也不会一直跌，长期来看它有向均值回归的需求。

15.4 期权交易策略及其 Python 应用

标的资产衍生出来的期权产品不仅有不同的期限结构，而且每个期限中又分为看涨和看跌期权。同时期权合约属于非线性产品，我们从期权定价模型也可窥见，影响期权合约价值的因素众多,诸如标的资产价格的变动、离到期日时间的远近以及波动率的高低等。因此,不同于线性资产,期权交易策略丰富且灵活性高。大体上可以分为方向性交易策略、波动率交易策略和套利策略。

15.4.1 期权交易策略

1. 方向性交易策略

方向性交易策略主要以对标的资产未来价格走势方向的预测为主,这类策略又可分为标的看涨策略和标的看跌策略。

标的看涨策略,顾名思义,当标的资产价格上涨,对应策略获取正收益。简单的策略可以通过买入看涨期权或卖出看跌期权实现,如图 15-1 和图 15-4 所示。也可通过组合策略来完成,图 15-12 为看涨期权牛市价差策略的到期损益图,图 15-13 为看跌期权牛市价差策略的到期损益图。看涨期权牛市价差策略在建仓时需要支付初始资金,而看跌期权牛市价差策略则会在建仓时带来一个正现金流。

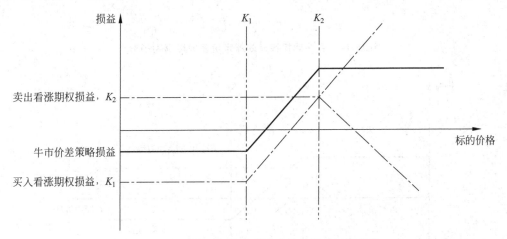

图 15-12 看涨期权构造的牛市价差策略到期损益

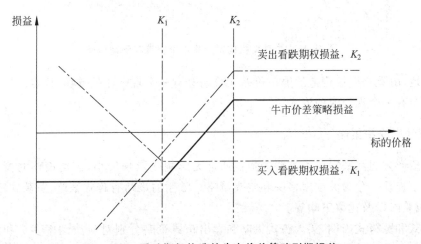

图 15-13 看跌期权构造的牛市价差策略到期损益

标的看跌策略,当标的下跌时,该类策略将会获取正收益。同样地,可以通过单腿的买入看跌期权或卖出看涨期权来完成,见图 15-2 和图 15-3 所示。也可通过组合策略来完成。图 15-14 为看涨期权的熊市价差策略到期损益图和图 15-15 所示的看跌期权的熊市价差策略到期损益图。

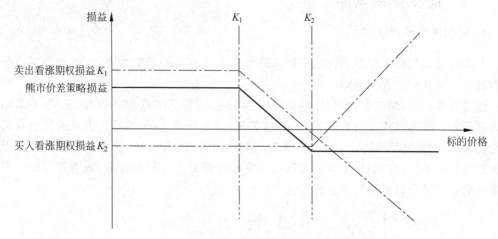

图 15-14　看涨期权构造的熊市价差策略到期损益

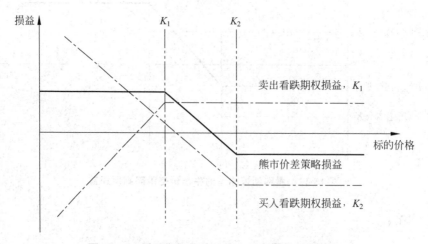

图 15-15　看跌期权构造的熊市价差策略到期损益

同样地,由看跌期权构造的熊市价差在最初会有一个现金流的支出,而看涨期权构造的熊市价差会有一个现金流的流入。

2. 波动率交易策略

标的资产方向涨跌对该类策略的损益通常无影响或影响较小,该类策略的投资者关注的是波动率涨跌。分为波动率多头和空头策略。常用的策略有跨式策略、宽款式策略、蝶式策略、铁鹰策略以及比率策略等。

以跨式和宽跨式为例,买入跨式策略和卖出跨式策略分别对应波动率多头和波动率空头策略。以买入跨式为例,它由同期限的平值看涨看跌期权的多头组成。图 15-16 为买入跨式策略的到期盈亏图。

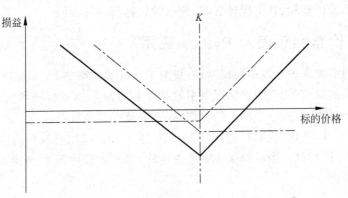

图 15-16　看跌期权构造的熊市价差策略到期损益

卖出跨式策略与买入跨式策略的情形相反,这种交易策略同时卖出同期限平值的看涨看跌期权。这一策略的风险较大,投资者潜在的损失也很大。

宽跨式是跨式的变体,买入宽跨式是同时买入同期限但是不同行权价的看涨和看跌期权合约,如图 15-17 所示。

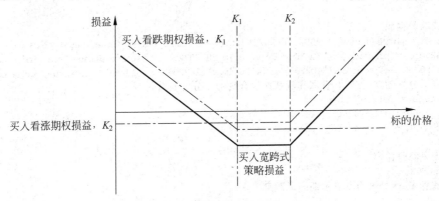

图 15-17　买入宽跨式策略到期损益

相反地,卖出宽跨式策略是同时做空同期但行权价不同的看涨和看跌期权合约,使得组合损益受标的资产价格变化无影响或影响很小。

3. 套利策略

期权套利策略又分为无风险套利策略和统计套利策略。

无风险套利策略有平价套利策略、盒式套利策略以及组合行权套利等。值得注意的是,市场并不存在真正意义上完全没有风险的套利策略。当无风险套利机会出现时,市场参与者会很快发现并基于强大的硬件和算力来纠正它。经常地,当普通投资者发现并准备入场参与的时候,这样的机会可能已经不复存在,即便存在也要小心谨慎,要考虑剔除相关手续费以及可能存在的交易滑点后是否依然存在无风险利润。

统计套利策略多为波动率套利策略。在某种程度上波动率反映的是市场参与者情绪的起伏,这也意味着当投资者不理性时,市场上的投资资产存在一定概率的被错误定价。那么统计套利策略可以利用相关统计量来捕捉入场机会,等待统计量回归到正常区间时再平仓出场。比如偏度统计套利、日历统计套利、跨品种统计套利等。

15.4.2 平价套利策略及 Python 应用

接下来我们以沪深 300 股指期权为例,讲解平价套利策略的 Python 应用。沪深 300 股指期权属于欧式期权,在无套利的情况下由股指期权合成的期货价格和沪深 300 股指期货价格相等,或其差值应该在一个很小的范围内,否则就有套利机会。

在 2022 年 7 月 25 日,我们对到期日为 2022 年 8 月 19 日、行权价为 4250 的看涨看跌期权来合成期货,同时对比当日沪深 300 股指期货,基于 1 分钟 K 线来观察、统计和寻找平价套利潜在的机会。

```python
from datetime import datetime

import pandas as pd
import numpy as np
import matplotlib.pyplot as plt
from matplotlib.pyplot import MultipleLocator

plt.style.use("seaborn")

# 读取数据源
future = pd.read_csv("IF9999_1m_20220725.csv", parse_dates = True, index_col = 0)
io_4250_c = pd.read_csv("IO2208-C-4250_1m_20220725.csv", parse_dates = True, index_col = 0)
io_4250_p = pd.read_csv("IO2208-P-4250_1m_20220725.csv", parse_dates = True, index_col = 0)
# 以下分别为期货合约、看涨和看跌期权合约的 1 分钟收盘价
c_future = future['close']
c_io_4250_c = io_4250_c['close']
c_io_4250_p = io_4250_p['close']

# 无风险收益率
r = 0.03
# 股息率,此处设为 0 表示期间无股息
q = 0
# 两个目标期权合约到期日
expire_date = datetime(2022, 8, 19)
# 行权价 K
K = 4250
timedelta = expire_date - c_future.index
days = timedelta.days + (timedelta.seconds) / (24 * 3600)
# 年化
t = days / 365

diff_c_p = c_io_4250_c - c_io_4250_p
# 通过行权价为 4250 的看涨和看跌期权合成期货价格
syn_price = np.exp((r + q) * t) * diff_c_p + K * np.exp(q * t)
# 合成期货价格与期货主力合约的价差
diff_future_syn = syn_price - c_future
# 可视化价差
fig, ax = plt.subplots(figsize = (20,10))
plt.title("沪深 300 股指期权合成期货与 IF 主力合约价差", fontsize = 30)
# 设置字体,防止在构图时出现中文乱码
plt.rcParams["font.sans-serif"] = ["SimHei"]
```

```
#该语句解决图像中的"-"负号的乱码问题
plt.rcParams["axes.unicode_minus"] = False

ax.patch.set_facecolor('white')
x_major_locator = MultipleLocator(20)
ax.xaxis.set_major_locator(x_major_locator)
ax.xaxis.set_tick_params(rotation = 45, labelsize = 20)
ax.yaxis.set_tick_params(labelsize = 20)
ax.plot(diff_future_syn.index.astype("str"), diff_future_syn.values)
ax.set_xlabel('时间',fontsize = 20)
ax.set_ylabel('价差',fontsize = 20)

plt.show()
```

从图 15-18 可知当天价差一直为正值,在 14:32:00 时价差出现了最小值 6.90286,在 13:05:00 时价差出现了最大值 15.100607,这是当天较佳的套利机会。等待价差回归到合理的区域时就可以获利平仓离场。

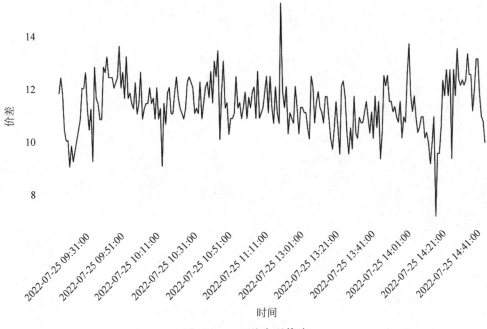

图 15-18 平价套利策略

练 习 题

1. 现有 50ETF 市场日线级行情数据集（日期从 2021 年 1 月至 2022 年 4 月），以收盘价为基础滚动计算 50ETF 历史波动率,假设目标滚动窗口为 20 日,年交易日为 252 天,完成以下任务：

1) 基于 Python 求解 50ETF 历史波动率;
2) 绘制收盘价及历史波动率。

2. 根据 BSM 模型计算出来的期权理论价格(p)和实际市场行情(s)往往有出入，小明尝试做如下策略：当 $p>s$ 时做多对应的期权合约，当 $p<s$ 时做空对应的期权合约。现有三个数据集，均为日线级行情数据，且日期均从 2022 年 4 月 1 日至 2022 年 4 月 27 日。

① 标的市场行情数据集"spot_data.csv"；

② 标的历史波动率数据集"hist_vol.csv"；

③ 2022 年 4 月 27 日到期，行权价为 2.8 元的认购期权合约市场行情数据集"50ETF购 4 月 2800.csv"。

请完成以下任务：

1) 编写基于 BSM 模型的理论价格函数；

2) 实现小明的策略，并计算到期日该策略的损益情况(假设无风险利率 $r=0$)。

附录 数据资源

数据资源使用说明

为帮助读者更好地学习本书,我们将书中实例的数据文件、部分代码和其他数据资源打包收录,请扫描二维码获取(详见码内使用说明)。

教师服务

感谢您选用清华大学出版社的教材！为了更好地服务教学，我们为授课教师提供本书的教学辅助资源，以及本学科重点教材信息。请您扫码获取。

❯❯ 教辅获取

本书教辅资源，授课教师扫码获取

❯❯ 样书赠送

经济学类重点教材，教师扫码获取样书

 清华大学出版社

E-mail：tupfuwu@163.com
电话：010-83470332 / 83470142
地址：北京市海淀区双清路学研大厦 B 座 509

网址：https://www.tup.com.cn/
传真：8610-83470107
邮编：100084